Lama Anagarika Govinda · Buddhistische Reflexionen

# LAMA ANAGARIKA GOVINDA

(Anangavajra Khamsum Wangchuk)

# BUDDHISTISCHE REFLEXIONEN

Die Bedeutung von Lehre und Methoden des
Buddhismus für westliche Menschen

OTTO WILHELM BARTH VERLAG

# INHALTSVERZEICHNIS

# VORWORT

Es gibt in Tibet eine Prophezeiung, die auf den großen indischen Gelehrten und Guru Padmasambhava zurückgeführt wird: »Wenn der Eisenvogel durch die Lüfte fliegt, wird der *Dharma* (die Lehre des Buddha) westwärts gehen.«

Europäische Gelehrte waren es vor allem, die gegen Ende des vorigen und zu Beginn dieses Jahrhunderts das Abendland mit den Lehren des Mannes vertraut machten, der vor 2500 Jahren als der »Buddha«, das heißt der Erwachte, im Nordosten Indiens seine Botschaft von der Befreiung vom Leiden und von der höchsten Erleuchtung verkündete.

Nicht mit dem Schwert noch mit psychischer Verunsicherung des Menschen wurde uns diese Botschaft gebracht. Sie wurde uns zur kritischen Beurteilung hingehalten mit den einladenden Worten des Buddha: »Komm und sieh!« Ohne laute missionarische Tätigkeit hat heute der Buddhismus im Westen Fuß gefaßt, begeistert die Jugend und wurde zu einem aus unserem geistigen Leben nicht mehr wegzudiskutierenden Faktor.

Ein Mann, der in der Stille seiner Einsiedelei in den Vorbergen des Himalaja zu einer der führenden buddhistisch geprägten Persönlichkeiten im Westen wurde, ist Lama Anagarika Govinda. Als buddhistischer Gelehrter, Interpret und geistiger Lehrer genießt er heute internationale Anerkennung. Seine Werke, die in deutscher, englischer, französischer, italienischer, spanischer, portugiesischer, schwedischer, holländischer und japanischer Sprache in immer neuen Auflagen erscheinen, erreichten Millionen von Lesern.

In seiner Kindheit und Jugend durch Familie und Schule in europäischer Kultur erzogen, war er – wie er selber 1919 als Einundzwanzigjähriger schrieb – zunächst »ein begeisterter Anhänger des Christentums«, von dem er sich aber bald in einer intensiven Auseinandersetzung mit dem Gottesbegriff abwandte, um im Buddhismus seine ihm gemäße religiöse Erlebnisform zu finden.

Europäische Universitäten, an denen er Philosophie, Architektur und später Archäologie studierte, formten seine wissenschaftliche Methodik. Sprachstudien (neben europäischen Sprachen vor allem Pāli und später auch Sanskrit, Tibetisch und die Grundzüge des Chinesischen) sowie Malerei ergänzten seinen Bildungsweg.

Als aktiver Mitarbeiter der buddhistischen Bewegung im Europa der zwanziger Jahre (vor allem in Deutschland und Italien) ging er dann 1928 nach Sri Lanka, wo er unter dem ehrwürdigen Nyānatiloka Thera in der europäischen Mönchsgemeinschaft sein Noviziat als Brahmacāri Govinda begann, um dann ein Jahr später in Burma das geistliche Gewand als Anagārika zu nehmen. 1931 kam es dann in Darjeeling (Nordostindien) zu jener, sein weiteres Leben bestimmenden Begegnungen mit dem großen tibetischen Lehrer Tomo Géshé Rimpoché.

Der in seinem Denken von europäischer Kultur geprägte Anagārika öffnete sich jetzt ganz dem Denken Asiens, das ihn umgab: registrierte es in seiner Andersartigkeit, nahm es in sich auf und machte es zu seinem eigenen Denken, um dann im Verlauf vieler Jahre der Assimilation jene Integration im Denken und Fühlen zu vollziehen, die ihn heute zu dem großen Interpreten eines abendländischen Buddhismus der Gegenwart macht.

Mehr als 30 Jahre verbrachte er in Ceylon, Burma, Sikkim Tibet und Indien als Lernender, Forscher, Universitätslehrer, Maler und Eremit, ehe er wieder nach dem Westen kam, wo er eine Vortragstätigkeit entfaltete, die ihn rund um den Erdball führte.

Die in diesem Buch veröffentlichten Essays, Vorträge und Gespräche lassen die ganze Breite der Gestaltungskraft Lama Govindas erkennen: An unterschiedliche Leser- bzw. Zuhörerkreise gerichtet, sprechen sie jeden auf seine ihm gemäße Weise an, wobei immer neue Perspektiven aufgezeigt werden, so daß sich unsere Gesamtschau eines Buddhismus für die Gegenwart, jenseits des dogmatischen Streits der Schulen, zunehmend vervollkommnet.

Nicht nur überzeugende Wissenschaftlichkeit, große Erzählkunst und eine geniale Synopsis – getragen von der Weisheit eines erfüllten und reichen Lebens in Aktivität und Kontemplation – zeichnen dieses Buch aus: Es ist vor allem die verstehende Güte und die von Verantwortung getragene Menschlichkeit, die uns hier so unmittelbar ansprechen, auch da, wo sich der Verfasser gegen jedwede dogmatische Fixierungen stellt, selbst wenn diese durch lange Traditionen geheiligt erscheinen.

Advayavajra

# EINFÜHRUNG

## Die Botschaft des Buddha an die
## Welt von heute und morgen

Als der Buddha nach seiner Erleuchtung den Tierpark von Benares erreichte, war er nur ein einsamer Wanderer, ein Pilger gleich tausend anderen, die täglich diese heilige Stadt besuchten. Er war verlassen von seinen Freunden, von seiner Familie aufgegeben – niemand wußte von seinem großen Sieg, kein sichtbares Zeichen war da, die Welt zu überzeugen. Und selbst wenn es möglich gewesen wäre, auf seine Umgebung durch Zeichen und Wunder zu wirken, so wäre der Buddha der letzte gewesen, der von solchen Mitteln Gebrauch gemacht hätte.

Und doch trug dieser einsame Pilger in seinem Herzen das Licht einer Erkenntnis in die Welt, die das Antlitz eines Teiles der Menschheit verändern sollte!

Es ist gut, dieses Bild im Geiste festzuhalten und nicht zu vergessen, daß jene, welche sich stärker erwiesen haben als die Macht der Könige und ihrer Heere, stärker als die Zeit und selbst als der Tod, gleich manchem von uns einsam und verlassen gewandert sind in der mitleidlosen Wüste des *Saṃsāra*[1]. Dies wird uns die Zuversicht geben, daß auch wir in uns den Samen der Erleuchtung tragen und daß es nur von unserer eigenen Anstrengung abhängt, ihn zum Keimen zu bringen und seine Blüten sich öffnen zu lassen. Dies Vertrauen in unsere eigenen, uns innewohnenden Kräfte ist das einzige Vertrauen, das der Buddha verlangt.

Die ersten Worte des Buddha nach seiner Erleuchtung waren:

*Apārutā tesam amatassa dvārā;*
*ye sotavanto, pamuñcantu saddham.*

Geöffnet sind die Tore der Unsterblichkeit *(amatassa)*;
Wer Ohren hat zu hören, fass' Vertrauen!

Daß der Buddha mit diesem »Vertrauen« *(saddhā)* nicht auf die
Leichtgläubigkeit der Menge rechnete, kann daraus ersehen werden, daß er die erste Verkündigung seiner Lehre an diejenigen
seiner früheren Gefährten richtete, die ihr Vertrauen zu ihm verloren hatten und die ihm mit dem größten Mißtrauen begegne-
ten. Als sie den Buddha durch den Tierpark herankommen sahen, beschlossen sie, ihn weder zu grüßen noch zu bewillkomm-
nen, sondern ihn mit verächtlicher Gleichgültigkeit zu behan-
deln. Aber was geschah? Als sich der Buddha ihnen näherte,
erhob sich einer nach dem anderen von seinem Sitz und ging ihm
entgegen. Sein Antlitz drückte seinen großen geistigen Sieg aus,
seine Augen hatten den tiefen Glanz der Augen eines Menschen,
der durch die Mysterien des Lebens und des Todes gegangen ist
und sie überwunden hat; seine ganze Persönlichkeit strahlte
Glückseligkeit aus, als ob das innere Licht die äußere Form
durchleuchtete.

Niemals offenbarte eines Menschen Ausdruck und Gebaren
eine größere Aufrichtigkeit und Macht der Überzeugung, entstanden aus dem Wunsch, diese höchste Erkenntnis zum Segen
aller lebenden Wesen auch anderen zu verkünden, als die des
Buddha in diesem historischen Augenblick. Es war dieses vollkommene Einssein seines ganzen Wesens, das seinen Worten die
mächtige Überzeugungskraft verlieh, die Jahrtausende überdau-
erte und die einen Widerhall in uns erweckt, als seien diese Worte
gerade erst in diesem Augenblick gesprochen. Das ganze Glück,
welches der Buddha während der Wochen nach seiner Erleuchtung in der Waldeinsamkeit schweigend genossen hatte, ist in
dem feierlichen Ausruf enthalten, den er an die fünf Asketen im
Tierpark richtete:

Leihet das Ohr, o Mönche,
Die Befreiung vom Tod ist gefunden!

Seltsamerweise ist diese glückliche Botschaft von den heutigen Buddhisten fast vergessen, besonders von denen des Westens, die versucht haben, in der Lehre Buddhas Pessimismus oder einen lebenverneinenden Rationalismus zu sehen. Aber gerade die erste Ansprache des Buddha, welche mit diesen triumphierenden Worten anhebt, zeigt klar den grundlegenden Standpunkt seiner Lehre: die Idee des »Mittleren Pfades«, welcher ebensoweit von einem Leben selbstsüchtigen Genießens wie von dem der Selbstkasteiung und des Trübsinns entfernt ist. Frei von diesen Extremen erhellt sie das Auge, gibt dem Geist Klarheit und führt zum Frieden, zur Erkenntnis und zur Erleuchtung.

Die Forderung, Extreme zu vermeiden, gilt sowohl im praktischen als auch im geistigen Leben und führte zu einem neuen Denken, sogar zu einem neuen System der Logik. Aus ihr erwuchsen später die größten Philosophien Asiens, in deren Mittelpunkt der Gedanke der Bedingtheit aller Erscheinungen steht. Diese Gedanken könnten, richtig verstanden, für unsere heutige Welt von großem Wert sein. Doch ist man noch weit entfernt von einer Haltung des Verstehens, die zu einer lebendigen Verwandtschaft zwischen allem, was lebt, und zur Schaffung wirklicher Duldsamkeit führen würde.

Daß Duldsamkeit sehr wohl mit *strenger Überzeugung* zusammengehen kann, ist durch die Praxis des »Mittleren Pfades« in der Geschichte des Buddhismus erwiesen. Und deshalb denke ich, daß der Buddhismus besonders geeignet ist, Frieden und Harmonie in die heutige Welt zu bringen.

Wie ein Arzt nicht nach dem Glauben des Patienten fragt, sondern nach seinem Leiden, so erforscht der Buddha die Leiden der Menschheit. Nachdem er sie analysiert hat, erkennt er die Ursache ihres Entstehens und verschreibt das Heilmittel für ihre Aufhebung: den »Edlen Achtfachen Pfad«, der zur geistigen Gesundheit und Harmonie und endlich zum *Nirvāṇa* führt. Die Stufen dieses Pfades sind:

1. Vollkommene Einsicht *(sammā diṭṭhi)*
2. Vollkommener Entschluß *(sammā saṃkappa)*
3. Vollkommene Rede *(sammā vācā)*
4. Vollkommenes Handeln *(sammā kammanta)*
5. Vollkommene Lebensweise *(sammā ājīva)*

6. Vollkommene Bemühung (*sammā vāyāma*)
7. Vollkommene Achtsamkeit (*sammā sati*)
8. Vollkommene Vertiefung (*sammā samādhi*)

Es gibt nichts auf diesem Pfade, was nicht von jedem einzelnen Menschen und jeder Religion angenommen werden könnte. Er enthält nur das, worin alle Religionen übereinstimmen, und vermeidet alles, was Zwietracht bringt.

So gibt es im Buddhismus kein »Du sollst« oder »Du sollst nicht« – sondern nur »Ich fasse den Entschluß«, »Ich gelobe mir«, »Ich nehme es auf mich« und »Ich bin bereit, die Folgen zu tragen«. Da ist kein Platz für Sünde oder Verdammnis. Solange der Mensch noch nicht die rechte Einsicht in die Gesetze des Lebens und die Natur der Dinge hat, wird er töricht handeln und darunter leiden. Aber dieses Leiden ist nicht eine demütigende Strafe, sondern die natürliche Wirkung, welche ihn belehrt, mehr noch als die Befehle einer äußeren Macht.

Autoritätsgläubigkeit lehnte der Buddha ab. Auch von seinen Jüngern erwartete er, daß sie seine Lehre nicht zum Dogma erhoben und seine Persönlichkeit zu einer Autorität machten. So fragte er einmal Ānanda, ob er ihm folge, weil er ihm glaube und ihn verehre oder weil er seine Lehre, den *Dharma*, verstanden und in sich verwirklicht habe. Als Ānanda ihm erwiderte, daß er den Lehren des Buddha aufgrund eigener Einsicht folge, drückte der Buddha seine Befriedigung aus und erklärte, daß nur der von der Lehre einen Nutzen hat, der ihr nicht in blindem Glauben folgt.

Der Buddha wünschte also nicht, daß seine Jünger bloß an seine Worte glaubten; sie sollten sie vielmehr als Ausgangspunkt ihrer eigenen Entschlüsse und Erfahrungen verstehen. Die größte Kenntnis kann uns nicht helfen, wenn wir sie nicht durch eigene Anstrengung erworben haben. Daher ist das Aufzeigen des Pfades, der zur Verwirklichung der Wahrheit führt, die vornehmste Aufgabe des Lehrers: denn Erleuchtung entsteht durch Beseitigung der Hindernisse, die das Licht verdecken.

Licht ist universal, aber jeder muß es mit seinen eigenen Augen sehen. Buddhismus ist, wie sein Name sagt, der *Weg* zur Erleuchtung. Und dieser Weg wurde – was nie zuvor in der Religionsgeschichte geschah – mittels einer Lehre verkündet, die sich an *alle*

Menschen wandte und die nicht vor den Schranken von Kasten, Stämmen, Völkern und Kulturen haltmachte. Anstelle eines selbstherrlich regierenden Gottes, der seine Gnade oder seinen Zorn an den von ihm geschaffenen Wesen ausläßt, oder eines blinden Schicksals zeigte der Buddha eine Gesetzmäßigkeit auf, die Makro- wie Mikrokosmos in gleicher Weise trägt, die den Menschen in seine individuelle Verantwortung stellt und die ihn – wenn richtig angewandt – zur vollen Entfaltung aller in ihm angelegten Kräfte befähigt.

Diese Lehre des Buddha erfuhr nun im Laufe der Jahrhunderte und Jahrtausende durch die kulturellen, klimatischen und historisch bedingten Prägungen jener Länder, die sich dem Buddha-*Dharma* öffneten, spezifische Ausformungen, so beispielsweise in den Ländern Süd- und Nordasiens wie im Fernen Osten. Jede dieser Richtungen und Schulen hat dabei wesentliche Züge des *Dharma* herausgearbeitet und assimiliert, ohne daß es je dabei zu einem Bruch mit der eigenen alten, gewachsenen Kultur kam.

Wir im Abendland müssen und können von diesen – nun traditionellen – Schulen lernen, ohne sie nachzuahmen. Denn es wäre ein Anachronismus, wenn man die in früheren Jahrhunderten erarbeiteten Produkte geistiger Erfahrungen einfach übernehmen würde, die unter ganz anderen kulturellen Bedingungen entstanden, so wie es auch sinnlos wäre, Resultate eines Denkens sich zu eigen zu machen, das auf Erfahrungen aufbaut, die wir nicht gehabt haben. Mit anderen Worten: Es genügt nicht, sich emotional mit der einen oder anderen Phase des Buddhismus zu identifizieren. So wie der Embryo im Mutterleibe die Phasen der Menschwerdung in abgekürzter, zeitraffender Weise wiederholt, müssen wir vielmehr die geistige Entfaltung der Buddhalehre auf allen Ebenen unseres Wesens nachvollziehen.

Daß hierbei die Intuition, das Einfühlen und Nacherlebenkönnen, eine große Rolle spielt, ist selbstverständlich. Aber sofern Intuition nicht auch einen klaren Ausdruck in unserem Denken findet, kann sie keinen Einfluß auf unser Leben haben, sondern ist in Gefahr, sich im Nebel unbestimmter Gefühle und traumhafter Vorstellungen und Gesichte zu verlieren, denn keine Kraft kann wirken, sofern sie nicht geformt und gerichtet ist.

Gedanken und Erkenntnisse oder Wahrheiten andererseits, die

nur auf der intellektuellen Ebene entwickelt worden sind, müssen im Erleben bestätigt, durch unmittelbare Erfahrung zur erlebten und gelebten Wirklichkeit werden, wenn sie Macht haben sollen, unser Leben zu verwandeln und im tiefsten Wesen zu formen.

Menschen, die nur im Denken verharren, bleiben die Gefangenen ihrer Gedankengespinste, deren Netze sich fester und fester um sie ziehen. Andererseits werden die Menschen, die nur in ihren mehr oder weniger vagen Intuitionen leben (denn was ist das Kriterium einer wahren Intuition, das diese von einer bloßen Illusion unterscheidet?), zu Gefangenen ihrer augenblicklichen Gefühle und Empfindungen.

Diejenigen aber, die ihr Denken und ihre Intuitionen in Einklang bringen können, machen den besten Gebrauch von beiden: Sie genießen die Freiheit einer durch keine Begriffe eingeengten Intuition und die schöpferische Freude, die Bausteine des intuitiven Erlebens zu dem erhabenen Gebäude einer allumfassenden Weltanschauung zusammenzufügen – einem Gebäude, das sich in ständigem Wachstum befindet und dessen Schlußstein und Krönung das strahlende Juwel der völligen Erleuchtung ist, in dem der Bau zur Vollendung kommt.

Dieser Akt der Assimilation des Buddha-*Dharma* ist ein *schöpferischer* Prozeß, der zu einer Neugestaltung wird. Soll der Buddhismus im Westen Wurzeln schlagen, so müssen auch wir zur weiteren Entfaltung des *Dharma* unseren Teil beitragen und ihn so mit frischem Blut und Leben erfüllen. Die Lehre des Buddha ist keine Glaubensreligion, sondern eine Religion des Erlebens und Erkennens – eine Religion, die in jedem Wesen erneut wiedergeboren werden muß. Dazu müssen wir uns aber von der Herrschaft altüberkommener Begriffe (die uns leicht in dogmatischer Enge erstarren lassen) befreien. Auch müssen wir uns hüten, uns von der Ähnlichkeit gewisser Formulierungen bei Kant, Schopenhauer oder Franz von Assisi, bei Meister Eckehart und den christlichen Mystikern oder den modernen Existentialisten, in der heutigen Wissenschaft und Psychologie zu einer alles nivellierenden vergleichenden Religionswissenschaft verführen zu lassen, die im Grunde genommen alles und nichts glaubt und dies für »Toleranz« hält. Man kann jede geistige Ausdrucksform – gleichgültig, ob man sie persönlich akzeptieren kann oder nicht – als eine Gestaltung des vielfältigen Lebens respektieren – so, wie wenn wir in einem Garten die Vielfalt der Pflanzen bewundern, ohne unsere Vorlieben zum Maßstab unseres Urteils zu machen. In immer wacher und offener Empfangsbereitschaft wird sich unser Geist keiner Erscheinungsform verschließen, doch alles Echte wird er vom künstlich Gemachten unterscheiden.

So sollten wir uns hüten, den heute so hoch im Kurs stehenden Synkretismus mitzumachen, wenn man beispielsweise »*Nirvāṇa*« und »ewige Seligkeit« gleichsetzt, um die »Übereinstimmung aller Religionen« unter Beweis zu stellen. Hüten sollten wir uns aber auch davor, im Heiligen den vollendeten, nicht mehr entwicklungsfähigen, völlig in seiner Vollkommenheit erstarrten Menschen zu sehen, der alles Menschliche von sich abgeschüttelt hat und – von »Allwissenheit« erfüllt – zu keiner menschlichen Regung (außer vielleicht einem diffusen Mitleid mit der Schar der Toren, die ihn umgeben) fähig ist. Ein solcher Heiliger, der zu keiner Wandlung mehr fähig ist, ist geistig tot, wie alles tot ist, was sich dem Gesetz des lebendigen Fließens und Strömens, der lebendigen Verwandlungsmöglichkeit verschließt.

Der Heilige, wie wir ihn verstehen, ist ein Heilgewordener, der alle Abgrenzungen und Vorurteile aufgegeben hat und völlig offen und transparent geworden ist – fähig, auch das Unbegreifliche zu akzeptieren. Er ist ein Mensch, der allem Erleben offensteht und darum für alles noch nicht Erfahrene empfänglich ist, oder anders ausgedrückt: jemand, der dem Wechsel, der Verwandlung und Wandlung nicht mehr entgegensteht und somit die Fülle des Lebens besitzt. Und wenn späte buddhistische Schulen dem Buddha »Allwissenheit« zuschreiben, so sollten wir auch hier nicht etwa um der »Historizität« dieser Behauptung willen etwas akzeptieren, was im Gegensatz zu all dem steht, was uns sonst in den klassischen Texten über die Persönlichkeit des Buddha berichtet wird. Denn ein »allwissender« Buddha wäre ein Wesen, das aller Erlebnisfähigkeit und Teilnahme bar ist.

Der Buddha war zweifellos ein Mann, der seiner Zeit weit voraus war, der jedoch, um verständlich zu sein, sich im Rahmen seiner Zeit ausdrücken mußte. Er war ein Mensch, der sich die Lebendigkeit seines Geistes erhalten hatte und imstande war, alle Probleme seiner Zeit klar zu sehen. Aber jede Zeit hat ihre eigenen Probleme, und der Buddha gab nicht vor, Probleme zu lösen, die noch nicht entstanden waren. Andererseits aber war er auch kein bloßer Sammler von intellektuellem Wissen, dessen Anhäufung niemals einen »gebildeten« Menschen kennzeichnet, da nur dort, wo das Gewußte zum Erlebten geworden ist und im Erleben das eigene Leben geformt hat, wirklich von »Bildung« gesprochen werden kann:

Wenn der Buddha in seiner Lehre dem »Nicht-Wissen« (avidyā) eine besondere und zentrale Rolle zuerkannte, so muß man sich immer bewußt bleiben, daß dieses »Nicht-Wissen« keineswegs Mangel an Tatsachenwissen bedeutet, sondern vielmehr das Ignorieren innerer Erfahrung, das Nichterkennen unserer eigenen Natur, indem wir ihr ein separates und unveränderliches Ich unterschieben.

Der so gewonnene Ich-Begriff, der uns ein ewig dauerndes, sich immer gleichbleibendes Ich oder Selbst oder eine »Seele« vorgaukelt, wird immer erneut von der Erfahrung der Zentriertheit jedes Lebensprozesses abstrahiert. Beobachtet man aber das Leben beziehungsweise die Natur, so sieht man, daß es sich hier um einen Prozeß der Fokkussierung momentan auftretender Bewußtseinsinhalte handelt – um einen *Prozeß* ständiger Wandlung.

Je mehr sich unser Bewußtsein mit Gedanken befaßt, die sich auf bloße begriffliche Abstraktionen gründen, um so weniger leben wir in der Wirklichkeit, das heißt in der unmittelbaren Erfahrung. Begriffe können wie die Figuren eines Brettspiels hin und her geschoben werden entsprechend den Spielregeln, die man Logik nennt. So wie es bei Brettspielen aber unterschiedliche Spielregeln gibt, so gibt es auch viele Systeme der Logik, wobei jedes in sich folgerichtig ist, so daß man das eine nicht als richtig noch das andere als falsch bezeichnen kann.

Arbeiten wir nun um der Verständigung willen mit Begriffen, so müssen wir uns immer wieder die dahinterstehenden Erlebnisinhalte und Erfahrungen bewußt machen und diese zum Mitschwingen bringen, wenn wir nicht in der Hohlheit metaphysischer Spekulationen steckenbleiben wollen, die der Buddha immer zurückwies. Aus diesem Grunde müssen wir vor allem bei der Darlegung des Buddha-*Dharma* jene Termini kritisch betrachten, die in den abendländischen Sprachen als Äquivalente der überlieferten Sanskrit- und Pālibegriffe angeboten werden. Wir müssen jeden Begriff, den wir bisher unbesehen übernahmen, einer strengen Prüfung unterziehen. Als Buddhisten sind wir aufgerufen, die Wahrheit dessen, was der Buddha lehrte, selbst zu erfahren, und deshalb müssen die Begriffe wieder zu dem gemacht werden, was sie waren: Finger, die den Weg weisen.

Nehmen wir als Beispiel den buddhistischen Begriff *Anicca* (skr.: *anitya*), der stets als ein negativer Faktor interpretiert wurde, indem man das Wort im deutschen Sprachbereich mit »vergänglich« übersetzte. Aber *Anicca* beinhaltet nicht nur das Vergänglichsein, sondern zugleich auch Entstehen, Neubeginn, Wachstum. »*Nicca*« bedeutet »ewig«, »dauernd« und »*a-nicca*« »nichtewig«, »nichtdauernd«. Weil wir die »Ewigkeit« zu einem Ideal erhoben haben, ohne zu wissen, daß wir uns von einem selbsterschaffenen Begriff unseres abstrahierenden Verstandes, der keinerlei Entsprechung in der Wirklichkeit hat, verführen ließen, hängen wir an diesem Begriff und interpretieren jeden Wandel als Vergänglichkeit oder Vernichtung. Aber Wandel, oder richtiger Transformation, ist nicht nur Vernichtung, sondern ebensosehr Werden, Geburt oder Wiedergeburt: die Verwandlung in ein Neues. Denn würden die alten Bedingungen nicht aufgehoben, könnte nichts Neues entstehen. Wäre Leiden ewig, gäbe es keine Erlösung, keine Überwindung des Leidens. Und letztlich: Ist Glückseligkeit denkbar ohne die entgegengesetzte Empfindung? Ist nicht »ewige Seligkeit« eine *Contradictio in adjecto*? Die Emotion der Glückseligkeit ist auf dem Wandel begründet; andernfalls würden wir in einer ewigen Langeweile leben, was wohl die schlimmste Form des Leidens ist. Wir wollen den Wandel vermeiden, indem wir uns an Dinge und Zustände klammern. Wir verhalten uns wie ein Geizhals, der auf seinen Schätzen sitzt und verhungert. Die Tatsache, daß die Dinge nicht ewig sind, sollte uns belehren, daß wir sie nicht begehren sollten, sondern daß wir sie genießen sollten, solange sie da sind, ohne an ihnen zu haften. Nicht Vergänglichkeit ist die Ursache unseres Leidens, sondern unsere Verhaftung, unser Begehren, unser Durst *(taṇhā)*.

Mit anderen Worten: Nicht *Anicca* ist die Ursache des Leidens, sondern unser Besitzenwollen. Dies ist der Grund, warum Menschen in die Einsamkeit gehen und Einsiedler oder *Sanyāsins* werden: Sie wollen sich von allem Besitz befreien. Diejenigen, denen dies gelingt, erscheinen uns als Heilige. Aber sie sind es nur, wenn ihr Geist klar und durchsichtig geworden ist – nicht aber, wenn sie glauben, daß sie nichts mehr dazuzulernen hätten. Wer die Fähigkeit weiteren Wachstums verloren hat, ist tot. Denn Stillstand *ist* Tod!

Nicht derjenige ist weise, der viele Dinge weiß, sondern der, der jederzeit bereit ist, sein Wissen zu erweitern. Unwissenheit besteht in einem zur Aufnahme nicht bereiten, sich verschließenden Geist – gleichgültig, ob er viel oder wenig Tatsachenwissen angehäuft hat. Weisheit hingegen ist das Kennzeichen eines offenen Geistes, und *Nirvāṇa*, die Freiheit von Haß, Gier und Wahn und von allen Vorurteilen, ist die vollkommene Aufnahmefähigkeit oder Rezeptivität allem gegenüber, was das Leben zu bieten hat.

ERSTER TEIL

# DIE WELT UND IHRE DEUTUNG

# WELT UND WIRKLICHKEIT

Mit dem Fortschritt der Naturwissenschaften in diesem Jahrhundert wurde erneut die Frage nach der Grundlage unserer Welterfahrung, nach der Objektivierbarkeit unseres Erlebens und andererseits nach dem Sinn jener Seinsweise aufgeworfen, welche die Religionen der Welt der Wissenschaft gegenüberstellen.

In der Außenwelt ist die einzige Wirklichkeit, von der wir sprechen können, die Welt unserer Erfahrung. Sie wird bestimmt durch die Organe unserer Wahrnehmung und die Art unseres Bewußtseins. Daher können wir nur von einer subjektiv erfahrenen Welt reden, von der Welt unserer Vorstellung. Daran ändert auch die Methodik naturwissenschaftlicher Forschung nichts Grundsätzliches: Sie erweitert letztlich nur unsere Sinnesorgane. Dabei wird in keiner Weise die Existenz der Welt in Frage gestellt; es wird lediglich festgestellt, daß die Welt, wie wir sie erfahren, im Wirken besteht und daß es sich hier nicht um ein »Sein« handelt. Mit anderen Worten: Die Welt hat einen dynamischen, nicht einen gegenständlichen Charakter.

Es verhält sich mit der Dinglichkeit der Welt wie mit den Farben eines Regenbogens, die zwar mit den Sinnen wahrgenommen werden, denen aber, ebenso wie dem Regenbogen als Ganzem, keine Substanz zukommt. So wie die Sonne die Ursache sämtlicher Farben ist, so ist das die Welt wahrnehmende Bewußtsein die Ursache aller Wahrnehmung von Form und Dinglichkeit. Und so, wie wir die Vielfalt der Farben des Regenbogens nur sehen, wenn wir von der Quelle des Lichtes abgewandt nach

»außen« schauen, so nehmen wir die Vielfalt der Dingwelt nur wahr, wenn wir vom Zentrum, vom Inneren des Bewußtseins, nach außen blicken.

Wenden wir uns aber der Quelle des Lichtes oder des Bewußtseins zu, so verschwindet die Vielfalt der Farben, vergeht die Dingwelt. So wie die Farben des Regenbogens sich um ein unsichtbares Zentrum zum Bogen zusammenschließen, der für jeden Betrachter ein anderer ist und vor einem anderen Hintergrund steht, so gruppiert sich die Vorstellung der Dingwelt um das ideelle Bezugszentrum, das wir als »Ich« erleben. Also haben weder das Bezugszentrum noch der Bogen, noch seine Farben greifbare Existenz, haben kein dauerhaftes Substrat, und Gleiches gilt für das Bewußtsein: Licht und Bewußtsein erscheinen als ihre Projektion auf einen fließenden, aus momentan entstehenden und verschwindenden Tropfen (»Quanten« und »Atomen«) bestehenden universellen »Hintergrund«.

Obwohl jeder Beobachter sich selbst im Mittelpunkt des Regenbogens erfährt, unterliegt die Erscheinungsform des Regenbogens nicht der Willkür des Beobachters, sondern folgt feststellbaren Gesetzen. Diese Gesetzmäßigkeit innerhalb subjektiver Bezugssysteme verleiht unserer jeweiligen Welt den Charakter von etwas scheinbar unabhängig von uns Bestehendem. Das Objektive steht also nicht im Gegensatz zum Subjektiven; vielmehr ist das Objektive eine Funktion der inneren Gesetzmäßigkeit des Subjekts, beziehungsweise der Stabilität seiner Beziehungen, aus denen sich dann das als »Außen« und als »Nicht-Ich« empfundene, sinnlich wahrnehmbare »materielle« Objekt ergibt. Doch hier von einer in sich oder an sich bestehenden, objektivierbaren Wirklichkeit zu sprechen, ist ein Widerspruch in sich selbst, denn »Wirken« ist eine Relation, umschließt eine unendliche Vielfalt von Wechselbeziehungen.

Der Tisch, den ich vor mir sehe, ist in der Form, in der ich ihn sehe, ebenso real oder nicht weniger wirklich als die atomaren Strukturen, aus denen er sich nach der Erkenntnis des Physikers zusammensetzt. Was ist aber dieser selbe Tisch, wenn er weder vom menschlichen Auge noch dem Intellekt des Physikers, noch aus der Perspektive einer Ameise oder eines Holzwurms gesehen wird?

Die Antwort des Buddhisten würde sein: »An sich« ist er

nichts; er wird erst zu einem »Etwas« durch das formende, auswählende, vorstellende Bewußtsein. Und da die Arten und Möglichkeiten des Bewußtseins unendlich sind, kann man einen Schritt weitergehen und sagen, der Tisch sei die Summe aller seiner Anschauungsmöglichkeiten. So könnten wir mit gleicher Berechtigung sagen, der Tisch sei »an sich« nichts und alles – was heißt, daß es so etwas wie einen Tisch »an sich« überhaupt nicht gibt, denn dieses »an sich« ist eine reine Denkkonstruktion, die keine Basis in der Erfahrung hat.

Diese Erkenntnis führte den Buddha zur Aufstellung seiner *Anicca-* und *Anattā*-Lehre, welche die Dinghaftigkeit der Dinge und die Ichhaftigkeit des Individuums zugunsten der lebendigen Dynamik unbegrenzter Relationen in einem unendlichen Universum aufhob. Die einzige uns *unmittelbar* zugängliche Wirklichkeit ist die des Bewußtseins, ohne das weder diese noch jene Welt existieren würde.

Wahrlich, ich sage euch, innerhalb dieses eures Körpers, obwohl sterblich und nur einen Klafter hoch, aber begabt mit Bewußtsein und Geist, ist die Welt beschlossen, das Entstehen und das Vergehen der Welt wie auch der Weg, der zur Aufhebung hiervon führt. *(Anguttara-Nikāya IV, Samyutta-Nikāya II)*

Hiermit definierte der Buddha die Welt als das, was uns als Welt zum *Bewußtsein* kommt – ohne auf die Frage der objektiven Wirklichkeit einzugehen. Da er den Substanzbegriff ablehnte, konnte er selbst da, wo er vom Materiellen oder vom Körperlichen sprach, dies nicht im Sinne eines essentiellen Gegensatzes zum Psychischen gemeint haben, sondern eher im Sinne einer inneren und äußeren Erscheinungsform desselben Vorgangs, der für ihn nur so weit von Interesse war, als er ins Gebiet unmittelbarer Erfahrung fiel und das lebendige Individuum, das heißt die Vorgänge des Bewußtseins, betraf.

Unsere Welt und jene Wirklichkeit, von der die Religionen berichten, sind zwei Arten des Erlebens, nicht aber zwei verschiedene Welten. Diese Erlebnisarten unterscheiden sich durch die Blickrichtung: Als Weltmensch blicken wir nach außen, auf die Vielfalt der Sinnesobjekte, als religiöser Mensch nach innen auf die Ganzheit des Ursprungs, auf das Bewußtwerden der universellen Einheit in der Vielheit der Erscheinungen.

Wir haben es hier nicht mit zwei prinzipiell voneinander geschiedenen Seinsbereichen zu tun, sondern mit zwei verschiedenen Anschauungsformen derselben Wirklichkeit. Dabei befaßt sich die erste Anschauungsform mit der Differenziertheit einer ins Zeit-Räumliche projizierten Wirklichkeit – also einer Wirklichkeit zweiten Grades –, während die letztere deren Ursprung und Ziel nachgeht. Die beiden Anschauungsweisen schließen sich nicht aus, sondern ergänzen sich, denn Universalität kann nur im individuellen Bewußtsein zum Erlebnis werden, so wie Individualität nur im Bewußtsein ihrer universellen Grundlage zu sinnvoller Gestaltung werden kann.

Die »Wirklichkeit«, von der die Religionen sprechen, ist also nach buddhistischer Auffassung nicht ein »Jenseits« – ein von unserer Welt verschiedener Bereich oder eine zukünftige Himmelswelt –, sondern das, was unserer alltäglichen Wirklichkeit zugrunde liegt, was wir aber nicht sehen, solange unser Blick nach außen gerichtet ist. Zur Erkenntnis jener anderen, primären Wirklichkeit bedarf es also nur einer Umkehrung unserer Blickrichtung, einer »Umstellung im tiefsten Sitz unseres Bewußtseins«, wie es im *Lankāvatāra-Sūtra* heißt. Es ist dies eine Neuorientierung, Neueinstellung, eine Wendung vom Äußeren, dem Bereich objektivierter Differenzierung, zum Inneren: der Ganzheit, der allumfassenden Universalität des Geistes. Diese innere Umkehr ist das einzige Wunder, das der Buddha anerkennt. Aber er hat sich nicht damit begnügt, dieses Wunder anzuerkennen, sondern hat auch den Weg aufgewiesen, auf dem diese primäre Wirklichkeit erfahren und voll bewußtgemacht werden kann: Es ist der Weg der Meditation, der Geistesschulung, der Konzentration und Entwicklung der in jedem Menschen schlummernden Geisteskräfte, demzufolge es möglich ist, den Erfahrungsbereich des Bewußtseins über die Grenzen des Nur-Individuellen und zeitlich Bedingten auszudehnen.

Die Offenbarungen, heiligen Schriften und kultischen Überlieferungen aller Religionen sind der Niederschlag dieser Erfahrungen, die sich notwendigerweise symbolischer Sprache und Handlungen bedienen müssen, um Erlebnissen, die dem nach außen gerichteten Bewußtsein fremd sind, Ausdruck zu verleihen. Viele der so berichteten Erlebnisse erwecken den Eindruck, daß sich jene »andere Wirklichkeit« den Gesetzen und Bedingungen der uns bekannten Wirklichkeit entzieht. Dies ist wahr, insofern sich diese Erlebnisse im Bereich innerer Erfahrung abspielen, in dem psychische und nicht physische Gesetze walten. Wie weit sich jedoch das Psychische auf das Physische auswirkt, ist eine Frage, die bis zum heutigen Tage noch nicht geklärt ist. Obwohl der Buddhismus nicht die Möglichkeit gewisser unerklärter Phänomene, die uns, weil wir die Ursachen nicht kennen, als »Wunder« erscheinen, bestreitet, hält er das Streben nach Erzeugung und Ausübung solcher Wunderkräfte für unheilsam und abwegig. Der Buddhist ist nicht darauf bedacht, übernatürliche Kräfte zu erlangen, sondern das durch einseitiges Gerichtetsein auf die Sinnenwelt gestörte Gleichgewicht seiner seelischen Fähigkeiten wiederherzustellen durch Einbeziehung und Aktivierung seines Tiefenbewußtseins und durch die Erkenntnis seiner potentiellen Universalität. Das einzige Wunder, das der Buddha anerkennt, ist das Wunder der inneren Umkehr, denn in ihr liegt der erste Schritt zur Erleuchtung, zum vollen Erwachen zur Wirklichkeit.

# BEWUSSTSEINSENTWICKLUNG UND DAS ZIEL DES HEILSWEGES

Der Mensch ist das Produkt seiner in unendliche Zeiten zurückgehenden Bewußtseinsentwicklung, welche die Möglichkeiten aller Lebensformen umfaßt und die natürliche Entwicklung der Lebewesen einschließt – oder sich ihrer bedient (so wie der neue Lebenskeim im Mutterschoß sich der Nahrungs- und Aufbaustoffe des mütterlichen Leibes bedient, ohne deswegen ihr Produkt zu sein). Der Mensch unterscheidet sich von Tieren und Pflanzen nicht durch vollkommene Wesensverschiedenheit oder eine Art »Übernatur«, sondern durch höhere Bewußtheit, die sich nicht nur auf äußere Wahrnehmungen (Sinnesfunktionen) und innere Emotionen beschränkt, sondern die Fähigkeit der Reflexion, des abstrakten Denkens und der Zurückwendung auf die eigene Bewußtseinsquelle besitzt. Es ist hier, daß das Bewußtsein sich zum ersten Male seiner selbst bewußt wird – und seiner potentiellen Universalität. Nur wenn letztere zur Verwirklichung kommt, kann der Mensch sich vom Kreislauf von Tod und Wiedergeburt befreien im Wissen seiner allumfassenden Ganzheit: dem Zustand der Erleuchtung.

Da der Buddha den Substanzbegriff zugunsten der Momentanheit aller Daseinselemente und des dynamischen Charakters der Wirklichkeit ablehnte, darf man selbst da, wo er vom Materiellen oder vom Körperlichen spricht, dies nicht im Sinne eines essentiellen Gegensatzes zum Psychischen auffassen, sondern nur im Sinne einer inneren und äußeren Erscheinungsform desselben Vorgangs. Der Zusammenhang von Physischem und Psychischem, die prinzipielle Einheit geistiger und materieller Gesetzmäßigkeit, wird hiermit proklamiert, wobei das Materielle zu einer sekundären Erscheinungsform des Geistigen oder zu einem Sonderfall psychischer Erfahrung wird. Der geist-körperliche Organismus *(nāma-rūpa)* des Individuums ist nach buddhistischer Auffassung das Produkt der Bildekräfte *(saṁskāra)* des Bewußtseins, sozusagen kristallisiertes, »geronnenes« und sichtbar gewordenes, materialisiertes Bewußtsein vergangener Daseinsmomente. Es ist nach dem Prinzip der wirkenden, von Absicht getragenen Tat *(karma)* als vollendete Wirkung *(vipāka)* in Erscheinung tretendes Bewußtsein. Das Seelische ist also nicht nur eine Äußerung und Funktion materieller und physiologischer Prozesse, sondern der Körper ist andererseits auch ein Produkt des Seelischen, das heißt der schöpferischen Kräfte des Bewußtseins.

Eine Unsterblichkeit des Menschen, die lediglich in einem Weiterexistieren der ihn ausmachenden Elemente und Prozesse bestünde, wäre völlig sinnlos und hätte nicht das geringste Interesse für das menschliche Individuum. Ja, man könnte sich fragen: Was ist der Sinn aller Individualität, aller Bewußtheit, wenn die Erfahrungsinhalte jeder Existenz sich in einem Leerlauf unbewußter Prozesse und ewig aufeinanderfolgender elementarer Neugestaltungen erschöpfen würden? Die Erhaltung von Energie und Materie mag den Materialisten intellektuell befriedigen; den geistigen Menschen, der sich seiner tieferen Vergangenheit und seiner seelischen Kontinuität und Wachstumsmöglichkeiten bewußt ist, können solche Schlagworte nicht beeindrucken.

Zu der Frage, ob der einzelne Mensch als Individualität schon vor seiner Geburt in irgendeiner Form vorhanden war und wie man sich die Fortexistenz nach dem Tode vorzustellen hat, gibt der Buddhismus eine klare, auf Beobachtung und innerer Erfahrung beruhende (und durch meditative Erfahrung nachprüfbare) Antwort, die weder eines Jenseitsglaubens noch komplizierter metaphysischer Hypothesen bedarf, sondern durch ihre Einfachheit und Natürlichkeit für sich selber spricht und somit für den unvoreingenommenen Geist zumindest den Vorteil einer annehmbaren Arbeitshypothese hat.

Die Antwort des Buddhismus ist, daß Geburt und Tod denselben Vorgang darstellen – nur von zwei verschiedenen Seiten gesehen: so wie dieselbe Tür als Eingang oder Ausgang bezeichnet werden kann, je nachdem ob wir sie vom Äußeren oder Inneren eines Raumes betrachten. In anderen Worten: Wir sind schon unzählige Male durch die Pforte des Todes und der Geburt gegangen, und unser jetziges Leben ist nichts anderes als das »Jenseits« oder, richtiger, die Fortsetzung unserer vorigen und aller vorhergegangenen Existenzen.

Individuelle Fortdauer ist jedoch nicht als das Fortbestehen einer sich ewig gleichbleibenden Seelensubstanz einer für sich bestehenden, einmaligen Persönlichkeit zu verstehen, sondern als die Kontinuität einer ständig wachsenden und im Wachstum sich verwandelnden Bewußtseinskraft, in der jede neue Erfahrung zur Erweiterung des geistigen Horizontes und zur Bereicherung des inneren Lebens und seiner Beziehungen zur Umwelt beiträgt, bis der Zustand des vollen Erwachens zur Universalität, zum Erlebnis der Ganzheit verwirklicht ist. Die Konservierung der Erfahrungsinhalte des Bewußtseins ist jedoch nicht gleichbedeutend mit der willentlichen Erinnerungsfähigkeit unseres aktiven peripheren Bewußtseins, das den zeitlich und räumlich bedingten Notwendigkeiten und Zielen unseres gegenwärtigen Lebens dient.

Das Gedächtnis des Tiefenbewußtseins ist nicht eine Art Rumpelkammer, in der ununterschieden alles vom Oberflächenbewußtsein als nutzlos Abgestoßene aufgespeichert wird. Es hat vielmehr die Eigenschaft, alle Erfahrungsinhalte in solcher Weise zu assimilieren und zu verwandeln, daß sie – aller zeitlichen und persönlichen Zufälligkeiten entkleidet – sich zu lebendigen archetypischen Symbolformen kristallisieren und sich zu einem Netz unendlicher Beziehungen zusammenfügen, deren Zentrum das individuelle Tiefenbewußtsein ist.

Da dieses Zentrum aber nicht statisch ist, sondern sich infolge ständig neu einströmender Erfahrungsinhalte in dauernder Fortbewegung befindet, wird dieses Zentrum zu einer zentralen Achse psychischen Wachstums, die sich durch zahllose, einander bedingende und ununterbrochen aufeinanderfolgende Existenzen erstreckt.

Der Übergang von einer Existenz zur anderen hat jedoch nach buddhistischer Vorstellung nichts mit einer »Seelenwanderung« zu tun, in der eine seelische Wesenheit oder Entität (im Sinne einer in sich abgeschlossenen, sich gleichbleibenden seelischen Einheit) von einem Körper zum anderen wandert. Er ist eher als eine Art Zentrumsverschiebung einer räumlich und zeitlich nicht begrenzten Bewußtseinskraft auf der Achse ihrer Entwicklungsrichtung zu verstehen.

Wir können also eher von einer kontinuierlichen »Seelenwandlung« reden, deren einzige Konstante die auf innerer Kausalität beruhende Richtung oder »Achse« ihres Wachstums, ihrer Entwicklung, ist. Die Tiefendimension unseres Bewußtseins reicht nach buddhistischer Auffassung wie auch nach der der modernen Tiefenpsychologie in eine anfanglose Vergangenheit zurück und hat darum das gesamte Universum zur Basis, obwohl nur diejenigen Inhalte in den Bereich unserer Wahrnehmung kommen, die zu den Notwendigkeiten unserer augenblicklichen Situation oder den Interessen und Bestrebungen unseres Intellekts in direkter Beziehung stehen.

So wie die Tiefendimension unseres Bewußtseins zeitlich nicht begrenzt ist, ist auch die Weitendimension, das heißt die Dimension unseres Gegenwartsraumes, nicht begrenzt, was mit anderen Worten heißt, daß Bewußtsein zwar individuell zentriert ist (individueller Zentrierung bedarf, um sich selbst bewußt zu werden), daß es aber nicht mit den körperlichen Grenzen oder den körperlichen Organen, in denen es zentriert ist, identisch ist.

Alle Fernwirkungen des Geistes und der psychischen Wahrnehmung (Telepathie, »außersinnliche Wahrnehmung« [ASW], Telekinese oder dergl.) die in zahlreichen Versuchen der experimentellen Psychologie nachgewiesen worden sind, weisen auf eine räumliche Unbegrenztheit des Bewußtseins hin. Jedes individuelle Bewußtsein ist sozusagen ein Strahlungszentrum, das alle anderen gleichzeitig bestehenden Bewußtseinszentren (in stärkerem oder schwächerem Maße) durchdringt, in oder mit ihnen lebt und sie je nach Maßgabe ihrer »geist-räumlichen« oder entwicklungsmäßigen Position oder psychischen Abstimmung beeinflußt.

Und wie wir selbst in uns am Bewußtsein unzähliger Wesen teilnehmen, auf deren Schwingungen wir, je nach Empfänglichkeit und Affinität unserer eigenen Natur, reagieren – so besteht im Augenblick unseres physischen Todes weder die Notwendigkeit einer psychischen Transmigration oder einer »Suche nach einem neuen Mutterschoß«. Innerhalb des schon von jeher eingenommenen geistigen Raumes wird vielmehr im Augenblick, in dem das eine Zentrum als Wirkungsbasis des Bewußtseins verschwindet oder inadäquat wird, notwendigerweise ein anderer Punkt zum Zentrum des Bewußtseins: nämlich der, dem unser tiefstes Wesen am meisten entspricht oder, negativ ausgedrückt, dessen Widerstand am geringsten ist.

Geringster Widerstand kann natürlich nur dort sein, wo noch kein selbständiger Organismus existiert, sondern nur der Keim oder die Lebensbedingungen für einen solchen. Und die größte Affinität oder gleichartigste Abstimmung kann nur dort sein, wo die Anlagen eines solchen Lebenskeimes oder die psychischen Bedingungen, unter denen er zur Entstehung kommt, dem Wesen oder der Eigenart des zu neuer Verkörperung drängenden Bewußtseins die größten Entfaltungs- und Ausdrucksmöglichkeiten geben.

Das »Hier-Verschwinden« und »Dort-in-Erscheinung-Treten« (wie das Sterben und Wiedergeborenwerden in den buddhistischen Texten oft genannt wird) ist also mit keinerlei räumlicher Bewegung oder »Wanderung« einer Geisteswesenheit verbunden und kann daher auch kein zeitliches Problem sein. Die Zentrumsverschiebung des Bewußtseins mag durch das folgende Gleichnis verständlicher gemacht werden: Das Bewußtsein des Menschen gleicht einem großen Banyan-Baum, der unzählige Luftwurzeln hat. Der Hauptstamm stellt das augenblickliche Bewußtseinszentrum des Menschen dar, in dem er sich als Individuum bewußt ist. Die unzähligen Luftwurzeln stellen die Beziehungen seines nach allen Seiten ausstrahlenden Bewußtseins zu anderen Wesen oder potentiellen Lebenszentren dar. Der Hauptstamm altert, und wenn er eines Tages abstirbt, wird automatisch die nächstgrößere Luftwurzel zum Hauptstamm und Zentrum (»Ich«) des Baumes. So kann eine Zentrumsverschiebung stattfinden ohne Bewegung des Zentrums.

Es hängt somit von der Reife und Richtung unseres Bewußtseins ab, in welchem Boden wir Wurzeln schlagen: in dem einer höheren Wirklichkeits- und Wesensstufe (einer höheren Bewußtseinsdimension), die uns dem Erwachen zur Ganzheit – und somit unserer wahren Unsterblichkeit – näherbringt, oder in dem einer größeren Verhaftung und Identifizierung mit den kleinen

Zielen und Grenzen unseres sterblichen Daseins, unserer vergänglichen Persönlichkeit.

Sterblichkeit wie Unsterblichkeit liegen im Bewußtsein des Menschen beschlossen. Unsterblichkeit aber bezieht sich nicht auf die Erhaltung unserer Persönlichkeit, sondern besteht in der Wiederentdeckung jener Beziehungen, die uns als Exponenten eines unvergänglichen Ganzen erweisen. In der Wiederentdekkung dieser Beziehungen äußert sich das seelische Wachstum des Menschen, und seine Individualität ist der notwendige Durchgangspunkt zum Erlebnis seiner Universalität, zum Erwachen in die höchste Wirklichkeit.

Unser Selbst muß, um zu leben, beständig in seiner Form sich wandeln und wachsen; man könnte sagen, daß gleichzeitig ein beständiges Leben in ihm vor sich geht. In Wahrheit werben wir um den Tod, wenn wir dem Tode ausweichen, wenn wir dieser Form des Selbst Dauer verleihen möchten, wenn das Selbst keinen Trieb fühlt, über sich hinauszuwachsen, wenn es seine Grenzen als endgültig nimmt und demgemäß handelt.[2]

Wachstum aber bedeutet nicht nur dauernde Veränderung und Verwandlung, sondern Kontinuität; und diese Kontinuität ist es, die der Bewegung und Verwandlung Ziel und Sinn gibt. Diese Kontinuität kann nicht durch ein Festhalten an Vergangenem oder Vergänglichem hergestellt werden, sondern nur durch die bewußte Richtung unseres Fortschreitens, in der, aus dem organischen Zusammenhang mit Vergangenem, ein Verständnis des Gegenwärtigen und eine sinnvolle Gestaltung des Zukünftigen erwächst. Die Wiedergeburtslehre des Buddhismus – gleichgültig, ob es gelingt, sie wissenschaftlich oder experimentell zu beweisen (obwohl viele Erfahrungstatsachen dafür sprechen) – ist darum von höchster Bedeutung: Sie spannt nämlich das Individuum in jene größeren Lebenszusammenhänge, die in ihrer Gesamtheit seiner Existenz Sinn und Weite geben. Die einzige Kontinuität aber, die alle Lebensformen überbrückt und alle ihre Erfahrungsinhalte zu einem organischen Ganzen verwebt, ist jenes universelle Bewußtsein (*ālaya-vijñāna*), das wie ein Ozean alle individuellen Strömungen umfaßt und trägt.

Das Heil des Menschen besteht nach der Lehre des Buddha in

seinem Erwachen zur Wirklichkeit – zur Ganzheit – durch Überwindung von Gier, Haß und Verblendung. Die Verblendung besteht in dem Wahn einer separaten Ichheit, die im Kampf um ihre Selbsterhaltung alles haßt, was ihr entgegensteht, und die begehrt, was ihr Genuß bereitet oder ihren selbstischen Zwecken dient. Nur Einsicht in die potentielle Universalität unseres Wesens und die Gesetze alles Lebendigen kann uns von diesem Wahn und seinen leidbringenden Konsequenzen befreien.

Diese Einsicht kann auf dem dreifachen Wege der Welterfahrung, der Weltverwandlung und der Weltüberwindung gewonnen werden. Der Weg der Welterfahrung gipfelt in der Erkenntnis des Leidens und seiner Ursachen, der Weg der Weltüberwindung gipfelt in der Aufhebung der Leidensursachen durch Selbstentäußerung, der Weg der Weltverwandlung gipfelt in der Verwirklichung der Ganzheit, in der die Dualität von Welt und Ich aufgehoben ist. Es handelt sich hier nicht um drei verschiedene, voneinander getrennte Wege, sondern um drei Phasen oder Aspekte desselben Weges, die sowohl als ein Nacheinander wie auch als ein Miteinander aufgefaßt werden können.

Schon im Frühbuddhismus wurden diese drei Phasen oder Aspekte als Grundlage des buddhistischen Heilsweges erkannt und als *Paññā* (Pāli; Sanskrit: *prajñā*), *Sīla* und *Samādhi* formuliert, wobei *Prajñā* die Harmonie zwischen unserem Geist oder Erkenntnisvermögen und den Gesetzen der Lebenswirklichkeit darstellt, *Sīla* die Harmonie zwischen unseren Überzeugungen und unseren Handlungen, und *Samādhi* die Harmonie zwischen unserem Gefühl, unserem Wissen und unserem Wollen, also die Integrierung aller schöpferischen Kräfte. In anderen Worten: *Prajñā* ist das Erkenntnisprinzip, *Sīla* das Sittlichkeitsprinzip und *Samādhi* das Einheitsprinzip des integrierenden Erlebens.[3]

Der vom Buddha aufgezeigte Weg umfaßt also den ganzen Menschen. In der vollkommenen Ausbildung und Ausschöpfung seiner Geistesanlagen entwickelt er sein Erkenntnisvermögen. In der Erfüllung seiner individuellen und gesellschaftlichen Pflichten entwickelt er seine ethischen Qualitäten, und durch Konzentration auf sein Inneres entwickelt er jene Kräfte und Eigenschaften, die ihn mit der »anderen Wirklichkeit« in Berührung bringen.

Wir haben es also nicht mit einem »Entweder-Oder« des äußeren oder des inneren Weges zu tun, einer Wahl zwischen aktivem und kontemplativem Leben, sondern einem »Sowohl-als-Auch«. Was wir im ·Inneren gewonnen haben, muß sich im Äußeren bewähren; was wir in der äußeren Welt erfahren, muß in der inneren verarbeitet und verwandelt werden.

Dem Buddhisten genügt es nicht, den ethischen Forderungen seiner Religion nachzukommen, sofern er nicht ihre Berechtigung erkannt hat, sofern seine eigene Überzeugung nicht dahintersteht. Die Erkenntnis der Heilswahrheiten ist der erste Schritt auf dem religiösen Weg, Ethik ist die natürliche Folge. Tugend, die nur auf Konformitätsstreben oder Furcht vor der Mißbilligung anderer beruht, mag von temporärem Vorteil sein, aber sie besitzt keinen geistigen Wert. Eine Erkenntnis andererseits, die sich nicht in entsprechendem Handeln auswirkt, ist keine zur Überzeugung gewordene Erkenntnis, sondern bestenfalls ein Fürwahrhalten. Der bloße Glaube im Sinne eines solchen Fürwahrhaltens religiöser Dogmen ist ebenso wertlos wie eine auf Konformitätsstreben begründete Tugend.

Dabei sind Leiden und Glück die Prüfsteine des Charakters, sind die positiven und negativen Vorzeichen unseres Erlebens, die Wertmesser der Erfahrung. Freude und Leid verhalten sich zueinander nicht wie Wert zu Unwert, denn es gibt Freuden, die wertlos, wenn nicht gar schadenbringend sind, und Leiden, die in hohem Grade förderlich und darum von bleibendem Wert sind. Im allgemeinen aber ist es so, daß Freude ein Zeichen der Harmonie und Leiden ein Symptom der Disharmonie ist und daß beide darum Gradmesser unseres richtigen oder falschen Verhaltens sind.

Wir leiden in erster Linie an unserer eigenen Unvollkommenheit. Indem wir leiden, werden wir uns ihrer bewußt, und es erwacht in uns das Streben nach Vervollkommnung. In dem Maße aber, in dem wir unsere Unvollkommenheiten und Beschränkungen überwinden, werden wir freier und glücklicher. Ein vollkommener Mensch müßte somit vollkommen leidfrei und vollkommen glücklich sein. Kann aber Glückseligkeit ohne den Kontrast des Leidens empfunden werden?

Die Antwort des Buddhismus ist: Der Vollkommene nennt zwar kein Leiden mehr sein eigen, aber die Fähigkeit des Mitleidens bleibt ihm erhalten und in gleicher Weise die Freude des

Helfens und die Mitfreude, die aus der Anteilnahme am Wohle des Nächsten wächst. Das Mitgefühl wird somit zur *»raison d'être«* der Vollendeten und ist eines der wesentlichsten Zeichen innerer Reife. Je weiter wir in unserer seelischen Entwicklung fortschreiten, desto freier werden wir von Begrenzungen, desto weiter wird unser geistiger Horizont – und desto weniger ist es möglich, für uns selbst Glück zu suchen oder nach unserer eigenen Erlösung, ja, nach dem eigenen »Seelenheil« zu streben, ohne alle anderen Wesen darin einzuschließen.

Dies hat nichts mit sozialen Wohltätigkeitsbestrebungen zu tun, sondern mit unserer inneren Haltung, aus der ungesucht und spontan unser Handeln den Mitwesen gegenüber entspringt, so wie die Umstände unseres Lebens es erfordern. Da es ohnedies (nach buddhistischer Vorstellung) für den Erkennenden ein unwandelbares »Ich« oder ein für sich selbst existierendes Seelenwesen nicht gibt (sondern statt dessen ein allbezogenes seelisches Kontinuum), ist selbst als Theorie ein Streben nach dem »eigenen« Glück oder der »eigenen« Erlösung nicht möglich ohne Einschluß aller anderen Wesen.

Hierauf gründet sich die Idee des *Bodhisattva*-Ideals des »Großen Fahrzeugs« oder des »Großen Weges« *(mahāyāna)* der buddhistischen Lehre, die sich nicht mit dem Ziel der eigenen, möglichst schnellen Leidenserlösung durch Weltflucht – wie es die Vertreter des »Kleinen Fahrzeugs« *(hīnayāna)* propagieren – begnügt, sondern von vornherein das Heil aller Wesen und somit das Ideal der vollkommenen Erleuchtung *(samyak-sambodhi)* zum Ziele setzt. Mit dieser Einstellung wird auch die Bewertung des allem Leben notwendigerweise anhaftenden Leidens eine andere. In dem Augenblick, in dem wir, statt vor ihm zu fliehen, es willig auf uns nehmen, verliert das Leiden nicht nur seine Schrecken und seine Macht über uns, sondern wird auch zur Quelle neuer Kraft.

Die Leiden der Welt auf sich zu nehmen, bedeutet aber nicht, daß man das Leiden suchen oder sich selbst zufügen soll in dem Glauben, sich hierdurch zu läutern oder Buße zu tun. Dies würde uns nur in unserer egozentrischen Haltung bestärken und zu krankhaften Geisteszuständen oder seelischen Gleichgewichtsstörungen führen. Wer sich aber eins fühlt mit allem, was da lebt, und die Leiden anderer als die eigenen empfindet, dem erscheint nicht nur das eigene Ungemach gering, ihm fließt auch aus dieser inneren Verbundenheit die Kraft zu, zur Befreiung aller Wesen zu wirken und in diesem Streben die eigene Erlösung zu finden.

Die Erlösung aller Menschen anzustreben, bedeutet jedoch nicht, daß man sich zum »Erretter der Menschheit« aufwerfen soll. Man sollte vielmehr seine persönliche, geistige und ethische Vervollkommnung *sub specie aeternitatis* betrachten und sie in den Dienst der Menschheitsentwicklung stellen. Hier erhebt sich die Frage: Gibt es überhaupt so etwas wie eine Menschheitsentwicklung im Sinne wesentlicher menschlicher Qualitäten und nicht nur in der Technik und im intellektuellen Wissen?

Trotz der riesigen Vermehrung dieses Wissens und trotz aller zivilisatorischen Fortschritte sind wir bis zum heutigen Tage noch keinen Schritt über die Weisheit eines Buddha, eines Laotse, eines Plato, eines Christus oder eines Mohammed hinausgekommen. Dennoch können wir nicht behaupten, daß diese großen Lehrer der Menschheit umsonst gelebt hätten. Millionen von Menschen wurden durch sie auf den Weg der Selbstverwirklichung gebracht, und große, bis zum heutigen Tage lebendige und wachsende Kulturen wurden durch sie ins Leben gerufen. Diese Kulturen wurden nicht nur das Geistesgut von Völkern und Rassen, sie sind im Begriff, Menschheitsgut im weitesten Sinne zu werden.

An Stelle von Kämpfen verschiedener Religions- und Kulturgemeinschaften vollziehen sich langsam ein Kulturaustausch und ein gegenseitiges Sich-Kennenlernen der Religionen, wodurch die einzelnen Bekenntnisse gezwungen werden, sich auf das Wesentliche ihres religiösen Lebens und Erlebens zu besinnen und sich von den Krusten dogmatischer Verhärtungen und zeitbedingter Begriffsformungen zu befreien. Es ist hier, daß wir von einer Menschheitsentwicklung im Sinne eines geistigen Fortschritts reden können. Dadurch, daß die Erfahrungen der Vergangenheit und der Gegenwart zum Allgemeingut der Menschheit werden, vollzieht sich eine Reifung im menschlichen Bewußtsein, deren Folgen heutzutage noch nicht abzusehen sind.

# RELIGION UND WAHRHEIT

Religion und exakte Wissenschaft streben beide nach Wahrheit und können sehr wohl, ohne sich zu widersprechen oder zu hindern, nebeneinander existieren. Daraus folgt jedoch noch nicht, daß beide verschmelzbar sind oder in ihren Aussagen übereinstimmen müssen. Der Grund hierfür ist, daß ihre Verschiedenartigkeit sich weniger auf den Inhalt, die Objekte der Betrachtung oder das Ziel erstreckt als vielmehr auf die *Methode* der Betrachtung. Die Forschungsmethode der Wissenschaft geht von innen nach außen, die der Geistesforschung von außen nach innen. Eine jede von ihnen kann nur dann Höchstes leisten, wenn sie ihren eigenen Gesetzen folgt.

Das Wesen der Wissenschaft ist Deduktion aus dem Sinnlich-Wahrnehmbaren, das der religiösen Erkenntnis unmittelbares Erleben seelischer, das heißt im Tiefenbewußtsein schlummernder Inhalte. Die Unmittelbarkeit des religiösen Erlebens ist im Tiefsten verwandt mit dem der Kunst. Und wie die Kunst es nicht nötig hat, den Wert ihrer Schöpfungen durch Übereinstimmung mit naturwissenschaftlichen Beobachtungen zu beweisen – obwohl solche hier und da vorliegen mögen –, so hat die religiöse Erfahrung es nicht nötig, von der Wissenschaft beglaubigt zu werden. Wissenschaft bleibt infolge ihrer Abhängigkeit von äußeren »Tatbeständen« stets ein unvollständiges, fragmentarisches Gebilde, während das religiöse Weltbild, wie jedes echte, aus der Tiefe geborene Kunstwerk, infolge seines intuitiven, aus der Einheit des Erlebens gewachsenen Charakters stets ein Ganzes, in sich selbst Ruhendes darstellt.

Ebenso wie die Spontaneität oder Unmittelbarkeit des künstlerischen Erlebens nicht die Methodik der Darstellungsmittel oder des schöpferischen Gestaltungsvorganges beeinträchtigt, so beeinträchtigt es auch nicht die Unmittelbarkeit des religiösen Erlebens, wenn man sich gewisser Methoden zu seiner Hervorbringung und Entfaltung bedient. Die Entdeckungen eines Buddha und anderer Großer im Reiche des Geistes bauen auf strenge Methodik und Geistesschulung auf, die in ihrer Weise zu ebenso »objektiven« Beobachtungen und Resultaten führen können wie die Methoden der Wissenschaft. Gehen diese Resultate – ähnlich denen der höheren Wissenschaften – über das Verständnis und das Auffassungsvermögen des Durchschnittsmenschen hinaus, so sind sie deswegen dennoch nicht »transzendent« zu nennen. Sie können nämlich von jedem, der sich die Mühe nimmt, seine latenten geistigen Fähigkeiten zu schulen, nachgeprüft werden.

Wie der Wissenschaftler in seinem eigenen Gebiet eine strenge Schulung fordert, so bedarf auch die Erforschung des menschlichen Geistes und des religiösen Erlebens eines ernsthaften Trainings. Ein solches aber zeigt, daß die Grenzen des menschlichen Bewußtseins nicht eine konstante Größe sind und daß sie auch nicht mit den Grenzen des Denkens, der Logik oder der Vorstellungskraft zusammenfallen:

Kant zeigt theoretisch, wo innerhalb des gegebenen Bewußtseins die Grenzen der Erkenntnis liegen, Buddha lehrt die Praxis, den Weg, wie jene gegebene Bewußtseinsform überschritten werden kann. – Nicht logisches Denken, sondern ein *höheres Bewußtsein (bodhi)* löst die Widersprüche, in die das niedere, an die Sinnlichkeit gebundene Denken sich hoffnungslos verstrickt. (H. Beckh)

Der religiöse Mensch und der wissenschaftlich denkende Mensch schließen sich gegenseitig nicht aus. Im Gegenteil: Das religiöse Erlebnis mag manchen Ergebnissen wissenschaftlicher Forschung einen neuen Sinn und eine größere Tiefe geben, während das wissenschaftliche, von allem Persönlichen befreite Denken dem religiösen Menschen dazu verhelfen kann, eine größere Klarheit und Distanz sich selber gegenüber zu gewinnen und somit auch eine größere Urteilskraft seinem inneren Erleben gegenüber.

Wahrheit ist eine Bedingung unseres Geistes. Sie ist nicht nur die Übereinstimmung einer Aussage oder einer Wahrnehmung mit einem unabhängig von der Wahrnehmung existierenden Objekt, denn die Objektauffassung oder -wahrnehmung ist selbst bereits ein geistiger Akt der Auswahl, Abgrenzung und Formgebung, ein »schöpferischer« Akt, wenn auch meist unbewußter und unpersönlicher Art. Wahrheit ist also nur der adäquate, das heißt in sich widerspruchslose Ausdruck einer Objektwahrnehmung oder eines Erlebnisinhaltes. Letzteres bezieht sich vor allem auf die metaphysischen Wahrheiten der Religionen.

Das Kennzeichen metaphysischer Wahrheiten ist somit ihre Fähigkeit, verständlicher Ausdruck eines lebendigen Weltgefühls zu sein.[4]

Die Wahrheiten der Religion sind somit bedeutsam, nicht weil sie objektiv nachweisbare Tatsachen darstellen, sondern weil sie auf urtümliche, allgemein-menschliche Erlebnisse zurückgehen und somit der Ausdruck eines lebendigen Weltgefühls sind. Von dem Maße, in dem dieses Weltgefühl allgemeinverständlich, also nicht nur zeit- oder volksbedingt ist, hängt die Universalität oder der Wirkungsbereich einer Religion ab. Der Wahrheitsgehalt einer Religion besteht somit in seinem Erlebnisgehalt. Selbst die tiefsten Aussagen einer Religion sind wertlos, wenn sie nicht nacherlebt werden können. Dies ist der Grund, warum viele der alten Religionen starben. Sie starben – auch wenn ihre Aussagen, Symbole und Ritualformen noch für lange Zeit erhalten blieben –, weil sie nicht mehr nacherlebt werden konnten.

Die Allgemeingültigkeit einer Religion hängt also von der allgemeinen Nacherlebbarkeit ihrer Inhalte ab und nicht von einem abstrakten »Wahrheitsgehalt«. Es gibt deshalb keine Religion, die Anspruch auf den alleinigen Besitz der Wahrheit erheben kann und ebensowenig auf den alleinigen Besitz des allen Menschen zugänglichen Tiefenerlebnisses. Dieses Tiefenerlebnis, das je nach dem Temperament und dem Entwicklungsniveau des Individuums verschiedene Formen annehmen kann, ist jene innere Gewißheit, die wir »Glauben« nennen: Glauben nicht im Sinne bloßen Fürwahrhaltens eines Dogmas oder einer nicht nachprüfbaren Offenbarung, sondern als eine *»Richtung des Herzens«*.

Der Glaube unterscheidet sich in gleicher Weise vom Fürwahrhalten wie die Religion vom Dogma. Religion ist der organisch gewachsene Ausdruck eines zur Weltanschauung gewordenen Lebensgefühls, Dogma seine intellektuelle, logisch-abstrakte Formulierung. Der Glaube aber verhält sich zur Religion wie das individuelle Erleben zu einer überindividuellen, organisch gestalteten Weltanschauung, in der die Erlebnisse vieler Individuen zusammengeflossen und zu einer höheren Einheit verschmolzen sind. Es gibt daher keine Religion ohne Glauben, wohl aber einen Glauben ohne Religion.

Der Unterschied zwischen Glauben als einem intellektuellen »Fürwahrhalten« und als einer »Richtung des Herzens« wird besonders deutlich im Buddhismus. Der Buddha ermahnte seine Jünger, nichts auf bloßes Hörensagen hin zu glauben und ebensowenig seinen eigenen Worten blind zu folgen oder sie aufgrund persönlicher Loyalität und Anhänglichkeit an ihn zu akzeptieren. Sie sollten seine Lehre nur dann annehmen, wenn sie sie durch eigene Erfahrung und Einsicht geprüft und für wahr befunden hätten. Gleichzeitig aber wies er darauf hin, daß innere Aufgeschlossenheit, wie sie in *Saddhā* (Pāli; Sanskrit: *śraddhā*), dem gläubigen Vertrauen, zum Ausdruck kommt, der erste Schritt auf dem Wege des Verstehens und Nacherlebens seiner Lehre sei. Ihr Motto ist: »Komm und sieh!« – überzeuge dich durch eigene Erfahrung! Wie wir aber nicht sehen können, ohne unsere Augen zu öffnen, so können wir auch nicht verstehen, ohne uns innerlich zu öffnen. Ohne Vertrauen können wir auch vom besten Lehrer nichts lernen. Und wie das innere und das äußere Sehen sich nicht zu widersprechen brauchen, so muß auch das innere Erleben den Gesetzen der Vernunft und des klaren Denkens nicht widersprechen. Der Buddhismus respektiert beides, ohne deshalb in den Fehler zu verfallen, zu meinen, daß wir durch Vernunft und Denken allein zum Erfassen der Wirklichkeit vordringen (oder dieselbe »beweisen«) können.

Die Erkenntnis der Wahrheit eines Glaubens hängt nicht so sehr von der intellektuellen als von der moralischen Reife des einzelnen Menschen ab, denn diese Erkenntnis beruht mehr auf Erfahrung als auf diskursivem Denken. Das religiöse *Weltver-*

*ständnis* jedoch setzt bereits eine Auseinandersetzung des Individuums mit der Umwelt voraus, und diese ist weitgehend von der Intelligenz, der Beobachtungsgabe, der Weite des Wissens und den sozialen Verhältnissen abhängig.

Der primitive Mensch denkt in Symbolen, der Intellektuelle in Begriffen. Der geistig entwickelte Mensch, der über die Grenzen des begrifflichen Denkens hinausgeht (ohne es zu verachten, da er es in seinem Anwendungsbereich anerkennt), kehrt wieder zurück zu den Symbolen – jedoch in voller Erkenntnis ihres Symbolcharakters. Dies führt nicht zu einer Minderung ihres Wirklichkeitsgehaltes, sondern zum Verständnis ihrer vieldimensionalen Natur. Auch die höhere Mathematik ist reine Symbolsprache und eben darum geeignet, in Dimensionen vorzustoßen, die jenseits aller sinnenweltlichen Erfahrung liegen. Während jedoch die Symbolsprache der Mathematik und der Physik über das Erlebbare hinausgeht, führt die Symbolsprache der Religion zurück zum Erleben jener Wirklichkeit, aus der alle religiöse Erfahrung fließt. Das Wort »zurück« soll jedoch nicht bedeuten, daß wir uns auf Vergangenes, auf vergangene Erfahrungsinhalte oder primitive Bewußtseinszustände beziehen, auf deren Niveau wir uns künstlich zurückzuschrauben versuchen. Es weist vielmehr auf die Wiedergewinnung einer uns jederzeit zugänglichen, aber zeitweise vernachlässigten Erlebniswirklichkeit hin – ausgehend von der Ebene unseres gegenwärtigen Bewußtseinsniveaus, das heißt unter Einbeziehung aller inzwischen erworbenen Erfahrungswerte.

Wir sehen somit dieselbe Wirklichkeit mit neuen Augen, aus einem neuen Gesichtswinkel, um viele Erfahrungsdimensionen bereichert. Darum kann es kein »Zurückgehen« auf archaische Formen geben, wohl aber ein Neuerleben, eine Vergegenwärtigung der gleichen Formen in lebendiger Bezogenheit auf das hier und jetzt Bestehende. Was im archaischen Menschen noch unbewußt oder nur wie eine Ahnung, wie ein Vorgefühl aus dem Symbol wirkte, das wird in Menschen späterer Zeiten zur bewußten Anschauung. Solange diese Anschauung sich nicht zum Begriff verengt, bleibt ihr Wirklichkeitscharakter erhalten. Im Begriff isolieren wir einen Einzelaspekt aus der Fülle des Erlebten und berauben ihn somit seiner lebendigen Beziehungen.

Solange wir daher Religion mit begrifflichem Denken zu erfassen suchen, gehen wir am wesentlichen Inhalt der Religion vorbei. Erst wenn wir die Symbolsprache der Religion verstehen, können wir uns mit ihrem Inhalt auseinandersetzen. Die Lebensdauer eines Symbols hängt davon ab, ob es universellen, kultusbedingten, rassebedingten, gesellschaftsbedingten oder individuell bedingten Charakter hat, das heißt, welcher Tiefenzone des Bewußtseins es angehört.

Je universeller die Symbole einer Religion sind, desto größer ist ihre Lebensdauer und Bedeutung für die Menschheit. Aber keine Religion kann sich ausschließlich auf die tiefste Zone des Tiefenbewußtseins beschränken, ohne den Kontakt mit dem peripheren Bewußtsein des alltäglichen und individuellen Lebens zu verlieren. Somit stellt jede Religion ein hierarchisch geordnetes System oder eine Stufenfolge von Symbolen dar, angefangen von den universell-archetypischen Symbolen der tiefsten Zone bis zu den traditions- und zeitgebundenen, die eine einmalige, historisch und räumlich bedingte Situation charakterisieren.

In der Tiefenzone liegt der gemeinsame Ursprung aller religiösen Erfahrung, und von ihr radial, das heißt in divergierenden Richtungen ausgehend, stellen die einzelnen Glaubensformen die Verbindung mit der Peripherie her, entsprechend der kulturellen Umwelt, in der sie entstanden. *Der Buddhismus kann darum keine Religionsform, keine in Worten ausdrückbare Lehre als endgültig oder allein wahr betrachten.*

Der Buddha selbst sprach von seiner Lehre als von einem Floß, das dazu dient, den Ozean des Lebens zu überqueren. Das Floß ist nur ein Notbehelf, um an das jenseitige Ufer jener »anderen« vollen »Wirklichkeit« zu gelangen, nicht aber etwas, an dem wir festhalten sollen wie an einem kostbaren Besitz. Sobald es seinen Zweck erfüllt hat, müssen wir es loslassen.

Ein Mann, der sich auf einem Floß über ein großes Wasser gerettet hat und, am anderen Ufer angekommen, das Floß nun auf dem Kopf mit sich herumtragen wollte, würde sich damit nur lächerlich machen. Wieviel lächerlicher aber sind jene, die – bevor sie über jene Flut gesetzt sind – über das Material, aus dem das Floß bestehen oder die Weise, in der es zusammengefügt werden sollte, streiten, anstatt von dem ihnen zur Verfügung stehenden Material den bestmöglichen Gebrauch zu machen. Die Mehrzahl der Menschen aber klammert sich an die armseligen

Bruchstücke ihres »Floßes«, während sie noch am diesseitigen Ufer umherirren und vergessen die Worte des Buddha:

Als Floß, ihr Jünger, will ich euch die Lehre weisen, zum Entrinnen tauglich, nicht zum Festhalten.

*(Majjhima-Nikāya 22).*

Die gefühlsmäßige Haltung ist im religiösen Leben von grundlegender Bedeutung, weil wir im Gefühl nicht durch die von unserem Intellekt geschaffenen Hindernisse und Vorurteile gehemmt sind. Das Gefühl steht nämlich unserem Tiefenbewußtsein näher als der rechnende urteilende Verstand, der vorwiegend nach außen gerichtet und mit der Begriffs- und Dingwelt beschäftigt ist. Im Gefühl öffnen wir uns spontan der primären Wirklichkeit, die in unserem Tiefenbewußtsein schlummert und der Erweckung harrt.

Die Nichtberücksichtigung dieser gefühlsmäßigen Seite der menschlichen Natur ist der Hauptgrund für das Scheitern oder die Dürftigkeit der meisten Resultate psychologischer und parapsychologischer Experimente, die sich mit der Erforschung von außersinnlicher Wahrnehmung, pränataler Erinnerungsmöglichkeiten, Telekinese, ektoplasmischen Materialisationserscheinungen, Telepathie und anderen »paranormalen« Phänomenen beschäftigen. Die Mehrzahl dieser mit wissenschaftlicher Methodik ausgeführten Experimente sind von geradezu kindlicher Naivität, da sie den Hauptfaktor des religiösen Tiefenerlebnisses und der durch dieses ausgelösten psychischen Kräfte übersehen: die überindividuelle Gefühlssphäre der religiösen Emotion, die durch tief verankerte Symbole, die als Katalysatoren schöpferischer Kräfte wirken, aktiviert und erweckt wird. Die intellektuelle Neugierde und die kalte »Objektivität«, die durch Statistik und physikalische Meßapparate psychische Phänomene erforschen und registrieren wollen, zerstören geradezu die Voraussetzungen, unter denen solche Phänomene in Erscheinung treten können. Wissenschaftliche Methodik und religiöses Erleben gehören zwei gänzlich verschiedenen Ebenen an. Man stelle sich vor, daß jemand versuchen würde, den seelischen, ästhetischen oder emotionellen Gehalt einer Beethovenschen Symphonie wissenschaftlich zu beweisen oder zu messen!

Obwohl die Technik der Musik, die Schwingungsamplitude jedes Tones und die auf ihr aufgebaute Harmonielehre auf mathematischen Gesetzen beruhen und mit mathematischer Genauigkeit dargestellt werden können, hat die Wissenschaft keinen Zugang zum Erlebniswert der Musik und kommt dem Wesentlichen nicht näher als eine Gruppe von Blinden, die einen Elefanten zu beschreiben versuchen, nachdem sie jeweils nur einen Teil seines Körpers betastet haben. Dieses Gleichnis des Buddha illustriert treffend die völlige Unzulänglichkeit psychischer Forschung auf materialistischer Grundlage und mit intellektuellen Methoden, die am Wesentlichen vorbeigehen.

Naturfrömmigkeit, bildende Kunst und Literatur sind von weit größerer Bedeutung für ein religiöses Verständnis als diese primitiv-wissenschaftlichen Experimente und Forschungen. Die Tatsache, daß viele der größten Werke der bildenden Kunst und der Literatur aus dem religiösen Erleben flossen und daß zahlreiche der größten Weisen und Heiligen ihre Inspiration in inniger Naturverbundenheit fanden, beweist den hohen Wert, den Natur und Kunst, Dichtung und weltanschauungsbildende Literatur für das religiöse Leben haben. Kunst und Dichtung sind die Blüten der Religion. Eine Religion ohne Kunst ist tot.

Die Sprache der Religion ist nicht die Sprache der Begriffe, sondern die Sprache des Symbols. Werden die Symbole verbegrifflicht, verlieren sie ihre Vitalität, ihre Vieldimensionalität und werden zu flachen Klischees. Die Vieldimensionalität der Symbole macht sie zu Repräsentanten einer höheren Wirklichkeit, in welcher der religiöse Mensch wie der echte Dichter oder bildende Künstler zu Hause ist. Symbole sind die Schlüssel zu jener »anderen Wirklichkeit«; sie öffnen uns neue Dimensionen des Erlebens. Wo immer der Buddhismus Fuß faßte, da blühten Kunst und Literatur. Skulptur, Malerei und Architektur, Dichtung und Philosophie, Musik und Tanz-Drama wurden zu Ausdrucksformen religiösen Weltgefühls, und die Natur selbst wurde zu einem lebendigen Lehrbuch verinnerlichten Schauens, wie es die zenistischen und taoistischen Landschaftsmaler und Dichter des Fernen Ostens uns vor Augen führen.

Das mystische Erleben der »anderen Wirklichkeit« tut sich in Tausenden von Werken religiöser Literatur, der Dichtung und der bildenden Kunst kund. Allein das Zeugnis dieser stupenden

Schaffenskraft sollte uns von der Wirklichkeit und Bedeutung des zugrunde liegenden Erlebens überzeugen. Dieses ist »mystisch«, nicht weil es dunkel und verschwommen ist, sondern weil es direkt, unvermittelt, spontan – und darum nicht dem urteilenden Intellekt zugänglich ist. Der Mystiker des Altertums (ebenso wie der des alten Tibet) war kein Schwärmer, sondern ein Eingeweihter, ein Wissender, ein durch Erfahrungen und Prüfungen Gegangener – einer, dessen Lippen verschlossen waren, nicht um ein Geheimnis zu hüten, sondern um das heilige Erlebnis vor der Profanierung zu schützen, vor der intellektuellen Neugierde, vor dem Zerreden des Mysteriums. Denn nur durch Kontemplation, Meditation und Selbsthingabe kann dieses Wissen erworben werden.

In dem Maße aber, in dem die Selbsthingabe verwirklicht wird, wächst dieses Wissen über die Grenzen des persönlichen Charakters, der individuellen Beschränkungen und über die sie bedingenden psychologischen Fakten hinaus. Da nach buddhistischer Auffassung (insbesondere nach der der *Vijñānavādins*) unser Tiefenbewußtsein das Reservoir universeller Erfahrung ist – so wie unser individuelles Gedächtnis das Behältnis unserer persönlichen Erfahrung darstellt –, ergibt sich die Möglichkeit, im Zustande der Versenkung oder Verinnerlichung, das heißt nach Ausschaltung des intellektuellen, nach außen gerichteten Oberflächenbewußtseins, Wissensinhalte zutage zu fördern, die weder in diesem individuellen Leben erworben noch durch »persönliche« Erfahrungen oder Charaktereigenschaften bedingt sind. Die Aussagen der modernen Tiefenpsychologie, die dem »Unbewußten«, das heißt dem Tiefenbewußtsein die gleichen Eigenschaften zuerkennt wie der Buddhist dem »Schatzkammerbewußtsein« (*ālaya-vijñāna*), sind ein weiterer Beleg für die Berechtigung dieser Anschauung.

Diese »andere Wirklichkeit« läßt sich nicht mit den Kategorien und Begriffen unserer sekundären »Alltagswirklichkeit« beschreiben, wohl aber durch gewisse Symbole oder archetypische Formen unseres Bewußtseins und unserer Kultur umschreiben. Das Wort »Gott« ist eines dieser Symbole, eine Chiffre für etwas, das sich jeder Beschreibung entzieht. Deshalb heißt es in der Bibel: »Du sollst dir kein Bild machen von Gott.« Ein solches »Bild« aber ist nicht nur eine konkrete, sinnlich wahrnehmbare

Darstellung, sondern ebensosehr – und vielleicht noch mehr – ein logisch oder qualitativ abgegrenzter Begriff wie der einer »Person« mit diesen oder jenen Eigenschaften. Der Buddhist lehnt daher jegliche Aussage dieser Art ab und beschränkt sich darauf, das »Göttliche« unter dem Symbol des Lichtes, der Erkenntnis und der mitfühlenden Nächstenliebe im eigenen Herzen zu finden, statt sich über die möglichen Auffassungen des Gottesbegriffes zu streiten. Der Buddhismus ist unter allen Weltreligionen die einzige, die ein solches »Gotteserlebnis« nicht durch dogmatische Verbegrifflichung profaniert hat – eine Profanierung, die sich auf der ganzen Welt durch blutige Verfolgungen und bittere Kämpfe gerächt hat.

Man hat den Buddhismus auf der einen Seite des Atheismus, auf der anderen der »Bilderverehrung« wenn nicht gar des »Götzendienstes« beschuldigt. Beides ist völlig verfehlt: Die Lehre des Buddha ist weder Agnostizismus noch Atheismus, denn sie leugnet weder die Möglichkeit höchster Erkenntnis oder der vollkommenen Erleuchtung *(Gnosis)*, noch den Wert des Gotteserlebnisses, das je nach der Stufe menschlicher Erkenntnis verschiedenartige Formen annimmt und darum keiner verstandesmäßigen Definition unterliegen kann. Der Buddha ließ daher die Gottesvorstellungen seiner Zeitgenossen auf sich beruhen und zeigte jenseits aller theistischen Thesen den Weg zum Erlebnis des Göttlichen im Menschen selbst. Dieses besteht in der Überwindung unserer ichhaften Begrenztheit: In der Kultivierung jener »unermeßlichen« Eigenschaften, die in den Empfindungen der Nächstenliebe, des Mitleids, der Mitfreude und der Herstellung des vollkommenen seelischen Gleichgewichts, das von eigenen Freuden und Leiden unberührt bleibt, bestehen. Der Buddha bezeichnet diese als die vier »göttlichen Zustände« oder das »Verweilen in Gott« *brahma-vihāra*). Er verkündete somit nicht eine Lehre, die irgend etwas mit dem materialistischen Atheismus unserer Zeit zu tun hat, sondern eine *nicht-theistische* Lehre, die statt einer Gottesvorstellung die Verwirklichung des Göttlichen, des Unendlichen im Menschen anstrebte.

Die Figur des Buddha aber ist das Symbol des vollkommenen Menschen, der des Göttlichen in sich bewußt geworden ist und es in sich verwirklicht hat. Es ist dieses Symbol der höchsten Vollendung, dem der Buddhist seine Verehrung entgegenbringt, indem er sich innerlich mit ihm identifiziert und es erfüllt mit der Kraft seiner eigenen Hingabe, mit dem Blut seines eigenen Lebens. Das Kultbild ist somit nicht der Sitz einer zu verehrenden Gottheit, sondern ein Mittel zur Erweckung der inneren Schauung, die den Schauenden selbst verwandelt und ihn von der Starre des Begrifflichen befreit. Das Wesen des Symbols besteht darin, daß es des Wachstums fähig ist und auf jeder Ebene des Bewußtseins einen neuen Sinn erschließt, ohne sich auf irgendeiner derselben zu erschöpfen.

Für den Buddhisten gibt es keine religiösen Aussagen, die »wörtlich« zu nehmen sind, denn auch Worte sind Symbole für etwas, das jenseits von ihnen liegt. Darum heißt es im *Lankāvatāra Sūtra*:

Möge der Jünger sich davor hüten, sich an Worte zu klammern in der Meinung, daß sie ihrem Sinn völlig entsprächen, denn die Wahrheit liegt nicht im Buchstaben beschlossen. Wenn ein Mensch mit dem Finger auf etwas zeigt, so mag die Fingerspitze von Einfältigen für das angedeutete Objekt angesehen werden. In gleicher Weise sind die Unwissenden wie Kinder nicht fähig, die Idee aufzugeben, daß in der »Fingerspitze« der Worte ihr ganzer Sinn enthalten sei. Sie können sich die höhere Wirklichkeit nicht vorstellen, geschweige denn sie in sich selbst verwirklichen, weil sie sich an Worte klammern, die nicht mehr sein sollten als ein weisender Finger – denn die Wahrheit liegt jenseits der Worte.

# GLAUBE UND TOLERANZ IM BUDDHISMUS

Das ethische Verhalten des religiösen Menschen wird durch seinen Glauben oder seine innere Überzeugung bestimmt. Humanität dagegen ist eine von den Glaubensvorstellungen unabhängige Möglichkeit und Fähigkeit des Menschen. Diese Fähigkeit kann jedoch unter dem Einfluß einer Religion, die an den Wert des Menschentums und an die Würde und Gewissensfreiheit des Individuums glaubt, wesentlich verstärkt und vertieft werden. Der humanisierende Einfluß des Buddhismus zeigt sich besonders deutlich in der Geschichte Tibets, das im Laufe weniger Jahrhunderte von einer der kriegerischsten und gefürchtetsten Nationen Asiens zu einer der friedlichsten und religiösesten Volksgemeinschaften wurde. Trotz tiefster religiöser Überzeugungen und einer wohlorganisierten geistlichen Hierarchie (zu der auch der einfachste Bauer Zutritt hatte) bestand vollkommene Toleranz zwischen den verschiedenartigsten Glaubensformen und Sekten. Die Freiheit der individuellen Überzeugung wurde nie in Frage gestellt. Selbst christliche Missionare wurden gastfreundlich aufgenommen und nicht nur toleriert, sondern zur Darlegung ihrer religiösen Lehren aufgefordert. Daß diese, trotz des ihnen entgegengebrachten Interesses, keine nachhaltige Wirkung ausübten, lag nicht daran, daß sie zu fremd waren, sondern daß sie in vieler Hinsicht den tibetischen Lehren zu ähnlich waren und darum keine Bereicherung des tibetischen Geisteslebens darstellen konnten. Ein weiterer Hinderungsgrund aber war der Ausschließlichkeitsanspruch des Christentums, der die Freiheit der individuellen Überzeugung gefährdete.

Religionen, die der Individualität des Menschen ihre volle Berechtigung zugestehen, werden automatisch zu Förderern der Humanität. Solche aber, die den Anspruch erheben, im alleinigen Besitz der Wahrheit zu sein oder die den Wert des Individuums und individueller Überzeugungen gering schätzen, können zu Feinden der Humanität werden – und dies um so mehr, wenn Religion zu einer politischen oder gesellschaftlichen Machtfrage wird.

Je mehr die Bekenner eines Glaubens sich dabei von Andersgläubigen absondern, desto größer wird die Gefahr der Einseitigkeit und der Intoleranz. Das Zusammenleben mit Andersgläubigen ist der Prüfstein für den Wert eines Glaubens. Es zwingt jeden einzelnen zur persönlichen Stellungnahme zu den Problemen der eigenen und der anderen Religionen, zum Nachdenken und Bewußtwerden der Beweggründe und Hintergründe des eigenen Glaubens. Sowohl die Ähnlichkeiten wie die Verschiedenheiten der Religionen können zur Inspiration werden. Jede Religion hat in einer besonderen Weise Zugang zum religiösen Tiefenerlebnis gefunden und praktische Wege der Verwirklichung entwickelt, die von allen anderen Glaubensformen nutzbar gemacht werden können, ohne deren Eigenart zu verletzen.

Die tätige Nächstenliebe und Hilfsbereitschaft des Christentums, die Einbeziehung des Körpers in das Gebet und des Gebetes in das tägliche Leben im Islam, die Meditationsschulung des frühen Buddhismus, die Vielfältigkeit der Gottesanschauung innerhalb eines allumfassenden Einheitsgefühls im Hinduismus, der Weg zur inneren Einheit im Yoga und zur Spontaneität im Zen, die Naturverbundenheit im Taoismus und die tiefe Menschlichkeit des Konfuzianismus, der Parallelismus weltlichen und überweltlichen Geschehens im Tantrismus, die tiefe Gottesfurcht und Selbstverantwortlichkeit des Judentums, der Universalismus des *Mahāyāna* und die Einbeziehung aller Wesen in den Vorgang der Erlösung: Alles dies sind Züge nicht-dogmatischer Art, die sich auf jede religiöse Praxis anwenden lassen und von der jede Religion profitieren kann, so wie jeder Baum, trotz der Verschiedenheit seiner Form und der Art seiner Früchte, von Wasser, Luft und Licht profitiert.

Das Vorhandensein verschiedener Richtungen innerhalb derselben Religion steht also ihrem Wahrheitsanspruch nicht entgegen, da dieselbe Wahrheit (oder Wirklichkeit) ebenso viele Anschauungsformen wie Dimensionen hat. Da es somit etwas wie »einen wahren Glauben« nicht geben kann, kann der Mensch auch außerhalb der durch Konvention anerkannten Religionen eine individuelle Antwort auf religiöse Fragen finden. Es ist wichtiger, daß der Mensch überhaupt einen Zugang zum Religiösen findet, als daß er sich zu einem anerkannten Glauben bekennt. Je tiefer unser Verständnis für religiöse Fragen ist, desto größer ist die Erkenntnisfähigkeit für das Wirkliche.

Dennoch ist es nicht notwendig, über alle Möglichkeiten religiöser Weltdeutung informiert zu sein, obwohl ein Wissen dieser Art nützlich ist und uns vor Intoleranz und geistiger Enge bewahrt. Die Religionsgemeinschaften selber sollten ein solches Wissen fördern, um sicher zu sein, daß diejenigen, die sich zu ihnen bekennen, dies nicht aus Unwissenheit um andere religiöse Wege, aus geistiger Trägheit oder aufgrund gesellschaftlicher Vorteile sowie Vorurteile tun, sondern aus ehrlicher Überzeugung. Dementsprechend sollten die Religionen sich auf die Zahl derer beschränken, die sich wirklich zu ihnen bekennen und sich weder auf politische noch auf gesellschaftliche Vorrechte stützen.

In einem von allen Religionen geförderten geistigen Austausch würde es zu einer größeren Verständigung und vielleicht auch Annäherung zwischen den verschiedenen Religionen kommen, aber sicher nicht zur Verschmelzung oder zum Sieg der einen Religion über die andere. Ebensowenig wie ein Temperament über das andere siegt, kann eine Religion über die andere siegen. Religionen sind jedoch nicht nur von Temperamenten abhängig, sondern von gewissen Urformen der menschlichen Psyche, die durch Klima, Rasse, Sprache, Kultur- oder Volksgemeinschaft bestimmt sind. Die Bedeutung dieser Urformen oder überindividuellen Symbole des menschlichen Tiefenbewußtseins (das in der westlichen Psychologie zum »Unbewußten« degradiert und in den Augen unserer Zeitgenossen dadurch weitgehend entwertet wurde, trotz Jungs heldenhafter Versuche, diesen Begriff von den negativen Vorurteilen Freuds zu befreien[5]) hängt ab von der Weise, in der sie gegenwärtig aufeinander bezogen sind oder Teile eines in sich geschlossenen Anschauungskreises werden.

Das gleiche Symbol kann in verschiedenen Anschauungskreisen entgegengesetzte Bedeutung haben. Die Flammenaura, die in christlicher Symbolik höllischen Emanationen zugeschrieben wird, wird in der tibetisch-buddhistischen als Symbol der Erkenntnis aufgefaßt. Der Drache, der im Okzident der Inbegriff alles Bösen ist, ist im Fernen Osten ein Symbol höchster Geistigkeit. Die Sonne, die im Norden des Menschen Freund ist, wird in den heißen Ländern tropischer und subtropischer Zonen zum lebensfeindlichen Element. Der Islam, der in den heißen Wüsten Arabiens geboren wurde, erhebt darum den Mond zum höchsten Symbol, nicht aber die Sonne; und in der Mystik des indischen Yoga birgt die solare Kraft des nach außen gewandten individuellen Lebens das Gift des Todes, während die lunare, nach innen gewandte Kraft das Elixier der Unsterblichkeit enthält. Solche Beispiele ließen sich beliebig vermehren.

Die meisten Mißverständnisse oder Mißdeutungen aber liegen auf dem Gebiet der Sprache, und auch hier sind es oft nicht die anerkannten Verschiedenheiten der Terminologie, die zu Mißverständnissen führen, sondern gerade die identisch erscheinenden Begriffe und Ideen. Das gleiche Wort hat nicht die gleiche Bedeutung oder den gleichen Gefühlswert innerhalb verschiedener Religionen oder Kulturen. Kann es etwas Vieldeutigeres geben als das Wort »Gott«? Dem einen bedeutet es eine Person, dem anderen ein Prinzip, ein Gesetz, eine unpersönliche oder überpersönliche Macht. Und selbst unter denen, die in Gott eine Person sehen, ist sein Charakter, je nach der Stellung, die er innerhalb ihrer Gefühlswelt oder ihres Weltbildes einnimmt, sehr verschieden: Im alttestamentarischen Glauben ist er ein strenger, oft zu fürchtender Machthaber und Richter, nach christlichem Glauben ein gütiger Vater; in gewissen hinduistischen Sekten spielt er die Rolle eines Liebenden oder Geliebten, nach anderen indischen Glaubensvorstellungen ist er der Schöpfer der Welt, und die Welt ist sein Traum, in dem er sich selbst in der Unzahl der so geschaffenen verschiedenartigen Wesen erlebt – bis zum Erwachen aus seinem Traum. Noch größer ist die Mannigfaltigkeit in den Auffassungen derer, die in Gott eine unpersönliche oder überpersönliche Macht sehen. Er kann hier entweder als immanent oder transzendent, als die Welt durchwesend oder die Welt übersteigend angesehen werden oder auch als ein Ausdruck inneren menschlichen Erlebens, ein Symbol innerer Wirklichkeit oder psychischer Projektion.

Allen diesen Vorstellungen und Begriffen mag ein Gemeinsames, nicht Definierbares zugrunde liegen, wie dies die Eigenschaft jedes Symboles ist, aber erst seine Beziehung zu den übrigen Teilen des jeweils herrschenden Weltbildes gibt dem Symbol seine Bedeutung. Somit besteht das Wesen jeder Religion oder Weltanschauung in den ihr eigentümlichen Relationen von Begriffen und Erfahrungssymbolen, nicht aber in bloßen Aussagen, die sich unabhängig vom Ganzen mit den Aussagen eines anderen Geistessystems vergleichen oder sich von ihm widerlegen ließen:

> Es ist zwar natürlich, daß jeder, der eine Wahrheit gefunden zu haben glaubt, auch überzeugt ist, daß sie nicht nur für ihn Wahrheit sei, sondern für alle gelte, sofern sie sich seine Gründe zueigen zu machen vermöchten. Aber diese vorausgesetzte Allgemeingültigkeit ist nicht ein primäres Kennzeichen der Wahrheit, sondern nur die natürliche Auslegung der Unwiderstehlichkeit des eigenen Zustimmungserlebnisses.[6]
> Nicht also darum kann es sich handeln, in ein schon irgendwo bestehendes Reich an sich geltender Wahrheiten einzudringen, sondern einzig und allein darum, durch alle Zufälligkeiten und Irrgänge wirklicher Denkakte hindurch ein solches Reich der Wahrheit aufzubauen, wobei jene Vorwegnahme seiner Vollendung als niemals ganz erreichbares, aber anzustrebendes Ideal im Dienste der Idee der Wahrheit zu wirken vermag.[7]

In anderen Worten: Die Wahrheit einer Religion oder Weltanschauung kann nie der Gegenstand eines Beweises sein – ebensowenig wie die Existenz oder Nichtexistenz eines Gottes. Ein bewiesener Gott wäre ein endlicher Gott und somit seiner Göttlichkeit entkleidet. Ebenso wäre eine Religion, die sich beweisen ließe, ihres Unendlichkeitscharakters und somit ihres religiösen Wertes beraubt. »Ein bewiesener, als Tatsache angebeteter Gott wäre ein schlimmerer Fetisch als das Goldene Kalb«, wie Keyserling einmal sagte.

Wahrheit besteht in der sinnvollen Koordinierung gegebener Erfahrungsinhalte im menschlichen Geist, also in einem schöpferischen Akt, dessen Wirklichkeits- und Wirkenswert (gleich dem eines Kunstwerkes) von der vollkommenen, das heißt widerspruchslosen Übereinstimmung aller Komponenten miteinander und mit dem sich ergebenden »Gesamtbild« abhängt, denn die Idee des Ganzen darf bei der Darstellung des einzelnen nie vergessen werden. Von diesem Gesichtspunkt wird Kungfutses Wort verständlich, wenn er sagt: »Es ist nicht die Wahrheit, die den Menschen groß macht, sondern der Mensch, der die Wahrheit groß macht.« Dementsprechend können wir sagen: Es ist nicht die Religion, die den Menschen groß macht, sondern der Mensch, der die Religion groß macht; denn es ist nicht die Zugehörigkeit zu irgendeiner Religion, die uns zu besseren Menschen macht, sondern das, was wir aus der Religion machen, indem wir sie mit unserem eigenen Leben erfüllen und verwirklichen. Der Wert einer Religion erweist sich also nur durch das geistige und ethische Niveau ihrer Nachfolger.

Solange eine Religion ihre Anhänger mit jener universellen Tiefenzone ihres Bewußtseins – dem Unvergänglichen, Zeit- und Grenzenlosen, dem allumfassenden »göttlichen Urgrund alles Seins« – wieder zu verbinden vermag (re-ligio von re-ligare – »wieder verbinden«), hat sie ihren Zweck erfüllt. Denn nur eine Religion, die imstande ist, unserem Dasein in der Welt, in der wir leben, Sinn zu geben und zu gleicher Zeit über das sinnfällig Gegebene und die Beschränktheit des Individuums hinauszuweisen auf eine höhere Wirklichkeit, die wir durch eigenes Bemühen zu erringen vermögen – nur eine solche Religion hat Wert und Daseinsberechtigung.

Das Kriterium der Religion wird darum in Zukunft nicht mehr ein intellektuell oder offenbarungsmäßig begründetes Dogma sein, sondern das religiöse Erlebnis, dessen Wirklichkeitsgehalt dem menschlichen Leben Richtung und Würde gibt. Hierauf weist die heutige Entwicklung interreligiöser Beziehungen hin, in denen, ungeachtet dogmatischer Differenzen, die bisher konkurrierenden und sich bekämpfenden Konfessionen die Streitaxt begraben haben in der Einsicht, daß in einem gegenseitigen Erfahrungsaustausch jede dieser Religionen mehr zu gewinnen als zu verlieren hat. Ein solcher Erfahrungsaustausch, wie ihn zum Beispiel die »Fondazione Cini« an ihrem Kulturzentrum auf der Isola San Giorgio Maggiore in Venedig im Jahre 1960 veranstaltete und an dem der Verfasser dieser Zeilen Gelegenheit hatte, als Vertreter des Buddhismus (Mahāyāna) teilzunehmen, zeigte deutlich den großen Wandel, der sich im Laufe der letzten Jahrzehnte im religiösen Leben Europas vollzogen hat. Vertreter des Christentums (darunter einige der höchsten Würdenträger der katholischen Kirche) saßen Seite an Seite mit denen des Islams, des Hinduismus, des Buddhismus (nördlicher und südlicher Richtung), des Shintoismus, des Judentums und des Jainismus, um eine Woche lang ihre religiösen Erfahrungen auszutauschen, wobei Gebet und Meditation die Hauptthemen bildeten. Es war eine Freude zu sehen, daß nach Jahrhunderten religiöser Kämpfe und Mißverständnisse die Anhänger der verschiedensten Glaubensgemeinschaften im Geiste gegenseitiger Achtung und guten Willens zusammengekommen waren, nicht um die Überlegenheit des einen Glaubens über den anderen zu demonstrieren, sondern um einander besser verstehen zu lernen und das Gemeinsame, das alle Menschen verbindet, die an das Leben des Geistes glauben, zu stärken.

Im Austausch der Ideen und Erfahrungen zeigte es sich bald, daß der Bereich gegenseitiger Übereinstimmung bei weitem größer war als die Dinge, in denen wir uns voneinander unterschieden – und dies aus dem einfachen Grunde, weil wir uns nicht mit unseren Dogmen, sondern mit dem religiösen Erlebnis selbst beschäftigten. Unser Intellekt, unser Denken, unsere Interpretationen der Welt und unsere Stellung in ihr und zu ihr werden vorwiegend durch kulturhistorische und soziologische Faktoren, unsere Erziehung und unseren Bildungsgrad bestimmt; unsere tiefsten Erlebnisse jedoch gehören zu einem Bereich, der allen Menschen gemeinsam ist: Es ist der gemeinsame Boden, auf dem wir alle stehen und aus dem alle religiösen Bewegungen entsprossen sind. Nur auf dieser Basis kann das Gespräch, der geistige Austausch und die Zusammenarbeit zwischen den verschiedenen Religionen der Welt Frucht bringen, ohne zu einer Nivellierung religiöser Werte oder zu einer Aufhebung oder Schwächung der Verschiedenartigkeiten und charakteristischen Ausdrucksformen zu führen. Im Gegenteil: Auf der sicheren Basis des gemeinsamen Grundes kann eine klare und ehrliche Anerkennung der Verschiedenartigkeiten keine Gefahr bedeuten, sondern eine Bereicherung des kulturellen Lebens.

Wie wir bereits im Vorhergehenden dargelegt haben, besteht die Wahrheit einer Religion – ebenso wie die Schönheit eines Kunstwerkes – in den einmaligen und unnachahmlichen Wechselbeziehungen lebendiger Formsymbole, die als Ausdruck spontanen Erlebens sich zu einem harmonischen Ganzen, zu einem organischen Weltbild zusammenschließen. Wie es keine einzige, für alle Zeiten und für alle Menschen gültige Kunst gibt oder ein einziges, noch so vollkommenes Kunstwerk den Sinn der Kunst oder der Schönheit erschöpfen kann, so kann keine noch so vollkommene Religionsform für alle Zeiten und für alle Menschen gültig sein oder den Sinn der Welt erschöpfen.

Dies ist der Grund, warum selbst innerhalb ein und derselben Religion dauernd neue Richtungen und Schulen entstehen müssen, wenn die Religion sich ihre Lebendigkeit und Wirklichkeitsnähe (die wir als Wahrheit empfinden) erhalten soll. Denn Leben bedeutet Wachstum, und Wachstum ist dauernde Verwandlung nach innerem Gesetz. Eine Religion, die sich nicht wandelt, ist tot. Da aber Verwandlung nicht willkürliche Veränderung ist, bleibt die essentielle Identität einer Religion trotz aller Verwandlung bewahrt. Man kann geradezu sagen, daß in ihrer Verwandlungsfähigkeit die Stärke ihrer Individualität und ihrer geistigen Prägung zutage tritt. Denn Wachstum ist sowohl ein Prozeß der Entfaltung inhärenter Eigenschaften als auch der Assimilierung und Integrierung: ein Vorgang der Bereicherung. Es ist das Mysterium des Lebens, das an denen vorbeigeht, die im Festhalten, im Gleichbleibenwollen sich dem geistigen Tode ausliefern.

Es ist daher nicht die Verschiedenheit der Religionen, die ihrer Harmonie oder ihrem gegenseitigen Verständnis entgegensteht, sondern das krampfhafte Bestreben, sie zu einer Einheit verschmelzen zu lassen, sie einander anzugleichen, sie auf den gleichen intellektuellen Nenner zu bringen oder dem gleichen Dogma unterzuordnen. Wie der Wert verschiedener Früchte eben in ihrer unterschiedlichen Eigenart besteht und wie dieser Wert durch ihre ununterschiedene Vermischung nicht erhöht, sondern vernichtet wird, so wird eine noch so gut gemeinte Vermischung religiöser Ausdrucksmittel und Symbolformen auch nicht zu einer höheren Religion, sondern nur zur Vernichtung aller lebendigen religiösen Werte führen.

Das Gemeinsame, das allen Religionen zugrunde liegt, ist nicht eine abstrakte Grundwahrheit (d. h. eine gedankliche Formulierung oder ein abstraktes Prinzip), sondern das Erlebnis einer überindividuellen Wirklichkeit. Diese Wirklichkeit – selbst wenn sie als ganze erfaßbar wäre – muß jederzeit den entwicklungsbedingten geistigen Standpunkt und das Temperament des erlebenden Individuums mit enthalten, und der Inhalt dieses Erlebens kann nur in den jeweils verständlichen lebendigen Ausdrucksformen einer bestimmten Zeit und Kultur dargestellt werden.

Die Einzigkeit und Einmaligkeit jeder solchen Darstellung bedeutet jedoch nicht eine Verminderung an Wirklichkeitsgehalt, sondern eher eine Erhöhung, das heißt Intensivierung, gleich der schöpferischen Gestaltung eines Kunstwerks, das zwar die Natur eines »Gegenstandes«, wie zum Beispiel einer Landschaft, nicht erschöpft und dennoch mehr gibt als eine bloße Nachbildung derselben. Tausend befähigte Künstler würden dieselbe Landschaft in tausend verschiedenen Weisen wiedergeben, und gerade in der Verschiedenheit der Ausdrucksformen würde der Wert dieser Werke bestehen, unbeschadet dessen, daß jedes von ihnen eine kompetente Wiedergabe des tatsächlich Gesehenen und Erlebten darstellen würde.

Die von einem Buddha, Laotse, Christus oder Mohammed erlebte innere Welt ist nicht nur ein Abglanz der Wirklichkeit, sondern eine im Brennpunkt gewaltigen Erlebens *gesteigerte* Wirklichkeit, deren unwiderstehliche Überzeugungskraft die Zeitgenossen mit sich riß und über Jahrtausende in immer weiteren Kreisen weiterwirkte. Die niedergelegten oder mündlich weitergegebenen Zeugnisse der Zeitgenossen dieser Großen und ihrer Nachfolger sind nur ein schwacher Abglanz von der Leuchtkraft des Geistes, der sie bewegte. Aber nur, wenn es uns gelingt, uns selbst in den Zustand des Erlebens zu versetzen, treten wir von Angesicht zu Angesicht den Großen des Geistes gegenüber und kommen zu dem, was alle Religionen eint, ohne sie zu verschmelzen oder ihre Konturen zu verwischen. Es ist jenes alles umfassende Tiefenerleben, zu dem jeder Glaube einen Weg darstellt und für das jede Religion vielerlei Hilfsmittel darbietet, deren sich jeder bedienen kann. Zu diesen Hilfsmitteln gehören: Gebet, Kontemplation, Meditation, Schauung, Einswerdung, Ethik, Hilfsbereitschaft, Erbarmen, Nächstenliebe, Mitgefühl mit allem Lebenden, Selbstverleugnung, Wahrhaftigkeit, Gewissenserforschung, Erkenntniswille, Einsicht, Gleichmut, Geduld und so weiter.

Neben den Imponderabilien der anschaulichen und sprachlichen Symbole, die jedem religiösen System, jeder organisch gewachsenen Glaubensform eigentümlich sind und sich nicht willkürlich verpflanzen oder ins Begriffliche und Logische übersetzen lassen, gibt es also ein weites Gebiet praktischer Zusammenarbeit und geistiger Verständigung, das alle Religionen zu Gliedern einer großen menschlichen Familie macht. Nur auf der Basis gegenseitiger Achtung und Anerkennung des persönlichen Charakters jedes einzelnen Mitgliedes kann eine solche Menschheitsfamilie bestehen. Demjenigen aber, was als inkommensurabler Kern jeder Religion bestehen bleibt oder sich unserem Verständnis entzieht, können wir nur mit Ehrfurcht begegnen.

Ethische Werte wie die obengenannten, die von allen Weltreligionen anerkannt werden und die als Mittel ihrer Verwirklichung die Hauptrolle spielen, sind die Grundlage, auf der die Menschenrechte, wie sie die UN-Charta und die Verfassungen aller zivilisierten Staaten proklamieren, beruhen. Die Aufgabe der Religionen ist es, diese Werte lebendig zu erhalten, so daß sie nicht nur um staatlicher oder internationaler Gesetze willen befolgt werden, sondern aus dem selbstverständlichen Lebensgefühl des einzelnen, aus der eingeborenen Achtung vor der Würde und der Gewissensfreiheit des Menschen, welcher Klasse, Rasse oder Religion er auch angehören mag. Kein äußerer Zwang, keine staatliche oder politische Gleichschaltung kann ethische Werte hervorbringen. Sie müssen aus dem tiefsten Inneren des Menschen fließen, zwanglos wie aus einer natürlichen Quelle, die ihren Reichtum und »Überfluß« in die Welt ergießt und in diesem Flusse des Sichselbstgebens ihre Freiheit und ihre Befreiung findet. Nur eine solche Freiheit kann uns vor der Willkür selbstischer Ziele bewahren und zur Freiheit aller werden.

# WIEDERVERKÖRPERUNGSLEHRE UND WISSENSCHAFT

Ein Wissenschaftler, der sich von der Ethik des Buddhismus angezogen fühlte, aber mit der Wiedergeburtslehre nichts anzufangen wußte, meinte, daß diese Lehre, wenn sie einen realen Hintergrund habe, mit der Zeit doch auch *wissenschaftlich* beweisbar sein müsse – durch einwandfrei geprüfte Rückerinnerungen, die ja auch der Buddha von sich behauptet hat und die in einzelnen Fällen, wenn auch nicht kritisch genug untersucht, in unserer Zeit vorgekommen sein sollen.

Diese Forderung ist vollkommen richtig. Aber der hier verlangte Beweis einwandfrei nachgewiesener Rückerinnerungen ist vielfach erbracht worden, und falls Wissenschaftler sich die Mühe nehmen wollten, diesen Beweisen nachzugehen und das vorhandene Tatsachenmaterial kritisch zu prüfen, würde die Wissenschaft in kurzer Zeit hierüber ebenso gut unterrichtet sein wie über das Leben der Mikroben und das Sternensystem der Milchstraße.

Daß man sich aber seitens der Wissenschaft diese Mühe bisher nicht gemacht hat, zeigt nur die Voreingenommenheit einiger ihrer Vertreter wie die Lückenhaftigkeit des wissenschaftlichen Weltbildes – nicht aber die Unmöglichkeit der Wiederverkörperung.

Ein Wissenschaftler sollte sich also logischerweise auf den Standpunkt stellen: Ich habe bisher selbst keine Erfahrungen dieser Art gemacht noch auch ermitteln können, ob andere, die sich früherer Geburten zu erinnern glauben, hierfür einen vollgültigen Beweis erbringen konnten. Ich lasse diese Frage daher offen, bis ich zureichende Beweise in Händen habe.

Aber hier zeigt sich der Mangel an wirklich wissenschaftlicher Unvoreingenommenheit. Der zitierte Wissenschaftler geht unvermittelt und ohne logische Begründung zur entgegengesetzten Behauptung über: Wenn die Wissenschaft nichts von der Wiederverkörperung weiß, dann bedeutet das, daß es so etwas nicht gibt, und daß darum der Buddha eine unrichtige Behauptung aufgestellt hat.

Aber ist es denn wirklich so, daß Mikroskope und Teleskope eine objektivere Wirklichkeit vermitteln als das jedem zugängliche Erlebnis der Wirklichkeit im eigenen Innern und das Zeugnis eines Buddha und unzähliger anderer, die seinen Weg gingen?

Ist der Weg der nach außen schauenden Wissenschaft etwa weniger anthropozentrisch als derjenige der Innenschau? Wer bedient sich denn der Mikroskope und Teleskope, wenn nicht das menschliche Auge, und wer deutet das Gesehene, wenn nicht der menschliche Geist! Laß den vom modernen Wissen unberührten Tibeter durchs Mikroskop schauen, und er wird darin seine Krankheitsdämonen bestätigt finden; laß ihn durchs Teleskop blicken, und er wird die strahlenden Welten seiner Schauungen wiedererkennen.

Der Wissenschaftler, der seine Betrachtungen für objektiv und für absolute Wahrheit hält, ist ein gut Teil naiver als der unwissenschaftliche Tibeter, der sich trotz der ungleich stärkeren Realität seiner Schauungen und Meditationserlebnisse darüber im klaren ist, daß keine sichtbare, hörbare oder denkbare Form absolute Realität ist, sondern nur *Erscheinungsform* einer Wirklichkeit, die auf jeder Stufe der Erkenntnis in anderen Formen zum Ausdruck kommt – *gemäß dem Instrument der Beobachtung.*

Diese Relativität entwertet nicht die Resultate der Beobachtung oder der Erfahrung, sondern weist ihnen nur ihren Platz an. Sie macht es möglich, die Beobachtungen der Wissenschaft und des religiösen Erlebens jede in ihrer Art zu verstehen und ihrem Charakter entsprechend zu verwerten. Dieses »Sowohl-als-Auch« ist den westlichen Dogmatikern der Wissenschaft wie der Theologie äußerst peinlich, denn sie befinden sich, wie C. G. Jung (in seinem Vowort zum Tibetischen Totenbuch) so schön sagt, »noch im mittelalterlichen, vorpsychologischen Stadium, wo nur die Aussagen gehört, erklärt, verteidigt, kritisiert und argumentiert werden, wo die Instanz aber, welche die Aussagen macht, nach allgemeiner Vereinbarung als nicht zum Programm gehörig von der Tagesordnung abgesetzt ist«.

Dieser auf den Begriff beschränkten Wissenschaft, die vor lauter Begriffen den Begreifenden vergißt, steht die Wirklichkeit des Erlebens gegenüber. So sagt Paul Dahlke:

Das künstlerische Moment des Erlebens ist im tiefsten Grunde begriffsfrei – Wirklichkeit als sich formend, Wirklichkeit *in statu nascendi*. Man kann über den Wert der Wissenschaft nur urteilen vom Begriff aus. Das Wesen des Begriffes aber ist dieses, daß er die Wirklichkeit nur in vorläufiger, hypothetischer Form gibt. Ein Baum ist ein Baum im begrifflichen Sinne nur in vorläufiger Form. Die Definition »Baum« gibt es nur auf Zeit. Es hat eine Zeit gegeben, wo das, was ich jetzt als Baum definiere, Same war, es wird eine Zeit geben, wo das, was ich jetzt als Baum definiere, nicht mehr Baum ist, sondern entweder wieder Same oder totes Holz oder sonst etwas. Das Wesen der künstlerischen (wie der meditativen) Intuition ist letzten Endes dieses, daß man, *über die begriffliche Form hinaussehend, das »verbindende Band«* sieht, wie Goethe es sah in seiner *Metamorphose der Pflanzen*.

So werde man sich darüber klar, daß das Moment des Hypothetischen, Bedingten aller Wissenschaft anhängt; daß jede Definition, jede Begriffsbildung eben ein Nicht-Definitives, sondern ein Vorläufiges ist, und man gewöhne sich beizeiten, danach den wahren Wert der Wissenschaft zu bemessen. Die Strenge der Logik, mit der die Wissenschaft arbeitet, arbeiten kann, ändert an dieser bedingten Bewertung nichts: Logik ist anwendbar nicht nur auf hypothetische, sondern auch auf fiktive Voraussetzungen, ja Logik ist sogar um so strenger durchführbar, je reiner hypothetisch, je reiner fiktiv diese Vorbedingungen sind, das heißt weniger sie mit Wirklichkeit verquickt sind und je weniger ihnen die Wirklichkeit den Text verdirbt. – Reine Logik ist nur erkaufbar auf Kosten des Wirklichkeitsgehaltes. – So geschieht es immer wieder, daß der Mensch das geistige Leben der Menschheit für das Linsengericht der Ratio sich das Beste verscherzt: die Wirklichkeit selbst.[8]

Das Zugeständnis, daß die Wissenschaft, trotz künftiger Ultramikroskope und Superteleskope, nur die Welt der Erscheinungen zu zeigen und zu erforschen vermag, nicht aber die Welt, wie sie wirklich ist, ist nicht »eine Anleihe am Transzendenten«, wie der anfangs zitierte Wissenschaftler glaubt. Es ist gesunder Menschenverstand, der sich bei allen Triumphen wissenschaftlicher Erkenntnis genügend Objektivität und Bescheidenheit bewahrt hat, um einzusehen, daß es nicht »nur *eine* Welt gibt, nämlich die Welt, die sich unseren Sinnen zeigt«, sondern ebenso viele Welten, wie es Bewußtseinsdimensionen gibt, das heißt unendlich viele.[9]

Dieses Zugeständnis läßt die Wissenschaft in ihrem eigenen Bereich gelten, ohne deshalb andere Forschungsmethoden und -gebiete, wie die der Psychologie und der meditativen Erfahrung, auszuschließen. Auch da, wo exakt-wissenschaftliche Methoden, wie in der Physik und der Mathematik, nicht angewandt werden können und wo rein logische Denkoperationen nicht ausreichend sind, um Resultate oder Beweise zu erbringen, herrscht keine Willkür, wie unser Wissenschaftler annimmt, wenn er sagt, daß in einem solchen Falle »jede Behauptung und ihr Gegenteil richtig sein kann«.

Die Entdeckungen eines Buddha und anderer Großer im Reiche des Geistes bauen, wie bereits erwähnt, auf strenge Methodik und Geistesschulung auf, die – in ihrer Weise – ebenso zu »objektiven« Beobachtungen und Resultaten führen können wie die Methoden der Wissenschaft. Der Wissenschaftler, der in seinem eigenen Gebiet eine strenge Schulung fordert, glaubt jedoch in Sachen psychischer Erfahrung ohne die geringste Anstrengung und Schulung urteilsfähig zu sein. Dies ist aber, als ob ein Schuljunge, der kaum das Einmaleins beherrscht, ein Urteil über die Einsteinsche Relativitätstheorie abgeben wollte – die doch augenscheinlich jedem logisch-euklidischen Denken widerspricht.

Es ist ein verbreiteter Denkfehler, Immanenz und Transzendenz als zwei sich ausschließende Gegensätze zu betrachten, anstatt zu begrüßen, daß es sich hier um relative Ausdrücke handelt – ebenso wie im Falle von »objektiv« und »subjektiv«. Diejenigen, die Immanenz und Transzendenz als konstante Faktoren ansehen, gehen von der falschen Voraussetzung aus, daß die Grenzen des menschlichen Bewußtseins unveränderlich seien und daß darum alles, was dieselben übersteigt, transzendent ist. Daß aber das Bewußtsein sich verändern und über die willkürlich angenommenen oder für den Durchschnittsmenschen charakteristischen Grenzen hinauswachsen kann, sehen die Dogmatiker der Naturwissenschaft nicht:

Nicht logisches Denken, sondern nur ein *höheres Bewußtsein (bodhi)* löst die Widersprüche, in die das niedere, an die Sinnlichkeit gebundene Denken sich hoffnungslos verstrickt.[10]

Wer diese höhere Bewußtseinsmöglichkeit ableugnet, um den Buddhismus zur Magd der Naturwissenschaft zu machen, drückt ihn damit auf das Niveau einer bloßen Morallehre herab, die sich mit den nach Belieben einfüllbaren Schablonen des Achtfachen Pfades, der Vier Heiligen Wahrheiten und eventuell in einer materialistisch mißverstandenen Kausalitätslehre erschöpft, das *»verbindende Band«*, nämlich die Allverbundenheit oder Allbezogenheit des Bewußtseins, auf der die Wiedergeburtslehre ebenso wie die *Anattā* -Idee beruht, jedoch unter den Tisch fallen läßt.

Für jemanden, der glaubt, daß der Buddha nur »aus missionarischen Gründen«, das heißt um äußerer Vorteile willen und entgegen seiner besseren Überzeugung die Wiedergeburtsidee »übernommen« habe – obwohl der Buddha ausdrücklich erklärt, sie aus eigener Erfahrung erkannt zu haben (bildet doch die Wiedergeburtserkenntnis einen Hauptteil seines Erleuchtungsvorganges) –, der erklärt hiermit den Buddha zu einem armseligen Scharlatan. Es ist nicht einzusehen, warum jemand, der eine solche Ansicht vertritt, Wert darauf legen sollte, die »unumstößlichen Erkenntnisse der Wissenschaft« mit den Lehren des Buddhismus zu verwässern.

Wer zum Buddhismus nur kam, weil er glaubt, daß dieser mit den Ergebnissen der modernen Wissenschaft (die schon morgen nicht mehr modern sein wird!) übereinstimmt, der würde besser daran tun, bei der Wissenschaft zu bleiben. Die Tatsache, daß der Buddhismus mit vielen Erkenntnissen der Wissenschaft übereinstimmt, soll nicht in Frage gestellt werden. Es ist jedoch nicht der Buddhismus, dessen Wahrheit hierdurch bestätigt wird, sondern es ist die Wissenschaft, die endlich nach zweieinhalb Jahrtausenden sich den Erkenntnissen des Buddhismus nähert.

Haben wir doch endlich einmal den Mut, ohne die Krücken der Wissenschaft auf unserer innersten und tiefsten Überzeugung zu stehen – gleichgültig, ob der »moderne« Zeitgenosse uns zustimmt oder nicht.

# POTENTIALITÄT UND WIRKLICHKEIT
# IN HINDUISMUS UND BUDDHISMUS

Wenn die Upanishaden sagen »Das bist Du«, dann liegt die Betonung nicht auf dem Wort »bist« – in dem Sinne, daß »Du« und »Das«, nämlich das Individuum und seine Umwelt, identisch seien, sondern daß beide untrennbar miteinander verbunden sind, so wie der positive und negative Pol der gleichen Kraft oder der gleichen Wirklichkeit. Behauptet man, beide seien das gleiche, so wäre das genauso eine Vergewaltigung der Wahrheit, wie wenn man behauptet, sie seien zwei völlig verschiedene Dinge, die nichts miteinander zu tun hätten: Sie haben eine gemeinsame Wurzel; sie sind der Ausdruck derselben Wirklichkeit, desselben Lebens- und Bewußtseinsstromes (oder sollte ich besser sagen: des »bewußten Lebens, das das ganze Universum durchdringt«?).

Sich selbst in anderen wiederzuerkennen (wie es der Buddha einmal überzeugend ausdrückte), bedeutet keinesfalls, daß man die Tatsache und die Bedeutung der Individualität negiert; diese ist eine notwendige Vorbedingung des aktuellen Bewußtseins wie des organischen Lebens. Es bedeutet vielmehr die Hervorhebung des gemeinsamen Ursprungs und der essentiellen Einheit alles Lebendigen. Einheit bedeutet jedoch nicht Gleichheit. Einheit setzt Verschiedenheit voraus, und diese Verschiedenheit und Differenzierung ist ebenso wichtig wie die Konzeption von Einheit oder Ganzheit. Wenn wir die Einheit zur alleinigen Wirklichkeit erheben und so die Verschiedenheit zu einem illusionären Zustand herabwürdigen, ergehen wir uns in willkürlichen Abstraktionen und verfälschen den Charakter des Universums wie des ganzen Lebens.

Diese einseitige Tendenz war es, die die erlebnishaft wahren und dichterisch schönen Ideen und Formulierungen der Upanishaden in die rein intellektuelle Lehre der abstrakten *Advaita*-Philosophie verfälschte, wobei das Individuum reduziert wird zu einer bloßen Fehlentwicklung jenes Universums, das in Form (oder in »Nicht-Form«) des universellen Brahman als die einzige oder absolute Wirklichkeit betrachtet wird. Doch kann es irgend etwas wie eine »Realität an sich« geben? Ist nicht gerade die Vorstellung von der »absoluten Wirklichkeit« eine bloße begriffliche Abstraktion, die auf der naiven Annahme einer unveränderlichen Substanz, eines »Dinges an sich« beruht? »Real« bedeutet, »daß etwas wirklich als ein Ding existiert«, und ist von dem lateinischen Wort *res* abgeleitet, das wörtlich »Ding, Sache« bedeutet. Aber seitdem die Wissenschaft entdeckt hat, daß hinter den Phänomenen, die unsere Welt ausmachen, keine Materie zu entdecken ist – daß hinter der massivsten Materie nichts existiert als immaterielle Kraftfelder, die sich mit unvorstellbarer Geschwindigkeit bewegen und die sich zeitweise zu verschiedenen Formen von längerer oder kürzerer Dauer formieren –, erweist sich die ganze Vorstellung von Realität als eine Anschauung, der nur ein relativer Wirklichkeitscharakter zukommt.

Wasser gibt es in fester, flüssiger und gasförmiger Form: als Eis, Dampf, als Wolken, Luftfeuchtigkeit, und so weiter. Kann man behaupten, daß Eis realer sei als Wasser oder Wasser realer als Dampf oder Wolken? Oder daß Wasserstoff- und Sauerstoffatome realer seien als die oben erwähnten Formen von $H_2O$? Wirklichkeit ist somit ein relativer Begriff, und die »letzte Wirklichkeit« ist eine rein abstrakte Vorstellung.

Wo keine Form ist, gibt es keine Realität im Sinne einer gegebenen Wirklichkeit. Die Wirklichkeit eines Atoms manifestiert sich in der Form seiner Bewegung, der Geschwindigkeit seiner Elektronen und deren Entfernung vom Atomkern. Geschwindigkeit und Entfernung jedoch führen zum Raum-Zeit-Erleben. Es kann keinen »Raum an sich« geben, wie es auch keine »Bewegung an sich« gibt, das heißt ohne jeglichen Bezugspunkt oder irgendeine Art von Beziehung. Deshalb ist das Reden von »Absoluter Realität« ein bloßes Spiel mit Worten! »Absolute Realität« bedeutet nichts, hat keinerlei Beziehungen und kann deshalb in keiner Weise erfahren werden. Sie kann daher auch weder in religiösen noch in meditativem Zusammenhang irgendeine Funktion erfüllen. Der Buddha, der für philosophische und metaphysische Spekulationen kein Interesse hatte, sondern nur für die erfahrbaren Realitäten des menschlichen Geistes, erwähnte niemals die Idee des *universellen* Brahman.

Etwas ganz anderes ist es, wenn man von den Prinzipien der Universalität und der Individualität als von den beiden Polen der gleichen Wirklichkeit spricht, die einander bedingen, so daß die eine nicht ohne die andere erfahren werden kann, und wobei beide gleichwertig sind. Universalität ist als solche solange bedeutungslos, bis sie im Individuellen erfahren wird, ebenso wie Individualität sinnlos ist, es sei denn, sie wird zu etwas in Beziehung gesetzt, das außerhalb ihrer selbst ist. Es gibt kein »Ich« ohne ein »Es«. Aber solange wir das nicht mit unserem ganzen Wesen *erfahren*, haben wir es nicht verwirklicht, sondern lediglich eine logische oder intellektuelle Folgerung anerkannt. Es ist wirklich eine Leistung, eine verstandesmäßige Überlegung in unmittelbare Erfahrung zu verwandeln, und da diese unser Gefühl des Gesondertseins nicht verstärkt, sondern vielmehr uns mit unserer Umgebung und unseren Mitwesen einsfühlen läßt, führt sie nicht zu geistiger Arroganz, sondern zur Demut.

Wenn es heißt, daß solche Erfahrung durch keinerlei Anstrengung unsererseits herbeigeführt werden kann, sondern daß sie uns wie ein Geschenk der Götter in den Schoß fällt oder, mit anderen Worten, daß es ein unbeabsichtigtes, spontanes Ereignis ist, dann müssen wir zugleich darauf hinweisen, daß harte Arbeit und ständige Anstrengung oder Übung die Voraussetzung dafür ist, daß der Boden für die Fähigkeit vorbereitet wird, jenes blitzartige Geschehen aufzunehmen und schöpferisch zu integrieren. Denn was ist Meditation und mehr noch Kontemplation anderes als jener Zustand der Aufnahmebereitschaft, in dem wir unseren Geist offen und unsere Sensitivität wachhalten, indem wir alles, was uns behindert und einengt, beseitigen, und indem wir uns selbst in eine intuitive Verfassung versetzen – in eine innere Haltung, in der wir eher bereit sind zu hören als zu argumentieren, eher bewegt zu werden als zu bewegen.

Wie jedoch ein Same, der auf unfruchtbaren Boden fällt, abstirbt, so wird auch Inspiration oder Intuition, die auf einen unvorbereiteten Geist trifft, sterben und keine Spur hinterlassen, es sei denn, sie würde in eine schöpferische Fähigkeit der menschlichen Seele verwandelt. Es ist dies eine Verwandlung in eine lebenspendende Schau, die ihren Ausdruck in schöpferischen Gedanken und Symbolen findet wie zum Beispiel in Dichtung oder Malerei, in Musik oder Tanz, in Bildhauerei oder Architektur: kurz gesagt in dem, was dem Formlosen Form, dem Unbegrenzten die Begrenzung, dem Körperlosen die Verkörperung verleiht. Denn nur durch die Form kann das Formlose sichtbar gemacht werden, nur mit Worten können wir andeuten, was hinter den Worten verborgen ist, und das Grenzenlose können wir nur durch Begrenzung zeigen, da keine geistige Kraft wirksam werden kann, es sei denn, sie verkörpert sich. Deshalb ist es wichtiger, den Geist zu materialisieren, als die Materie zu vergeistigen. Letzteres ist um so überflüssiger, als das, was wir »Materie« nennen, schon »geistiger« ist, als wir annehmen. »Materie« ist schließlich eine verdichtete Form kosmischer Energie, die – verglichen mit der unendlichen Leere des Weltraums – eine der seltensten und grandiosesten Phänomene des Universums ist. Zugleich aber ist diese »Materie« auch eine Voraussetzung und die *conditio sine qua non* für das individualisierte und fokussierte Bewußtsein, in dem das Universum sich seiner eigenen Existenz bewußt wird.

Obwohl keine Intuition (und noch weniger ein Inspirationszustand) willentlich hervorgerufen werden kann, so gewinnt Intuition doch an Kraft und kann leichter in Erscheinung treten durch ständige Übung aller unserer Fähigkeiten. Eine solche Übung aber ist möglich bis hin zu jenem Grad geistiger Sensibilität und Anpassungsfähigkeit, wo diese dann auf geringste Impulse reagieren. So allein kommt es zur Befähigung, Intuitionen derart in einen schöpferischen Ausdruck zu übersetzen und umzuformen, daß der ursprüngliche Impuls darin seine ihm innewohnenden Eigenschaften in einem fortlaufenden Wachstums- und Wandlungsprozeß voll entfalten kann, vergleichbar dem Wachstums- und Entfaltungsprozeß des Samens einer Pflanze. Form (oder das Hervorbringen einer Form) darf deshalb nicht als »Gerinnen« oder »Verhärten« von Intuition und Inspiration verstanden werden, vergleichbar einem erstarrten Kristallisationszustand. Form und Formgebung sind vielmehr Ausgangspunkt für einen weiteren Wandlungsprozeß in vorgegebener Richtung als ein ständig sich ausdehnender, lebendiger, organischer Strom von Bewußtseinsenergie.

Daß Inspiration nicht nur eine Gabe ist, sondern etwas, das entwickelt werden kann, wird durch die folgenden Worte eines englischen Musikkritikers gut zum Ausdruck gebracht: »Der große Komponist macht sich nicht an die Arbeit, weil er inspiriert ist, sondern er wird inspiriert, weil er arbeitet. Beethoven, Wagner, Bach, Mozart saßen Tag für Tag mit derselben Regelmäßigkeit über ihrer Arbeit, wie ein Buchhalter Tag für Tag über seinen Zahlenreihen sitzt. Sie vergeudeten keine Zeit damit, auf ihre Inspiration zu warten.« (Ernest Newman)

Aber selbst wenn Inspiration ein Geschenk des Himmels oder der »Gnade Gottes« ist, kann man eine solche Gabe nicht empfangen, noch kann man Gebrauch von ihr machen, wenn man nicht bereit ist und sich für den Empfang öffnet. Man kann eine Gabe weder mit einer geschlossenen Faust annehmen, noch kann einem ein Geschenk nützen, wenn man nicht weiß, wie man es gebrauchen soll. Die Weisheit und das Mitleid der Buddhas und Bodhisattvas wird allen empfindenden Wesen freizügig geschenkt (wie die göttliche Gnade, von der die anderen Religionen sprechen). Aber nur jene können davon profitieren, die willens und befähigt sind, sie anzunehmen. Erst wenn die Blume sich selber der Sonne öffnet, kann sie deren wohltuende Strahlen empfangen. Weder Verdienst noch Unwürdigkeit entscheiden, ob ein Wesen der Gnade würdig ist oder nicht, sondern allein die Reife und die Bereitwilligkeit, in Demut zu empfangen. Das ist der Grund, warum »der Sünder ihr näher ist als der Selbstgerechte«.

Reife ist die Frucht angesammelter Erfahrung. Jene, die mit der Selbstverwirklichung (wie Ramana Maharshi, der große indische Heilige unserer Zeit) geboren oder plötzlich begabt zu sein scheinen, haben dieses Reifsein wahrscheinlich durch die Erfahrung vieler früherer Existenzen erreicht. Diese Erfahrungen brauchen nicht notwendigerweise Folge eines bewußten Strebens nach Erleuchtung oder Selbstverwirklichung zu sein, sie können genausogut das Ergebnis tiefsten Leidens sein, das ebenso wie höchste Freude und höchstes Glück eine verkleidete »göttliche Gnade« sein kann.

Aber nur diejenigen, die solches Leiden im Geiste der Demut annehmen, können es in eine befreiende Kraft – in einen Segen – verwandeln. Dieses war eine der größten Erkenntnisse des *Māhāyāna*-Buddhismus, dessen Anhänger dem Leiden nicht zu entfliehen versuchten, indem sie der Welt den Rücken kehrten (und auf dem kürzest möglichen Weg ihre eigene Erlösung anstrebten), sondern die ihre Einstellung änderten und sagten: »Ich will lieber die Leiden der ganzen Welt auf mich nehmen, als meine Mitwesen um meiner eigenen Glückseligkeit willen im Stich lassen. Mein Streben nach Befreiung und Erleuchtung muß die Befreiung aller leidenden Wesen einschließen.«

So paradox das auch scheinen mag: Gerade das Annehmen des Leidens ist der kürzeste Weg zu seiner Überwindung. Indem wir es in seinem universellen Aspekt annehmen, es mit unseren Mitwesen teilen, ihre Leiden und folgerichtig auch ihre Freuden als unsere eigenen betrachten, ziehen wir nicht nur das Interesse von unseren persönlichen Angelegenheiten ab, sondern betrachten sie jetzt unter einer erweiterten Perspektive, die uns aus dem Gefängnis unserer begrenzten Ichheit befreit und die positiven Eigenschaften der Liebe und des Mitleids weckt.

»Göttliche Gnade« und persönliches Bemühen ergänzen und bedingen einander. Sie sind nicht zwei verschiedene Wege der Erlösung, sondern zwei gleich wichtige Faktoren des geistigen Lebens. Da es kein unabhängiges Selbst gibt – das heißt kein Selbst, das man von seiner Umgebung, von der Welt, in der es lebt und aus der es genährt wird, abtrennen kann –, sind Eigenkraft und Ander-Kraft komplementär wie die linke und rechte Seite ein und desselben Dinges. Man kann sie niemals voneinander trennen. Wir haben die Gabe des Buddha-Dharma und die Segnungen derer empfangen, die ihn übermittelt haben. Aber solange wir den Dharma nicht in uns selbst und in unserem Leben üben und verwirklichen, wird uns diese Gabe nicht von Nutzen sein können.

Wenn jemand sagt: »Das Selbst, der *Ātman*, ist die Gottheit, ist Brahman. Und dies war immer so von Uranfang an. Dein Versuch, es zu verwirklichen, ist gleichbedeutend damit, daß du es fortstößt, daß du die Gabe zurückweist, indem du die bestehende Realität ignorierst« – dann, so fürchte ich, spielt er mit bloßen Worten oder hält den Finger, der auf den Mond zeigt, für

den Mond selbst. Ursprünglich stand *Ātman* für den Lebens-
odem (was dem deutschen Wort »Atem« und dem griechischen
Wort *pneuma* entspricht). So bezeichnet es jene universelle Kraft,
die das Individuum inspiriert und mit Leben erfüllt und es mit
dem ununterbrochenen Fluß des Ein- und Ausatmens durchströmt. Als solche verbindet der *Ātman* das Individuum mit dem
größeren Leben und macht dieses universelle Leben im Individuum, dessen Ursprung es ist, bewußt. Doch kann diese Kraft und
dieser lebendige Atem des Universums ebensowenig erfaßt und
besessen werden, wie man mit einem Eimer einen Fluß ergreifen
und davontragen kann.

Den *Ātman* mit dem »Selbst« gleichzusetzen – es sei denn als
dichterische Metapher – schafft daher ein großes Mißverständnis,
nämlich daß das Individuum dasselbe sei wie das Brahman, die
Gesamtheit des Universums, die Gottheit und so weiter. Doch
schon die Tatsache, daß wir die Himmelskörper nicht ebenso
bewegen können wie die Glieder unseres Körpers, sollte uns
lehren, daß (so sehr wir uns auch als einen Ausdruck des Universums, aus dem wir entstanden sind, fühlen) diese potentielle und
essentielle Universalität unseres innersten Wesens eher der Fo-
kussierung des Sonnenlichtes durch eine Linse gleicht, welche
(obwohl sie alle Eigenschaften des Sonnenlichtes in sich vereinigt) nicht die Sonne selbst ist.

Von unserer potentiellen Universalität bis zur wirklichen Erfahrung dieser Universalität kann der Weg lang oder kurz sein,
obwohl uns nur eines Haares Breite von dieser Erfahrung trennen mag. Das Ganze ist vergleichbar der Situation eines armen
Mannes, in dessen Haus – vielleicht direkt unter seinen Füßen –
ein Schatz verborgen ist. Solange er sich dieser Tatsache nicht
bewußt ist, bleibt er, obwohl der Schatz in seiner Reichweite
liegt, ein armer Mann. Wenn man weder um einen verborgenen
Schatz weiß, noch den Willen hat, die Hindernisse, die einen von
ihm trennen, zu beseitigen, wird man ihn niemals heben können.

Solange wir der Idee eines »Selbst« anhaften – wobei es gleichgültig ist, ob wir es als physische oder metaphysische Wirklichkeit betrachten oder als bloßen Bezugspunkt in einem psychologischen oder philosophischen Relationssystem, etwa als Beziehung zwischen Zentrum und Peripherie –, schaffen wir ein vollkommen unnötiges Mißverständnis. Aus diesem Grunde nahm

der Buddha von der Idee eines *Ātman* Abstand. Denn inzwischen hatte *Ātman* seine ursprünglich dynamische Bedeutung eingebüßt und war zu einer erstarrten, metaphysischen Abstraktion degeneriert. Er ersetzte daher den *Ātman*-Begriff durch den Begriff des *Anattā*, von der Tatsache ausgehend, daß es keine Realität in Form irgendeines »Selbstes« oder »Ichs« gibt – und daß nichts auf der Welt aus sich selbst heraus oder in sich selbst bestehen kann. Alle Lebensformen, alle Dinge und alle Phänomene hängen voneinander ab, stehen miteinander in Beziehung und sind so untereinander verwoben, daß das Individuum zum Schnittpunkt aller sich kreuzenden Kraftlinien des gesamten Universums wird.

Die Potentialität unserer universellen Natur zu wirkender Wirklichkeit umzuformen, das heißt, in eine lebendige Erfahrung umzusetzen, ist der Weg des Buddha. Solange wir dieser Universalität nicht gewahr werden, bleiben wir Gefangene unserer Ichheit, obwohl wir die Potentialität besitzen, Erleuchtung zu erlangen. Denn Potentialität ist keineswegs gleichbedeutend mit Wirklichkeit. Und ob wir auch sagen »Du bist Buddha« oder »Du bist Brahman«, so verwandelt uns das doch nicht in Buddhas oder in die Verkörperung des Universums. Es ist nur der dichterische Ausdruck für: »Das ist dein wahres Wesen, deine Potentialität.« Solange du sie jedoch nicht verwirklicht hast, gleichst du jenem armen Mann, der auf seinem Schatz sitzt, ohne sich dessen bewußt zu sein.

ZWEITER TEIL:

# DER WEG NACH INNEN

# BUDDHISTISCHE MEDITATION

Man fragte mich vor einiger Zeit, was Meditation – kurz gesagt – sei. Ich habe damals geantwortet: Meditation ist das
Mittel, um den einzelnen wieder mit dem Ganzen zu verbinden, um ihm seine ständige, nie abgerissene Verbindung und
Eingebundenheit bewußt zu machen. Der Pfad der Meditation
ist die einzige erfolgversprechende Möglichkeit, den Ich-Kom-
plex zu durchschauen und so die Illusion einer vom Ganzen
abgesonderten und unabhängigen Seele oder Selbstheit zu
überwinden, was weder durch wie immer geartete fromme
Predigten noch durch geistliche Ermahnungen erreicht werden
kann.

Mit dem in der Meditation vollzogenen Wandel geben wir
unsere Fixierung an das sich gegen das Universum abkapselnde
und zugleich besitzergreifende, wollende Ich auf und treten in
die Freiheit einer im Universellen wurzelnden, sich ständig wandelnden, nicht besitzergreifenden Individualität. Ein Kleines,
Geringes für ein Größeres aufzugeben, ist kein Opfer. Es ist das
Gewinnen von Freiheit, so wie wenn jemand aus der Enge seines
Gefängnisses in die Weite der Welt tritt. Die Selbstlosigkeit, die
aus der Überwindung und dem Aufgeben der Ich-Illusion entspringt, ist keine willentlich geschaffene Haltung und auch keine,
die Freuden niedrig erachtet. Sie erwächst uns vielmehr natürlich,
ohne all unser Zutun, und ist frei von jedem Gefühl moralischer
Überlegenheit und von Arroganz. Das aus dieser Wandlung in
uns aufbrechende Mitleid und Mitempfinden ist ein spontaner,
natürlicher Ausdruck der Solidarität mit allem Leben und nicht

nur – wie heute so oft zu beobachten ist – ideologisch hochge-
spielte Emotionalität.

Meditation ist aber nicht nur ein Mittel, um unsere Verbundenheit mit dem Ganzen zu erfahren. Sie ist zugleich eine Möglichkeit, sich bewußt zu werden, daß man selbst, wie jede Individualität, ein Brennpunkt ist, in dem sich das Universum seiner
selbst in einmaliger Weise bewußt wird.

Um zu einer solchen Erfahrung zu kommen, ist eine Fokussie-
rung unseres Bewußtseins erforderlich. Man nennt dies im Westen im allgemeinen »Konzentration«. Doch gibt es, wie der
Osten weiß, verschiedene Arten der Konzentration. So können
wir beispielsweise unsere ungeteilte Aufmerksamkeit auf eine zu
verrichtende Arbeit richten. Geht es andererseits darum, ein bestimmtes Problem zu lösen, müssen wir uns auf die verschiedenen Aspekte und Teile dieses Problems konzentrieren, wobei der
Fokus unseres Bewußtseins ständig wechseln muß. Eine dritte
Art der Konzentration besteht schließlich darin, daß wir um den
zu betrachtenden Gegenstand oder Gedanken konzentrische
Kreise in ständiger Annäherung vollziehen. Dadurch erschaffen
wir eine innere Ausrichtung auf den Gegenstand der Betrachtung, ohne Fixierung auf einen bestimmten Punkt und ohne uns
an einen festen Blickwinkel zu binden, wodurch wir das medi-
tierte Objekt in seiner Ganzheit von »allen Seiten« erfahren und
erleben. Diese Art der Konzentration und Betrachtung ist die
Grundlage östlicher Meditation.

Während westliches Denken von einer bestimmten Position
aus sein Ziel anvisiert und dann in gerader Linie auf sein Objekt
losmarschiert, indem es alles andere links und rechts unbeachtet
läßt beziehungsweise vernachlässigt, umschreitet östliches Denken den Gegenstand seiner Betrachtung in immer erneutem Um-
kreisen. Die westliche Methode hat auf wissenschaftlichem Gebiet große Erfolge aufzuweisen, hat aber andererseits durch das
Herauslösen der Objekte aus ihrem lebendigen Zusammenhang
auch viel Leid und Not geschaffen. Umschreiten wir jedoch den
Gegenstand unseres Interesses und sehen ihn mit all dem verwoben, was ihn umgibt, sehen wir ihn als Ganzes, eingebettet im
Ganzen, so tut sich uns ein Erleben auf, das alle Erkenntnisse der
pfeilgleich gerichteten Konzentration westlicher Prägung weit
übersteigt.

Man redet heute viel von Meditation. Doch oft wird der einfache Konzentrationsvorgang fälschlicherweise mit Meditation gleichgesetzt, obwohl der Unterschied doch augenscheinlich sein sollte. Ein einfaches Beispiel macht es deutlich: Jeder Buchhalter, der über seinen Zahlen, Rechnungen und Kalkulationen sitzt, ist voll konzentriert – aber meditieren tut er dabei gewiß nicht. Konzentration und Meditation sind vom Wesen her so verschieden, daß oft schon unser inniger Wunsch, uns während der Meditation auf den Gegenstand unserer Betrachtung besser konzentrieren zu können, zu einem Hindernis wird – dann vor allem, wenn er zwanghaften Charakter annimmt.

Es ist daher zumindest anfangs gut, zunächst lediglich den Fluß unserer Gedanken zu betrachten, ihm einfach zuzusehen, bevor wir uns bestimmten Meditationsobjekten zuwenden und bevor wir uns Bereichen nähern, die die Basis unseres Daseins bilden. Indem wir der in uns wirkenden Dynamik derart keinen Widerstand entgegensetzen, gerät alles in freien Fluß, alle Erregtheit verebbt und wir kommen in einen Zustand innerer Ruhe, in dem wir – wie von allein – unsere innere Richtung finden.

Erleben wir uns in der Meditation als einen der »Brennpunkte« des Universums, so erfüllt uns eine solche Erfahrung der Universalität und der Einmaligkeit der Individualität mit einem wachsenden Verantwortungsgefühl gegenüber dem Träger und Instrument dieser Erfahrung. Deshalb kann auch echte Meditation weder zu einer »Selbstvernichtung« oder einer Auflösung in einem nebulos konzipierten »All« führen, noch kann sie in uns einen Zustand der Gleichgültigkeit gegenüber der Welt, in der wir leben, aufkommen lassen – auch nicht gegenüber unserem Körper und dessen Sinnesorganen, durch die wir diese Welt erfahren. Ganz im Gegenteil: Meditation befähigt uns, alles in einem größeren Rahmen zu sehen – in einem größeren Zusammenhang –, der uns plötzlich die Trivialitäten unseres weltlichen Lebens wie in einem neuen Licht *verwandelt* erscheinen läßt: als tief bedeutsame Aspekte eines kosmischen Spiels, in dem wir sowohl aktiv Mitwirkende als auch Zuschauer sind.

Sprechen wir hier von einem *kosmischen Spiel*, so kann dies leicht mißverstanden werden, da der Begriff »Spiel« für viele Menschen von Vorstellungen wie »Willkür«, »Launenhaftigkeit« und so weiter begleitet ist. Sie verstehen unter »Spiel« etwas, bei dem man sich einfach gehenlassen kann. Würden sie jedoch nur ein wenig nachdenken, so müßten sie erkennen, daß jegliches Spiel bestimmten Regeln folgt.

Im großen, universellen Spiel sind die Spielregeln nun das, was wir *Dharma* nennen. Ohne den *Dharma* zu verstehen, können wir unsere Freiheit in jenem Spiel, an dem wir alle mitwirken, nicht ausschöpfen. Andererseits sollten wir uns vor Augen halten, daß jeder, der an einem Theaterspiel aktiv teilnimmt, seine eigene Rolle genau beherrschen muß, was voraussetzt, daß er sie nur dann richtig spielen kann, wenn er sie in den Gesamtzusammenhang des Spiels eingeordnet versteht.

So ist einer der Beweggründe, weshalb wir meditieren sollten, daß wir durch Meditation Gewißheit über unsere Rolle im Leben, über unsere Ausgangsposition und über unsere Verantwortlichkeiten erlangen wollen, denn – um dies hier schon herauszustellen –: *Es gibt keine Freiheit ohne Verantwortlichkeit!* Deshalb haben auch so viele Menschen Angst vor Freiheit: Sie haben Angst vor Verantwortung. Freiheit bedeutet nämlich nicht, daß wir tun und lassen können, was wir gerade möchten. Sie besteht vielmehr darin, daß wir – entsprechend der jeweiligen Situation – das Richtige tun können, und zwar in Einklang mit den Regeln des »großen Spiels«, in dem wir alle mitwirken.

In Indien hat man für dieses große universelle, kosmische Spiel einen speziellen Ausdruck geschaffen: *Līlā*, für den es in den Sprachen des Abendlandes keinen entsprechenden Terminus gibt. *Līlā* ist der Gegenpol dessen, was wir unter *Karma* verstehen. *Līlā* und *Karma* stehen in derselben Beziehung zueinander wie Freiheit und Notwendigkeit, beziehungsweise wie Spontaneität und Gesetzmäßigkeit. Keiner dieser beiden Pole kann exklusiv für sich bestehen. Gäbe es keine Gesetzmäßigkeit, so wäre Leben undenkbar. Nur durch die Begrenzung, die uns durch die Naturgesetzmäßigkeit vorgegeben ist, sind wir in der Lage, frei zu sein, und können – im Rahmen der Gesetzmäßigkeit – unsere eigenen Entscheidungen treffen.

Wenn beispielsweise ein Musiker ein Tonwerk schaffen will, muß er nicht nur die Gesetze der Harmonielehre beherrschen, sondern auch die der Instrumentierung und so weiter. Nur wenn er diese der Musik zugrunde liegenden Gesetze voll erfaßt hat, ermöglichen ihm eben diese Gesetze, das frei zum Ausdruck zu bringen, was er individuell fühlt. Individuelle Ausdrucksgestaltung ist daher kein Widerspruch zur universellen Gesetzmäßigkeit der Welt, in der wir leben. In diesem Sinne ist höchste Kunst immer *Līlā*. Sie entströmt dem Künstler wie der Gesang dem Vogel: nicht um eines Gewinnes oder einer Belohnung willen, noch aus Geltungsbedürfnis. Sie ist vielmehr der freie, spontane Ausdruck einer überwältigenden inneren Erfahrung. Der größte Künstler aber ist jener, der sein ganzes Leben in ein Kunstwerk verwandelt und der so zum vollkommenen Weisen reift.

Man kann nicht an Freiheit glauben, wenn man nicht zugleich auch an *Līlā* glaubt. Ohne Freiheit aber gibt es weder ein ethisch-moralisches Verhalten noch Tugend. Wenn wir hier nun von *Līlā* und *Karma*, von Freiheit und Notwendigkeit sprechen, so stellt sich uns die Frage, wie sich *Līlā* zum Gesetz des *Karma* verhält. Gehen wir davon aus, daß Karma zwangsläufig einem absichtsvollen ich-bezogenen Wirken *(Karma cetanā)* entspringt, dann werden wir, solange unser Wirken egozentrisch ist (d. h. sich auf uns selbst oder unser eingebildetes Ich bezieht), durch eben dieses unser unheilsames oder heilsames Wirken gebunden. Es bleibt gewissermaßen während der ganzen Zeit zentripetal, so daß es immer wieder auf uns zurückfällt.

*Līlā* dagegen ist ein spontanes, ichfreies Wirken, das nicht von Absichten bestimmt wird. Es ist vielmehr etwas, das uns frei entströmt. Deshalb überwindet es *Karma* im Sinne der Ethik des *Karma-vipāka*. Wörtlich übersetzt heißt *Karma* einfach »Tun«. Benutzen wir das Wort *Karma* im allgemeinen Sprachgebrauch, dann denken wir im Buddhismus an eine von Wille und Absicht getragene Aktion, die eine Re-Aktion hervorruft. So sollte man korrekterweise von *Karma* und *Vipāka* sprechen, das heißt vom willentlichen Tun selbst und den Folgen eines solchen Handelns. Hieraus aber erklärt es sich, wie jede von uns vorher wohlüberlegte Handlung, die von uns wiederholt in gleicher Weise vollzogen wird, am Ende zu einer spontanen Handlung wird und damit zu einem karmafreien Tun.

Auch die mit Absicht herbeigeführte Konzentration auf einen bestimmten Punkt, einen bestimmten Gegenstand oder eine spezielle Vorstellung kann in gleicher Weise sich schließlich in eine Konzentration wandeln, die einfach in sich selbst zentriert ist und die in diesem Augenblick spontan wird und uns zu einer inneren Ganzwerdung führt, die das Ziel aller Meditation ist.

Karmafreies, das heißt zweckfreies und selbstloses Handeln und Wirken ist daher nur möglich, wenn es uns gelingt, unseren Lebensweg in einer Weise zu gestalten, wie ein guter Schauspieler seine Rolle spielt, in der er sich selbst vergißt. Ein Schauspieler, der während des Spiels in der Wirklichkeit seiner eigenen, individuellen Existenz denkt und lebt, Betrachtungen anstellt, was er ist und was er als Schauspieler sein sollte, ist ein schlechter Darsteller. Ebenso können wir in diesem Spiel des Lebens – in *Līlā* – nur dann unsere Rolle vollkommen spielen, wenn wir unsere Ichheit, unser Abgetrenntsein vom Ganzen vollkommen vergessen und in Selbstvergessenheit jeweils unsere Rolle in Beziehung zu dem spielen, was uns gerade umgibt. Das ist es, was wirklich Buddhaschaft ausmacht.

Der Buddhismus lehrt uns, daß wir mit allem, was da ist, in Wechselbeziehung stehen. Die ganze Welt ist einem gewaltigen Netz von Beziehungen vergleichbar. Es gibt nichts, das nicht mit allem anderen in diesem Weltall verwandt wäre und mit allem in Beziehung stünde. Deshalb kann man sagen, daß jedes Individuum ein Kristallisationspunkt all dessen ist, was dieses Universum beinhaltet. Alle Kräfte des Universums müssen aufgeboten werden, um auch nur *ein* menschliches Wesen, nur *einen* Baum oder ein einziges Insekt zu erschaffen – ohne die Basis aller Kräfte des Kosmos kann kein Wesen in Erscheinung treten. Von diesem Standpunkt aus müssen wir uns fragen, ob nicht das Werden der zahllosen individuellen Lebensformen die gewaltigste Leistung dieses Weltalls ist. Und wenn wir dann das Universum als Ganzes betrachten, die unendlich weite Leerheit im Makro- wie im Mikrokosmos erkennen, sehen, wie extrem selten jene Kristallisation von Formen in Erscheinung tritt in dem, was wir Materie nennen, und wenn wir darüber hinaus begreifen, wieviel rarer jene Bedingungen sind, unter denen sich lebende, bewußte Wesen entwickeln können, dann verstehen wir vielleicht, daß Individualität ebenso wesentlich ist wie Universalität. Ja, Universalität kann nur durch Individualität erfahren werden, und so kann man vielleicht sagen, daß das Universelle Individuen hervorbringen mußte, um sich seiner selber bewußt zu werden.

Zu einem Individuum heranreifen bedeutet nun aber keineswegs »egozentrisch werden«. Hier haben wir wieder einmal eine der vielen Mißdeutungen, die Menschen sich zurechtzimmern. Sie meinen, daß man, um seine Ichhaftigkeit zu überwinden, bloß seine Individualität verleugnen müsse. Diese Vorstellung entstand und entsteht durch unsere falsche Anschauung von dem, was wir unsere Seele nennen – ja, von dem, was die gängigen psychologischen Ideen ausmacht. Um diese Vorstellungen durch die buddhistischen Erkenntnisse, die unser Bewußtsein betreffen, richtigzustellen, sei hier ein sehr einfaches Gleichnis gegeben.

Man stelle sich einen Kreis mit seinem Mittelpunkt vor. Man sieht eine Peripherie (den Kreisumfang) und das Zentrum (den Punkt). Konzentration ist nun die Beziehung von der Peripherie zum Mittelpunkt. Hier im Zentrum ist jener Punkt zu suchen, in dem alle Konzentration eins wird. Die Peripherie hingegen ist der Teil, in dem Konzentration individualisiert wird. Leben wir gänzlich an der Peripherie, sind wir vom Zentrum getrennt und werden eingeengt, beschränkt und begrenzt – sind abgeschnitten von der Quelle allen Lebens. Würde man andererseits nur im Zentrum leben, so würde man alle Individualität verleugnen und der ganzen Universalität nicht bewußt sein. Deshalb müssen wir in der Meditation die Beziehung zwischen der Peripherie und dem Mittelpunkt herstellen. Dabei muß es unser Ziel sein, die Mitte zwischen Peripherie und Zentrum zu finden, wo wir in gleicher Weise an beiden Anteil haben, oder anders ausgedrückt: wo unsere Individualität zu einer Reflexion unseres universellen Zentrums wird. Auf diese Weise erlangen wir Ganzheit und realisieren die Fülle unserer Befähigungen.

An dieser Stelle sei – um Mißverständnissen vorzubeugen – klargestellt, daß die Ich-Funktion für das Individuum keineswegs etwas Wesentliches ist. Sie ist es auch nicht für den gesamten menschlichen Organismus, etwa um seine Individualität aufrechtzuerhalten und zum Ausdruck zu bringen. Jedes Individuum ist – wie wir sahen – eine einmalige Manifestation des Ganzen, so wie jeder Ast ein besonderer, spezifischer Teil eines Baumes ist. Um seine Individualität entfalten zu können, muß jedoch jeder Zweig oder Ast innige Verbindung mit dem Baum haben, so wie ja auch unsere sich voneinander unabhängig bewegenden und sich voneinander unterscheidenden Finger immer in konstantem, innigem Kontakt mit dem ganzen Körper stehen müssen, ohne den ihre »Individualität« aufhören würde zu existieren. Und hier sind wir an einem Punkt angelangt, der nicht oft genug wiederholt werden kann: *Differenzierung ist nicht losgelöstes Eigensein!* Kopf und Füße sind voneinander völlig verschieden, sind jedoch als Teile des lebendigen Körperganzen nicht voneinander getrennt. Und wenn der Mensch auch nicht in so augenfälliger Weise mit dem Universum durch physische Beziehungen verbunden ist wie der Ast mit dem Baum oder Kopf und Füße mit dem Körper, so ist er nichtsdestoweniger dem All untrennbar eingebunden durch zahllose physische Relationen von faszinierender Komplexität.

In diesem Zusammenhang erscheint auch der Tod des Individuums nicht als eine Auflösung bestehender Verbindungen und Verbundenheit, sondern als ein Zurücknehmen oder »Eingezogenwerden«. Der Körper ist wie eine Fußspur oder ein Echo, das heißt, er ist wie die sich auflösende Spur von etwas, das vorüberging. Denn wir sind nicht *in* die Welt geboren, sondern *aus* der Welt – sind Teil von ihr, und die Unergründlichkeit ihrer Dauer, die wir »Ewigkeit« nennen, liegt unserer eigenen Existenz zugrunde. So ist das Universum letztlich unser selbst erschaffener Körper. Und diese Vorstellung vom Universum als unserem größeren Körper fand in buddhistischer Terminologie seinen Ausdruck im Begriff des *Dharma-kāya*. Es heißt, daß jeder Erleuchtete in Form von drei Körpern existiere, und daß auch wir in gewisser Hinsicht in drei Körpern leben, nämlich dem *Dharma-kāya,* dem *Sambhoga-kāya* und dem *Nirmāṇa-kāya*: dem universellen Körper, an dem wir alle Anteil haben, dem Körper geistiger Verzückung und dem Körper der »Wandlung«. Dieser »Körper der Wandlung« ist identisch mit unserem physischen, materiellen Körper, in dem sich unser Bewußtsein kristallisierte. Nach buddhistischer Psychologie sind wir nicht etwas von unserem Körper Verschiedenes und betrachten ihn daher auch nicht als ein »Kleid«, in das eine ewige Seele hinein- und herausschlüpft, wie dies die Lehre von der » Seelenwanderung« darstellt, nach der ein monadenhaft vorgestelltes »Selbst« (*puruṣa, ātman* usw.) von einem Körper in einen anderen Körper geht und beim Tode gewissermaßen die »Hülle« ablegt.

Wenn sich im buddhistischen Volksglauben solche Anschauung teilweise breitmachte, so war dies eines der größten Mißverständnisse der buddhistischen Wiedergeburtslehre. Der Buddha hat dergleichen nie gelehrt. Die Wiedergeburtslehre des Buddhismus besagt, daß sich Bewußtsein vom Augenblick der Empfängnis an in Körperlichkeit kristallisiert und mit dem Körper eine Ganzheit bildet. Unser Körper ist gewissermaßen das Kristallisationsprodukt eines der Vergangenheit zugehörigen Bewußtseins. Wir empfinden deshalb gelegentlich die Diskrepanz zwischen unserem jetzigen Körper und dem gegenwärtigen Stand unserer geistigen Entwicklung. Wir fühlen, daß unser Körper nachhinkt – vielleicht auch uns hemmt, da er Materialisation eines Bewußtseinszustandes ist, der hinter uns liegt, über den wir hinausgelangt sind. Doch diese so empfundene Diskrepanz zwischen Körper und Geist besteht in Wirklichkeit nicht: Wir selbst sind gleichzeitig Repräsentant zweier unterschiedlicher Zeitmomente beziehungsweise Zeitsektionen, die sich einerseits in Form der materiellen Kristallisation und andererseits in Form unseres stets weiterströmenden Bewußtseins manifestieren.

Während der Wandel des Bewußtseins ziemlich augenfällig ist, ist es sehr viel schwerer zu erkennen, daß auch unser Körper sich in einem kontinuierlichen Wandlungsprozeß befindet, wodurch nach etwa sieben Jahren nicht ein Teil unseres Körpers noch derselbe ist. Und obwohl dann keine Partikel mehr die gleiche ist, besteht dennoch eine Kontinuität der körperlichen Form. Sie weist auf ein zentrales formendes Prinzip in uns hin, das in allem Wandel die körperliche Form immer erneut wiederherstellt und eine bestimmte Richtung einhält. Dadurch ist der Wandel der Gestalt niemals eine abrupte Änderung, sondern eine langsam sich vollziehende Transformation. Deshalb können wir auch davon sprechen, daß sich eine Wandlung vom kindlichen Körper in den eines Erwachsenen vollzieht, obgleich der Körper des Kindes nicht der gleiche ist wie der des daraus sich entwickelnden Erwachsenen.

Die Kontinuität, die wir in der Körperlichkeit beobachten können, hat ihre volle Entsprechung in der Kontinuität, die sich in unserem geistig-seelischen Bereich vollzieht: Nicht einen Augenblick ist unser Bewußtsein das gleiche! Der Wandel, der sich hier vollzieht, geht nur – obwohl es der gleiche fließende Wandel ist – schneller vor sich als im Körperlichen.

Beziehen wir also unsere Körperlichkeit in die Meditation ein, müssen wir – sofern wir uns der Totalität unseres Körpers bewußt werden wollen – sehen, wie das Universum sich in uns widerspiegelt und der Strom ständiger Wandlung in uns wirksam ist. Auf diese Weise können wir unseren Körper umstimmen, so daß er dem jeweiligen Niveau unseres Bewußtseins entspricht. Das geschieht allerdings nur dann, wenn es uns gelingt, jene vertiefte meditative Versenkung zu erreichen, in der die Körperlichkeit voll einbezogen ist. Das ist der Grund, warum wir spezielle *Āsanas* in der Meditation gebrauchen, bestimmte Arten des Sitzens und der Haltung.

Damit der Körper auf unsere meditative Erfahrung richtig reagieren kann, müssen wir eine in die Tiefe gehende Verbindung herstellen, wobei die beste Verbindung zwischen Körper und dem Geistig-Seelischen unser Atem ist. Der Atem ist die vermittelnde Funktion zwischen dem Bewußten und dem Unbewußten, da er sowohl willentlich wie automatisch erfolgen kann. Seinem Herzen kann man willentlich keine Änderung seiner Frequenz aufzwingen, ebensowenig wie man die Verdauungsfunktion willentlich beeinflussen kann noch die Blutzirkulation und so weiter. Alle diese vegetativen Funktionen laufen automatisch ab, und selbst unsere Atmung ist eine vom vegetativen Nervensystem meist automatisch gesteuerte Funktion. Doch die Atmung ist subtiler als alle anderen vegetativen Funktionen. Sie steht unserem Geist am nächsten und kann, wenn sie ihre Beziehung zu unserem Bewußtsein erkennen läßt, zu einer willentlich gesteuerten oder zu einer erfahrbaren Funktion werden.

Weil aber die Atmung ein lebendiges Band zwischen Körper und Geist knüpft, kann man – wenn man das Atmen als ein Erlebnis begreift und nicht nur als eine automatische Gewohnheit – sich seiner Atemfunktion bewußt werden und dem Atem im ganzen Körper folgen. Man fühlt dann, wie er die Ganzheit unseres Körpers durchströmt, und indem man ihn so erlebt, fühlt man schließlich, wie das Bewußtsein den ganzen Körper erfüllt und wie unser Körper an unserem meditativen Erleben teilhat.

Buddhistische Meditation – besonders in der Form, in der sie im *Vajrayāna* praktiziert wird – bringt uns mit den tieferen

Schichten unseres Bewußtseins in Verbindung. Diese Tiefenschichten umfassen nicht nur unser individuelles Bewußtsein, sondern zugleich auch jenen Bewußtseinsbereich, der mit dem gesamten Universum in Verbindung steht. So erfahren wir durch diese Art der Meditation Bereiche, die sich nicht auf den menschlichen beschränken, sondern die gesamte Welt, das ganze Universum umfassen und die uns dadurch die Möglichkeit eines Sich-selbst-Findens erschließen.

Spontane, unser ganzes Wesen erfassende Erfahrungen im Sinne dieser Meditationsmethodik vermitteln uns die großen tibetischen Rituale, die als dramatisierte Meditationen in ihrer Unmittelbarkeit jenseits alles rationalen Erwägens die tiefsten Schichten unseres Bewußtseins zum Mitschwingen bringen. So erleben wir in den tiefen Tönen der Tempelmusik – die an das *Mantra* OM, den universellen Laut, erinnern – das Elementare: die Felsen und Berge, die Weite der Hochebenen Tibets, das Grollen des Meeres. Die menschliche Stimme erkennen wir in den Oboen und erahnen in den über sie noch hinausgehenden höchsten Tönen, wie sich das Leben in all seinen manigfaltigen Formen und Erscheinungen einander bedingend und verschlingend widerspiegelt, wobei sich alles ununterbrochen auf jenen Hintergrund zubewegt, der das Ganze umfaßt und trägt.

Tantrische Meditation ist kein statisches Fixieren, sondern ein dynamisches Geschehen. Furchterregende und friedvolle Gestalten durchdringen einander und verwandeln sich ineinander, denn die göttlichen und dämonischen Gewalten sind im Grunde nicht wesenhaft verschieden. Sie sind lediglich verschiedene Aspekte der gleichen Energie; sie erscheinen uns nur in unterschiedlicher Form. Wir fühlen uns im Empfinden von Güte und Schönheit den Göttern verwandt, während uns der andere Aspekt des Göttlichen furchterregend erscheint – so wie wir ja auch die Kräfte der Natur einerseits als hilfreich, andererseits als furchteinflößend erleben. Und warum empfinden wir bestimmte Kräfte als furchterregend? Weil wir sie nicht verstehen, weil sie uns fremd erscheinen. Wir vermuten dann eine böse Absicht dahinter, obwohl sie, ebenso wie alle anderen Kräfte, unter Umständen gute Wirkungen zeitigen können, denn eine Kraft wirkt sich ohne Absicht aus und damit jenseits der Werturteile von gut und böse. So setzt Meditation als dynamischer Prozeß – als ein Prozeß unseres Bewußtseins – Kräfte frei, die sich in Form von Göttern und Dämonen, von friedvollen und furchterregenden Gestaltungen manifestieren.

Hat man dies erst einmal erfahren, wird einem bewußt, daß sich nichts im Stillstand befindet. Alles ist in ständiger Bewegung. Und so gehen auch in der tantrischen Meditation alle Gestaltungen, die wir erschaffen, ineinander über. Das Bewußtsein des Menschen ist seiner Natur nach so beschaffen, daß es nicht in einem Punkt fixiert werden kann. Es ist ständig im Fluß, verändert sich fortwährend, ohne daß wir den Wandel als solchen unter Kontrolle haben. Lediglich die *Richtung* dieses ständigen Wandels können wir beeinflussen und so eine »gerichtete Bewegung« in all unseren Veränderungen erzielen. Diese »gerichtete Bewegung« zu erreichen, ist der Sinn der Meditation. Solange eine bestimmte Richtung eingehalten werden kann, dient jede Veränderung, jede Wandlung dem durch die Richtung vorgezeichneten Zweck und Ziel. Wir erkennen dann, daß wir nicht isoliert sind, daß unser Bewußtsein vielmehr weiter reicht, als wir bisher annahmen: Wir finden uns im Bewußtsein aller Wesen wieder und genauso alle Wesen in dem unseren. Anderenfalls wäre kein gegenseitiges Verstehen möglich, denn wenngleich wir im Gespräch Worte als Symbole gebrauchen, gibt es etwas in einem jeden von uns, durch das wir uns auch ohne Worte verstehen können. Unser Sprechen ist ja oft so schnell, daß wir ohne dieses andere, ohne dieses andere Bewußtsein in uns, einander nicht verstehen würden.

Als ich zum ersten Mal in ein tibetisches Kloster kam, verstand ich die tibetische Sprache noch nicht. Aber zu meinem Erstaunen stellte ich fest, daß sich ganz von selbst, ohne Sprache, eine andere Form der Verständigung entwickelte. Und diese war eine weitaus tiefere Kommunikation, als ich sie je in irgendeiner Sprache erlebt habe. Warum wohl? Weil Sprache mit Begriffen operiert und damit den lebendigen Strom in der Abstraktion erstarren läßt. In der Meditation dürfen wir uns daher nicht an Begriffen festhalten! Buddhistische Meditation (vor allem in den Formen, wie sie im *Vajrayāna* entwickelt wurden) arbeitet deshalb so betont mit Bildern. Begriffliches Denken ist hier durch bildhaftes Denken und Erleben ersetzt, da nur das Bild uns eine direkte Erfahrung ermöglicht. Der Begriff als Abstraktion hingegen vermittelt uns nur eine »sekundäre« Erfahrung, das heißt eine Erfahrung, die von anderen Erfahrungen abgeleitet wurde. Unmittelbare Erfahrungen zu ermöglichen, ist aber die Hauptaufgabe der Meditation. Das ist auch der Grund, warum – vor allem im Zen – immer wieder gefordert wird, nicht beim Denken und bei den üblichen rationalen Schlußfolgerungen stehenzubleiben, sondern über sie hinauszuschreiten.

Aber wie können wir über unsere Gedanken, unsere Worte, unsere Begriffe hinausgelangen? Zum Beispiel durch das innere Bild-Erleben – durch Schaubildentfaltung. Wenn wir diesen Weg gehen, müssen wir jedoch immer der Warnungen der tibetischen Texte eingedenk sein, daß wir bei allen Visualisationen nie in den Irrtum verfallen dürfen, das, was wir erschauen, als eine Realität außerhalb unserer selbst zu verstehen. Was wir sehen, sind Projektionen unseres eigenen Geistes. Wir müssen uns daher immer bewußt bleiben, daß Visionen kein »Geschenk der Götter« sind, noch daß sie irgendwo außerhalb unserer selbst existieren und »über uns kommen«. Was man in einer Schau erblickt, ist Spiel des eigenen Bewußtseins, ist unsere eigene Schöpfung, unser eigenes Geist-Erzeugnis, geboren in diesem Augenblick. Es ist keine »letztgültige« Wirklichkeit und dennoch in einem anderen Sinn »real«, weil sich alles, was unsere Vorstellungskraft hervorbringt, auf etwas Vorgegebenes stützt. Man denke beispielsweise an das Gleichnis vom Seil, das irrtümlich für eine Schlange gehalten wird. In dem Augenblick, in dem man erkennt, daß es keine Schlange, sondern nur ein Seil ist, verliert man die Furcht. Aber da ist noch immer das Seil. Und auch *das* ist eine Illusion. Mit anderen Worten: Das Seil ist eine Illusion, und die Schlange ist die Illusion einer Illusion. In dem Augenblick, in dem ein Mensch erkennt, daß die Illusion eine Illusion ist, ist er von ihr befreit. Klammert man sich jedoch an seine Illusion und hält sie für eine Realität, dann ist man gefangen und gefesselt. Es ist daher wichtig zu erkennen, daß das, was wir eine Illusion nennen, auf gewissen Gesetzmäßigkeiten unseres Bewußtseins beruht und unser Bewußtsein seinerseits auf den Gesetzen des Daseins, also auf universellen Gesetzen basiert. Das bedeutet aber, daß die Gesetze, die all unseren Illusionen zugrunde liegen, uns näher an die Wirklichkeit heranführen. Vermögen wir durch unsere Illusionen hindurchzublicken, verwandeln sie sich im gleichen Augenblick in Helfer, die uns bei unserer Suche nach der Wirklichkeit unterstützen.

Wir müssen daher verstehen lernen, daß die Götter und Dämonen aller Welten sich in uns selbst befinden. Sie sind keine von außen wirkenden Kräfte, die unser Schicksal willkürlich bestimmen können. Wir folgen den Gesetzen unseres eigenen Karma, und unser eigenes Karma ist es auch, das unsere Zukunft formt.

Viele Menschen meinen, Meditation sei ein Erforschen dessen, was sie einmal in einem oder vielen früheren Leben waren. Die meisten bilden sich dann ein, daß sie berühmte Persönlichkeiten, Könige, Dichter oder dergleichen, gewesen sind. Kaum einer zieht in Erwägung, daß er möglicherweise eine Waschfrau oder ein Straßenfeger oder sonst ein ganz normaler Durchschnittsmensch gewesen ist. Aber ist nicht die einfachste und von Menschen oft gering geschätzte Beschäftigung ebenso wichtig wie die, die im allgemeinen in hohem Ansehen steht? Es sollte uns daher völlig gleichgültig sein, ob wir in vergangenen Zeiten Könige oder Königinnen oder einfache Arbeiter waren. Worum wir uns in der Meditation bemühen sollten, ist die Erkenntnis, daß wir jetzt und in jedem Augenblick die Saat unserer zukünftigen Entwicklung säen. Dies ist etwas, das buddhistische Meditation immer betont hat. Und wenn man dann seine Visualisationsfähigkeit entfaltet, dann werden alle Gedanken zu Bildern und werden sozusagen »erfahrbar«. Sie sind dann nicht mehr etwas, was man sich ausgedacht oder erdacht hat – sind nicht mehr etwas rein Intellektuelles, sondern vielmehr etwas, was man in und mit der Ganzheit seines Wesens erlebt hat. Das aber ist es, was der Mensch heute braucht. Wir sollten daher nicht an Gedanken und voreingenommenen Begriffen kleben, sondern sollten unsere Befähigung zum Erleben nutzen, um unser Leben durch eine neue Lebenseinstellung zu gestalten.

Benutzt man in seiner Meditation *Mantras*, sollte man diese nicht nur aufgrund eines Glaubens an deren Wirkungskraft tun. Glauben zu haben ist in gewissen Fällen eine sehr gute Fähigkeit. Aber wir wissen auch, daß Glaube Menschen ebenso in die Irre führen kann, wie er hilfreich sein mag. Menschen haben andere Menschen wegen ihres Glaubens verbrannt, haben Kriege um des Glaubens willen geführt und andere Menschen, weil sie anders glaubten, hingemordet. So kann Glaube, der eine großartige Fähigkeit ist, auch zu einer gewaltigen Gefahr werden.

Der Buddhismus ist die einzige Lehre, in der der Glaube den ihm gemäßen Platz zugewiesen bekam, indem der Buddha erklärte, daß man für seinen Glauben (Skr.: *śraddhā;* auch: »Vertrauen«, »inneres Überzeugtsein«) einen Grund haben muß. Wer blind an etwas glaubt – sei es etwas Gutes oder Schlechtes –, ist nicht Herr darüber. Entstand »Glaube« oder »Vertrauen« jedoch in einem Menschen nach reiflichem Erwägen, dann weiß er, warum er glaubt und warum er dieser Überzeugung ist und einer bestimmten Idee folgt. Der Buddha betonte daher, daß wir ihm nicht aus Liebe nachfolgen sollen noch aus Achtung, sondern allein dann, wenn sich unsere eigenen Erfahrungen mit dem decken, was er uns zu lehren hat. Daher ist der Buddhismus eine der wenigen Religionen, die der Führung unseres innersten Wesens folgen, also nicht der Führung des Intellekts, sondern der Führung unserer tieferen Natur, die alles umfaßt und umfängt.

Buddhistisch-tantrische Meditation bedient sich der *Mantras* als Hilfsmittel im Rahmen einer bestimmten Technik. Den Hintergrund bildet eine mantrische Wissenschaft, die mehr als bloßen Glauben verlangt – vor allem ein in die Tiefe gehendes Verstehen. So müssen wir beispielsweise, wenn wir ein bestimmtes *Mantra* intonieren, wissen, welcher zu visualisierenden Gestalt es zugeordnet ist. Das besagt nun nicht, daß das *Mantra* von dem Schaubild abhängig ist. Es bedeutet lediglich, daß wir mittels des *Mantra* ein bestimmtes inneres Schaubild beschwören, und daß die so gewonnene Schau weitaus tiefer ist als die damit assoziierte Gestalt. Denn mittels des *Mantra* werden unsere tiefsten Gefühle freigesetzt, die zwar mit vertrauendem Glauben einhergehen können, die jedoch in einem Verstehen gründen.

Intonieren wir zum Beispiel den Laut OM, so fühlen wir, daß er etwas Allumfassendes, etwas Universales ist. ĀH hingegen läßt eine sich ausdehnende horizontale Bewegung erkennen, und beim HŪM fühlt man, wie es in die Tiefe geht. Das heißt, daß wir mit diesen drei mantrischen Lauten drei Ebenen berühren: die universale, die menschliche und die des Unterbewußten oder auch die der Natur in ihrem tiefsten Sinn. Wenn ich hier von »Natur« spreche, so meine ich damit jene Formen des Lebens, die weit über unser rein intellektuelles Dasein hinausreichen und die uns innerlich erfüllen und uns zugleich mit anderen verbinden. Diese drei Ebenen finden im OM – ĀH – HŪM ihren Ausdruck. Ist man sich bei der Intonation eines *Mantra* aber nicht des Netzwerkes der Beziehung, in das es eingebettet ist, bewußt, dann hat ein Laut oder ein Wort, das man wiederholt, selbst wenn es noch so schön klingt, keinen inneren Wert und vermittelt nichts.

Wer tiefer in diese mantrische Wissenschaft eindringen will, wird bald erkennen, daß jedes *Mantra* mit einem bestimmten *Cakra* – einem psychischen Zentrum – in uns in Verbindung steht. Will man nun das eine oder andere dieser *Cakras* bewußt stimulieren, so muß man das entsprechende *Mantra* anwenden. Ohne die Kenntnis der Zusammenhänge sind die *Mantras* bloße Laute, die zwar aufgrund ihrer Rhythmik unsere Gefühle und Empfindungen anregen, aber keine tiefer gehenden Prozesse auslösen können.

Wichtig ist auch zu wissen, daß jedes dieser psychischen Zentren immer wieder *erneut* stimuliert und belebt werden muß. Wir wollen ja vollkommen und ganz werden, weil wir fühlen, daß wir noch keine ganz- und heilgewordenen Menschen sind. Und eben dieses unser Ziel sehen wir verwirklicht im Buddha, der für uns die Gestalt des vollkommenen Menschen ist – das Leitbild nicht eines guten, sondern eines ganzgewordenen Menschen. Das aber ist weitaus mehr als ein Gott zu sein, denn ein Gott steht weit unterhalb der Möglichkeiten, die in uns schlummern. Der Status eines Gottes ist eine Daseinsform im Kreislauf der Existenzen, der möglicherweise sehr glückerfüllt, sehr friedvoll und sehr schön ist. Aber ein solcher Zustand ist nicht das allein Erstrebenswerte, da wir in einem solchen Elfenbeinturm des Glücks nicht die andere Seite des Lebens erfahren mit ihrem Leid, ohne die das Mitleid nicht in uns wachsen kann.

Doch nur, wenn wir die Befähigung des »Leidens mit anderen« in uns entfalten, wird es uns gelingen, diese anderen zu verstehen und mit ihnen zu empfinden – unser eigenes Leid über dem ihren zu vergessen oder zumindest als gering anzusehen. Mitleid aber ist jene Eigenschaft, die das Wesen buddhistischer Lebensführung ausmacht und stets untrennbar mit der Weisheit verbunden ist. Denn Mitleid ohne Weisheit führt zu nichts, und

Weisheit ohne Mitleid führt zu geistiger Erstarrung. Daher müssen wir Weisheit und Mitleid zugleich harmonisch entwickeln, denn sie sind die tragenden Säulen des *Dharma*. Haben wir sie verwirklicht, dann sind wir auf dem Pfade des Erhabenen.

# DIE BEDEUTUNG DER RITUALE
# IM BUDDHISMUS

Das Haften an Sittenregeln und Ritualen *(sīlabbata parāmāsa)* betrachtete der Buddha als eines der großen Hindernisse auf dem Weg zur Befreiung. Jedoch lag dabei die Betonung nicht so sehr auf »Sittenregeln und Rituale«, sondern vielmehr auf dem *Hängen und Haften* an ihnen. Schon in den frühesten buddhistischen Gemeinschaften gab es viele rituelle Kulthandlungen, die entweder ein Ausdruck des Glaubens oder der Tradition waren. Solche Formen gab es zum Beispiel bei der dreifachen Zufluchtnahme zum Buddha, zum *Dharma* und zum *Sangha* während der Ordinationszeremonien, für die ein besonderer, für diese Zwecke geweihter Platz gewählt wurde. Diese Rituale wurden unter Ausschluß all jener vollzogen, die nicht zum Mönchs-*Sangha* gehörten. Ebenso gab es spezielle *Pūjās* und *Paritta*-Zeremonien (letztere wurden zum Zweck des Schutzes von Gesundheit und Geist zelebriert). Wann immer wir an etwas haften – selbst wenn es etwas ist, das in jeder Weise gut ist –, wird es zu einer Fessel, die unser Fortschreiten hin zur Freiheit verhindert. Das schließt auch die fünf *Śīlas* oder Verhaltensregeln ein, die der Buddha selbst seinen Jüngern auferlegte.

Dies ist auch der Grund, warum man sagt, daß die *Zen*-Meister keinen Sittenregeln und keiner Tradition folgen und selbst die buddhistischen Schriften um der geistigen Spontaneität und geistigen Ehrlichkeit willen beiseite schieben. Doch trotz all dem müssen sich die Anhänger des *Zen* strengen Regeln und einem zeremoniellen Verhalten unterwerfen, welche höchste Konzentration und Achtsamkeit erfordern. Westliche Bewunderer der unorthodoxen Wege des *Zen*, die die Tore für alle individuellen Meinungen und Schwächen zu öffnen scheinen, sollten nur eine kurze Zeit in einem japanischen *Zen*-Kloster leben, um von ihren Vorurteilen geheilt zu werden.

Akzeptieren wir die fünf Śīlas als Lebensregeln, sollen wir sie nicht zu Geboten machen, die unter allen Umständen befolgt werden müssen – ganz gleich, ob wir von ihnen überzeugt sind oder nicht. Anderenfalls würden wir jenem Mönch gleichen, der, indem er der Regel entsprach, keine Frau zu berühren, seine Mutter, die in einen Brunnen gefallen war, ertrinken ließ. Nur wenn wir die Gründe verstehen, weshalb diese Regeln gegeben wurden, und nur, wenn wir voll mit ihnen übereinstimmen, sollen wir sie als unsere eigenen akzeptieren und entsprechend handeln. Der Buddha wollte keine blinden Anhänger. Er war der einzige Religionsstifter, der Kritik erlaubte und auch zur Kritik ermutigte. Er wünschte nur solche als seine Nachfolger, die aus eigener Erfahrung und Überzeugung dazu standen. So sagte er zu Ānanda, seinem Lieblingsjünger: »Wenn du dem Dharma nur aus Liebe zu mir folgst oder weil du mich achtest, würde ich dich nicht als Jünger annehmen. Aber wenn du dem Dharma folgst, weil du dessen Wahrheit selbst erfahren hast, und wenn du ihn verstehst und entsprechend handelst, dann, nur dann hast du ein Recht, dich einen Jünger des Erhabenen zu nennen.«

Daher sind Sittenregeln und Rituale akzeptierbar, wenn sie im rechten Geiste geübt werden, also nach vollem Verstehen und mit klarem Bewußtsein. Zelebrieren wir ein Ritual nur als eine Routineangelegenheit oder weil es durch die Tradition oder Konvention vorgeschrieben ist, dann ist es sowohl nutzlos als auch ein Hindernis auf dem Weg zum wahren Fortschritt. Wird jedoch ein Ritual bewußt und gewissenhaft mit vollem Verständnis seines Sinnes zelebriert, so wird es ein Akt der Meditation – eine Meditation, die nach außen verlegt und in Handlung umgesetzt wurde. Bringen wir dem Buddha Licht dar, dann sollten wir *nicht* denken, daß wir dem Buddha eine Wohltat erweisen, sondern daß wir etwas tun, das uns selbst und unseren Mitwesen zum Wohle gereicht. Es ist ein Ausdruck unseres ureigenen Strebens nach Erleuchtung, und zwar für uns selbst wie auch für die ganze

Welt. Dasselbe gilt auch für den Weihrauch und andere Opfergaben, die unsere Dankbarkeit, unsere Hingabe und unsere Bereitschaft zum Ausdruck bringen, der Fußspur des Erleuchteten zu folgen, um die noch schlafenden Eigenschaften des Erleuchtetseins in uns zu erwecken. Mit anderen Worten: *Wir sollen auf das Buddha-Bild so blicken, wie auf etwas, das uns an den Buddha in uns erinnert als ein Ausdruck jenes großen Ideals, das der historische Buddha in seinem Leben verwirklichte und das auch wir in uns verwirklichen können; denn dieses Ziel liegt im Bereich der Möglichkeiten eines jeden bewußten Wesens.* Wir erweisen dem Buddha keine Gunst, wenn wir sein Bildnis verehren, sondern verstärken nur unseren eigenen Entschluß, seinem Weg zu folgen, den *Dharma* zu verwirklichen, der nicht nur seine Lehre ist, sondern auch zugleich das universelle Gesetz auf der menschlichen Ebene.

Daher ist das Buddha-Bildnis nicht nur die Darstellung einer Persönlichkeit, die vor zweieinhalb Jahrtausenden auf dieser Erde wandelte, sondern das Bildnis des vollkommenen und in diesem Sinne ganzen Menschen, der Verkörperung des Menschlichen, das wir selbst zu verwirklichen streben. Verneigen wir uns vor dem Bildnis des Buddha, so verehren wir nicht nur den Erleuchteten, sondern wir überwinden unser Ego und unseren Stolz. Hingabe beseitigt das Haupthindernis unserer Meditation, unsere Selbstüberschätzung, und öffnet uns einem größeren Leben.

Ein Mensch, der eine Buddhastatue betrachtet, wird – selbst wenn er von der Lehre des Buddha nichts weiß – zu dem Schluß kommen, daß dies die vollkommene Darstellung eines vergeistigten Menschen ist, eines Menschen, der nie den festen Grund der Wirklichkeit unter den Füßen verlor, weil er seine Körperlichkeit akzeptierte und adelte, ohne jedoch daran zu haften und ohne von ihr abhängig zu sein, und der so in Frieden mit sich und der Welt lebt. Welche innere Heiterkeit und Glückseligkeit spiegeln sich in seinem Gesicht, welcher Gleichmut und welche Ruhe in jedem Glied seines Körpers, welches tiefe Schweigen und welche Harmonie! Eine Harmonie, die ansteckend wirkt und den Betrachter durchdringt! Hier gibt es keinen Wunsch mehr, kein Verlangen, keine Ruhelosigkeit, keine Unsicherheit, kein Jagen nach äußeren Dingen, kein Abhängigsein von irgend etwas. Hier ist höchste Glückseligkeit, mit einem Wort: *Ganzheit – Vollkommenheit.*

Aber es gibt und hat immer Erleuchtete gegeben, die diese Universalität verwirklichten. Wir können unsere Verehrung ihnen gegenüber dadurch zum Ausdruck bringen, daß wir unsere zusammengelegten Hände zur Stirn oder über den Scheitel unseres Hauptes erheben, um so ihre höchste Verwirklichung zu ehren und in unser Bewußtsein zu rufen, die wir selbst auch in uns zu verwirklichen hoffen, indem wir diese höheren Bewußtseinszentren zu einem ähnlichen Erwachen stimulieren und aktivieren. Diese Form der Verehrung ist ein allgemeiner Zug in der rituellen Anbetung, wie sie im ganzen Osten praktiziert wird, und sie wird oft mit Niederwerfungen kombiniert, bei denen die Stirn den Boden berührt. Dies ist gleichzeitig eine Übung in Demut, die den westlichen Menschen oft schwerfällt. Sie verletzt ihren Stolz, ihre Eitelkeit, ihr Ego und ihr falsches Gefühl für Würde. Denn in Wirklichkeit ist dieses Berühren des Bodens mit dem höchsten Zentrum des Bewußtseins nicht nur ein Akt der Demut, sondern auch ein Symbol jener Tatsache, *daß das höchste Bewußtsein in die Tiefe materieller Existenz hinabsteigen muß, daß das »Niedrigste« und das »Höchste« auswechselbar sind (da sie ihrem Wesen nach eins sind und nur unterschiedlich in Erscheinung und Funktion), und daß die »Erde« die Basis, der Mutterschoß und der gebärende Grund aller Entfaltung und geistigen Verwirklichung ist.*

Solange wie wir Materie und Geist als unversöhnliche Gegensätze betrachten, zerreißen wir die Welt in zwei Hälften und verlieren den Boden unter den Füßen. Es war die Tragödie fast aller Religionen, daß sie versuchten, die Menschen der Welt zu entfremden, in der sie geboren waren. Statt die Menschen – wie es ihre Pflicht und Aufgabe gewesen wäre – zur Entwicklung der Welt zu stimulieren, lehrten sie sie, diese zu verdammen und zu vernachlässigen. Was wir »Materie« nennen, ist eine der seltensten Erscheinungsformen im Universum. Sie erscheint nur da, wo Energie in sichtbarer Form konzentriert und kondensiert ist, was Jahrmilliarden in Anspruch nehmen mag. Und diese Materie dient als Basis aller Lebensformen, für deren Entwicklung wiederum Jahrmilliarden notwendig sind. Da kein Organismus ohne Materie existieren und kein Bewußtsein sich ohne Organismus entwickeln kann, kann sich der Geist, im Sinne eines Bewußtseins, das sich seiner selbst bewußt ist, nicht ohne die Spannung zwischen Materie und denkendem und empfindendem Geist entwickeln. Materie ist daher ebenso wichtig wie das, was wir Geist nennen – ja, sie ist die Basis alles Existierenden. Sie ist die Mutter – die Materie (ein Wort, das die gleiche sprachliche Wurzel wie Mutter hat) – der Welt, in der wir leben.

Es ist daher wichtiger und vernünftiger, unseren Geist zu materialisieren, statt zu versuchen, die »Materie« zu vergeistigen. Wenn der Geist nicht Ausdruck in materieller Form findet beziehungsweise in einer Handlung und Verwirklichung im Leben, dann ist er lediglich ein bloßer Gedanke oder eine verschwommene Emotion, die in eines Menschen Kopf oder in seiner Seele verbleibt und niemals in Worten, Handlungen oder Kunstwerken ihren Ausdruck findet. Hätte Michelangelo niemals seinen Ideen und Gefühlen Ausdruck gegeben in Skulpturen, Gemälden und Gedichten, dann hätte die Welt niemals das Geschenk seiner Schöpfungen erfahren, noch wäre er das geworden, was er war. Dies aber gilt entsprechend für alle menschlichen Wesen. Jene, die ihre innersten Gefühle und Gedanken *nicht* gestalten, indem sie diese in der einen oder anderen Form zum Ausdruck bringen, haben ihr Leben umsonst gelebt, während jene, die ihrem Fühlen und Denken durch Werke oder Taten Ausdruck verliehen, ihr eigenes Dasein bereichert und zugleich etwas zum Wohl und zur Entwicklung ihrer Mitwesen beigetragen haben.

Das Ritual ist *eine* Form, durch die wir unsere tiefsten Gedanken und Gefühle zum Ausdruck bringen. Aber es muß entweder der Ausdruck eines klaren Denkens oder eines echten und spontanen Gefühls sein. Anderenfalls werden Rituale leere Wiederholungen konventioneller Formen und damit Hindernisse auf unserem Weg zur Erleuchtung.

# DER WILLENSAKT UND SEINE BEDEUTUNG FÜR DIE MEDITATIONSPRAXIS[11]

Man sagt, daß sich die Welt zur Zeit in einer »Energie- und Machtkrise« befinde. Doch nur wenige Menschen begreifen, daß das in einem weitaus tieferen Sinn zutrifft, als man zunächst von der rein ökonomischen Problematik her annehmen muß. »Energie« wurde zu einer Art menschlicher Besessenheit und damit zu einem selbstzerstörerischen Prinzip. Das aber verursachte zur gleichen Zeit psychologisch eine Revolte, die sich gegen die tiefsten Wurzeln aller Energie, Kraft und Macht richtete: gegen den Intellekt und den menschlichen Willen, die zur Beherrschung und zu jenem Mißbrauch der Naturgewalten führten, die schrittweise die Zerstörung der Ökologie unseres Planeten, und damit auch der gesamten Menschheit, zur Folge haben können.

Diese psychologisch zu erklärende Revolte hat zwei Formen angenommen. Die eine ist der Versuch, dem Intellekt und jedem verantwortlichen Handeln durch Drogengenuß zu entfliehen. Die andere versucht, den Intellekt und dessen von Verlangen und Begierde bestimmtes Wollen dadurch zu überwinden, daß man sich von der äußeren Welt abwendet und versucht, sich in meditative Praktiken zu flüchten, durch die unter- und unbewußte Kräfte erweckt werden – jedoch ohne daß dabei ein klares Verständnis von der Natur dieser Kräfte gewonnen wird, und ohne daß die Fähigkeit entwickelt wird, diese Kräfte zu integrieren.

So ist es nicht verwunderlich, daß der menschliche Wille in Verruf kam und identifiziert wurde mit jenem Energie- und

Machtkonzept (und speziell mit dem der Macht und Kraft des Ego), das entweder das Individuum vom Universellen trennt oder das als eine, eine bestimmte Eigenschaft der menschlichen Natur verdrängende Kraft wirkt. Infolge dieser falschen Einschätzung wurde die Bedeutung des menschlichen Willens von der modernen populären Psychologie in den Hintergrund gedrängt, so daß mehr und mehr der Eindruck entstand, das menschliche Wesen sei ein bloßes Produkt biologischer Triebe, Dränge und Zwänge, determiniert und konditioniert durch Kräfte und Umstände, die jenseits der Kontrolle des Individuums liegen.

In einer solchen Zeit ist es gut, durch Werke wie *The Act of Will* von Dr. Assagioli daran erinnert zu werden, daß, trotz aller unterbewußten Triebe und bedingten Reflexvorgänge, die Rolle des bewußten Willens nicht nur für das intellektuelle Leben des Individuums von entscheidender Bedeutung ist, sondern noch weitaus mehr zur Vollendung seines geistigen Strebens und zur Entfaltung seiner schöpferischen Fähigkeiten. Unser bewußter Wille ist die Basis unseres Selbstverantwortungsgefühls und damit die Basis aller ethischen Werte, ohne die menschliche Existenz undenkbar ist und sinnlos würde. So ist der Wille Grundlage alles religiösen Denkens und Erfahrens.

Nur die Annahme, der Wille sei »etwas Finster-Strenges und Verbotsschilder Errichtendes, das die meisten anderen Aspekte der menschlichen Natur verdamme und unterdrücke« (S. 10), schuf das gegenwärtige Mißverständnis über die Natur und Funktion des Willens, da Wille nicht von den unterscheidenden und richtungsbestimmenden Funktionen des Bewußtseins getrennt werden kann.

Durch künstliche Trennung dieser Funktionen in unserer begrifflichen Terminologie schaffen wir ein nicht-existentes Problem. Kein Willensimpuls kann ohne ein unterscheidendes Bewußtsein entstehen. Somit ist ein differenzierendes und gerichtetes Bewußtsein die Voraussetzung für die Erzeugung der richtungsweisenden Willenskraft, die daher keine biologische Kraft ist (wie jene Kräfte der un- und unterbewußten Triebe), sondern eine psychische. Mit den Worten Assagiolis:

Der Wille hat eine *richtungsweisende* und *regulatorische* Funktion. Er gleicht all die anderen Tätigkeiten und Energien des menschlichen Wesens aus und setzt sie zugleich schöpferisch-aufbauend ein, ohne sie zu verdrängen.

So vergleicht Assagioli die Funktion des Willens mit der eines Schiffssteuermanns:

> Er weiß, welchen Kurs das Schiff zu nehmen hat, und er lenkt es ständig in diese Richtung, trotz aller Abtrifte durch Winde und Strömungen. Doch die Kraft und Energie, die er benötigt, um das Steuerrad zu drehen, ist eine ganz andere als die, die erforderlich ist, um das Schiff durch das Wasser vorwärts zu treiben – sei es nun die der Schiffsmaschinen oder der Druck des Windes in die Segel oder der Krafteinsatz der Ruderer. (S. 10)

Hier, in unserem Gleichnis, entsprechen Wind, Strömungen und die anderen Kräfte den biologischen Triebkräften, den Umwelteinflüssen und all jenen allgemein wirksamen Kräften, durch die das Individuum *konditioniert* wird, jedoch *nicht* völlig und ausnahmslos *determiniert* wird. Hier setzt das Prinzip des »freien Willens« ein, das eine Alternative zwischen einer richtigen und einer falschen Entscheidung, zwischen einem günstigeren und einem weniger günstigen Entschluß oder zwischen zwei gleichwertig annehmbaren Alternativen ermöglicht. So wird die Handlungsweise des Steuermanns (des bewußten Individuums) durch dessen *Wissen* geprägt, »welchen Kurs das Schiff einschlagen muß«, um den von ihm gewählten Bestimmungshafen zu erreichen. Mit anderen Worten: Die Natur des Willens hängt vom Stand unseres Wissens und Erkennens ab. Solange ein menschliches Wesen sich selbst als ein unabhängiges oder getrenntes »Ego« versteht, wird sein Wille egozentrisch determiniert und begrenzt sein. Im Augenblick, in dem es sich selbst in vollkommener Eingeordnetheit und Harmonie mit seiner Umgebung und seinen Mitmenschen begreift und erlebt, wandelt sich sein Wille in eine transpersonale Eigenschaft. Und wenn das Individuum sich als Exponenten der Ganzheit des Universums erkennt, wird sein Wille zum Ausdruck jenes universellen Gesetzes, das die indische Philosophie *Dharma* nennt und das sich im menschlichen Herzen (oder dessen innerstem Zentrum) als die Verwirklichung des höchsten Geistes oder des universellen Bewußtseins offenbart. Hier verschwindet der Energie- und Machtaspekt – jener Wille zu dominieren, zu kontrollieren, zu unterdrücken oder zu widerstehen – und macht einem Zustand tiefster Harmonie Platz.

Daher beinhaltet ein rechtes Verstehen des Willens auch eine klare und ausgewogene Schau von dessen Doppelnatur: zwei verschiedene, aber nicht sich widersprechende Pole. Denn einerseits müssen wir das »Energie-, Kraft- und Macht-Element« des Willens anerkennen, bejahen und wenn notwendig stärken, um es dann weise anzuwenden. Zugleich aber müssen wir uns ins Bewußtsein rufen, daß es Willensvollzüge gibt, die nicht unbedingt eine besondere Anstrengung erforderlich machen.

Das ist zum Beispiel in den fortgeschrittenen Stadien der Meditation und Versenkung der Fall, wo inspiratorische und intuitive Kräfte jenen Platz einnehmen, den vorher (auf den Anfangsstufen meditativer Praxis vollberechtigt und richtig) begriffliche und zielgerichtete Motivationen innehatten. Auf den höheren Stufen der Versenkung ist aber der persönliche Wille ohne Anstrengung »ein Zustand, in dem der Wollende sich als ein zu allem willfähriger Kanal empfindet, in und durch den kraftvolle Energien wirken«, da er »sich so mit dem transpersonalen Willen identifiziert (wie es sich auf einer höheren und umfassenderen Ebene dann mit dem universellen Willen vollzieht), daß seine Handlungen sich in freier Spontaneität vollenden«. (S. 21)

Der Begriff »Wille« nimmt also verschiedene Bedeutungen auf verschiedenen Bewußtseinsebenen an, und Assagioli unterscheidet entsprechend verschiedene Aspekte des menschlichen Willens wie »starker Wille« (in dem wir den Willen als dynamische Kraft erfahren), den »zweckdienlichen Willen« (den wir als »die Möglichkeit, gewünschte Resultate mit dem geringst möglichen Kraftaufwand zu erreichen« definieren können), den »guten Willen« (wobei zweckdienliche Mittel für altruistische Ziele angewandt werden), den »transpersonalen Willen« (gleichzusetzen dem Drang, einen Sinn des Lebens zu finden – den Drang nach höchster Verwirklichung, Sanskrit: *dharma-chanda*) und schließlich den »universellen Willen« (wo sich der menschliche Wille in vollkommener Harmonie mit dem universellen Gesetz – dem *Dharma* – befindet).

Diese Konzeption verschiedener Willensaspekte auf verschiedenen Bewußtseinsebenen löst eines der immer wieder sich ergebenden Probleme bei Definition und Praxis der Meditation. Da heißt es einerseits, daß Meditation Willenskraft insofern erfordere, als sie vorsätzlich, zielgerichtet und konzentriert ausgeübt werden muß. Andererseits ist sie aber ein Zustand völliger Freiheit von Gedanken, Begriffen, Ideen, Willensimpulsen, Bestrebungen und Zielen – ein Zustand ohne Unterscheidung, Berechnung oder irgendeine intellektuelle Haltung, lediglich ein Zustand reiner Bewußtheit, Versenkung, eines bloßen »Seins«.

Um letztere geistige Haltung zu illustrieren, seien hier einige Sätze aus einem kürzlich veröffentlichten Essay über »Kontemplation« von Alan Watts angeführt:

Du – als jenes »Ego« verstanden – kannst die polare Schau oder kosmische Bewußtheit nicht erlangen. Es kann plötzlich in dir durchbrechen, wie durch göttliche Gnade – aber es gibt nichts, gar nichts, was du dazu tun oder nicht tun könntest, um es hervorzubringen. (S. 5)
Wenn das verstanden wurde, wird das Bemühen, den Geist umzuformen, in sich selbst zusammenbrechen und damit zugleich die ganze Illusion, daß man ein separates Bewußtseinszentrum wäre, dem Erlebnisse widerfahren und für das diese Geschehnisse problematisch sind. Dieser Zusammenbruch aber wird dann zum Zustand der Versenkung – der Erkenntnis, daß alles eines ist. (S. 6)

Befolgen wir den Rat des Buddha (der seinen Wert über Jahrtausende bewiesen hat und der auch in unserer Zeit noch in gleicher Weise gültig ist), die Extreme – sowohl im Denken wie im Leben – zu vermeiden, dann müssen wir erkennen, daß das eine Extrem ist: uns selbst als etwas zu betrachten, das von jenem Universum, in dem wir leben, verschieden ist. Aber zu denken, daß wir mit diesem Universum identisch seien, das ist das andere Extrem. In Wahrheit sind wir weder das Gleiche, noch sind wir verschieden vom Universum (etwa in einem ähnlichen Sinn, wie wir weder

der Gleiche noch ein anderer sind bezüglich der Persönlichkeit, die wir gestern oder zur Zeit unserer Kindheit waren), weil wir eben keine in sich bestehenden und unveränderlichen Einheiten oder Monaden sind, sondern vielmehr das Ergebnis unendlicher, miteinander verbundener Ursachen und Wirkungen, die in ihrer Gesamtheit der Ganzheit des Universums entsprechen.

Das Individuum kann einem Strudel in einem bewegten Strom verglichen werden: untrennbar von diesem, doch nicht dasselbe. Gleichen Ursprungs zwar, doch verschieden in Form und Erscheinung, erschafft sich der Strudel wie das Individuum ein Zentrum durch seine eigene einzigartige Bewegung und bleibt doch Teil des größeren (universellen) Stromes. Das aber wird in dem einleitenden Satz des oben erwähnten Essays von Alan Watts einzigartig schön zum Ausdruck gebracht:

> Das Individuum ist eine Öffnung, durch die die ganze Energie des Universums sich ihrer selbst bewußt wird – ein Schwingungsknoten, in dem das Universum sich selbst erkennt als Mensch oder Tier, als Blume oder Stein – doch nicht vereinzelt, sondern als Mitte all dessen, was es umgibt.

Wie viel näher kommt solche symbolische und dichterische Sprache der Wirklichkeit als alle nur logisch konstruierten Theorien! Ist nicht »das Loch« (die Leerheit) im Mittelpunkt des Wirbels jene Öffnung, durch die das Individuum fähig wird, das vorzüglichste aller Gefäße zu werden, in dem das Universum sich seiner selbst bewußt wird?! In einer solchen Vorstellung liegt die Rechtfertigung und die Berechtigung individuellen Seins, und zugleich zeigt sie die Bedeutung des Individuums als Gegenpol des Universums auf und damit auch die Nichttrennbarkeit dieser beiden Pole. Der vedantische Standpunkt, der von »absoluter Einheit« redet, ist bemüht, Wirklichkeitscharakter nur dem universellen Pol zuzuschreiben, und indem der individuelle Pol zu einer bloßen Illusion verteufelt wird, verdammt man alles individuelle Leben zur Bedeutungslosigkeit und damit zugleich auch jedes individuelle Streben nach Selbstverwirklichung. Aber die bloße Behauptung: »Alles ist eins« kann nicht jene Tatsache wegwischen, daß Einzigartigkeit ohne Andersartigkeit, wie Einheit ohne Mannigfaltigkeit, sinnlos wird und daß Mannigfaltigkeit ihrerseits sich aus einer unendlich fortschreitenden Polarität gebiert.

Wirklichkeit ist daher nicht in der abstrakten Konzeption einer undifferenzierten Einheit oder Gleichheit zu finden, sondern in der Anerkennung schöpferischer Polarität, in der die Spannung zwischen dem positiven und dem negativen Pol jenen vereinigenden Lebens- und Bewußtseinsfunken entstehen läßt, in dem einzig und allein Einheit *erfahren* werden kann. Darum sollte das, was wir als Realität bezeichnen, besser als Wirklichkeit beschrieben werden, weil nur das, was auf uns, an uns und durch uns *wirkt*, erfahren werden kann. Alles aber, was nicht erfahrbar ist, existiert lediglich als Begriff.

So ist der Standpunkt »Alles ist eins« ebenso einseitig wie »Alles ist verschieden«. Beide sind in gleicher Weise begriffliche Extreme, deren eines den Wert der Individualität und aller individuellen Bemühung verneint (oder zumindest gering achtet), während das andere die dem Individuum innewohnende Universalität leugnet und dabei die Rolle der individuellen Willenskraft überschätzt. Der erstgenannte Standpunkt betrachtet alle Techniken meditativen Trainings als überflüssig, wenn nicht gar als »absurd«, und überläßt das Individuum dem Wirken der »göttlichen Gnade« oder der Spontaneität der Intuition. Der zweitgenannte Standpunkt aber baut zu sehr auf Kraft – auf das routinemäßige Training wie auf persönliche Leistung – und unterdrückt durch seine Willkürlichkeit die spontanen Kräfte intuitiver Einsicht.

Auch hier, scheint mir, wäre der mittlere Weg (wie er vom Buddha dargelegt wurde und wie er auch durch die Darlegung Assagiolis befürwortet wird) die beste Methode auf dem Pfade zur Verwirklichung, ein Weg, auf dem menschliches Streben und Bemühen einerseits und andererseits Intelligenz in Form des klaren Denkens und hoher Zielsetzungen als Startbasis der Meditation benutzt werden. Die Erleuchtung des Buddha war ja auch, wie Assagioli betont, »das Ergebnis und die Belohnung seiner vom Willen getragenen Bemühungen«. Und um hier D. T. Suzuki zu zitieren:

Erleuchtung muß daher den *Willen wie den Intellekt miteinbeziehen.* Es ist ein intuitiver Vollzug, der aus dem Willen geboren ist . . .

Es versteht sich von selbst, daß dieser »Wille« nicht mehr der vom Ich motivierte Wille des gewöhnlichen, sich selbst suchenden Individuums ist, sondern jener, den Assagioli den »transpersonalen Willen« nennen würde. Es ist ein Wille, der sublimiert und in eine Kraft verwandelt worden ist, die – jenseits aller engen Ziele und Zwecke – individuelle Begrenzung überschreitet und schließlich das Individuum verwandelt in »einen bereiten Kanal, durch den die kraftvollen Energien des Universums fließen und wirken«.

Solange aber das Individuum diesen Kanal blockiert durch seinen ich-bezogenen Willen wie durch seine Illusion des Gesondertseins, oder indem es sich einfach dieser potentiellen Energiequelle nicht bewußt ist, kann es von ihr keinen Gebrauch machen. Meditative Praktiken haben daher keinen anderen Sinn, als die Bewußtheit des Individuums zu erwecken, zu entwickeln und zu kräftigen und darüber hinaus die Hindernisse zu beseitigen, die dem freien Fluß schöpferischer und lebensspendender Energie im Wege stehen. Darüber hinaus sollen sie den Geist für unbegrenzte Erfahrungsmöglichkeiten öffnen und ihn zugleich zu einem Werkzeug machen, das befähigt ist, diese Erfahrungen im gegenwärtigen Leben zu integrieren.

Selbst das größte Genie (sei es nun Künstler oder Denker) muß sowohl seine Wahrnehmungsorgane wie auch die Ausdrucksmittel seiner schöpferischen Tätigkeit und die diesen innewohnenden Gesetze beherrschen, üben und meistern. Eine solche Schulung führt dazu, daß der Einsatz von bewußtem Willen, von Bemühung, gerichtetem Streben und Konzentration kein Hindernis für die Spontaneität wird, sondern dahin wirkt, den Boden für Aufnahme und Integration intuitiver Erfahrungen und der spontanen Einsichten in das Wesen der Wirklichkeit vorzubereiten. Meditatives Training hat daher keinen anderen Zweck, als uns in den Zustand erhöhter Rezeptivität zu versetzen, unsere Sensitivität zu verstärken und uns selbst zu einem »bereiten Kanal« für die Kräfte der Inspiration zu machen. Doch Inspiration *allein* würde sich in bloßen momentanen Gefühlen des Erhobenseins und der Freiheit vergeuden (beziehungsweise in einer bloßen Emotionalität), wenn sie nicht durch den schöpferischen Akt der Gestaltung oder der Ausdrucksverleihung in unser eigenes Sein integriert würde. Denn keine Kraft kann wirken, wenn sie nicht Form und Richtung hat. Hier zeigt sich die Bedeutung der Kunst, des klaren Denkens, der tiefen Schau wie der Verwirklichung einer neuen Bewußtseinsdimension, die unsere Einstellung zum Leben ändern und dadurch zielstrebig ausrichten kann, daß sie unserem Leben einen tieferen Sinn gibt.

Ohne das schöpferische Tun des transpersonalen Willens haben weder drogeninduzierte Visionen (die keine Bewußtseinserweiterungen, sondern lediglich Ergebnisse einer durcheinandergeratenen Übertragung von Meldungen unseres Nervensystems sind) noch autohypnotische Trancezustände (hervorgerufen durch fehlgeleitete meditative Praktiken) irgendeinen spirituellen Wert. Sie sind lediglich Versuche, den Lebensrealitäten zu entkommen. Ein anderer Versuch, der Lebenswirklichkeit zu entfliehen, ist das Bemühen »durch Rückkehr in einen primitiven Bewußtseinszustand wieder zum ›Mutterschoß‹ zurückzukehren – sich in einen vorgeburtlichen Zustand, beziehungsweise in ein Leben im Kollektiv zu verlieren. Dies ist der Weg der *Regression*. Der andere oben erwähnte Weg ist der in die Transzendenz – des sich ›Erhebens über‹ das alltägliche Bewußtsein ... So müssen wir mutig und bereit ins Auge fassen, was zum Überschreiten der Begrenzungen des persönlichen Bewußtseins erforderlich ist, ohne dabei das Zentrum unserer individuellen Bewußtheit zu verlieren. Das aber ist möglich, da Individualität und Universalität sich nicht gegenseitig ausschließen.« (S. 113)

Diese beiden nun in der Verwirklichung des menschlichen Geistes – im Zustand der Erleuchtung – zu vereinen, ist nicht nur das Ziel der *Psychosynthese* Assagiolis, sondern auch das aller schöpferischen Meditation, die in einer Geisteshaltung ihren Ausdruck findet, die die Lebensprobleme nicht zu umgehen, sondern zu lösen versucht. Psychoanalyse ist ein wertvolles Werkzeug zur Exploration des menschlichen Geistes. Doch wenn ihr keine Synthese folgt, ist ihr therapeutischer Effekt von begrenztem Wert. Deshalb erscheint Assagiolis Psychosynthese von besonderer Bedeutung für unsere Zeit, in der die analytische Ausrichtung eines alles zergliedernden und unterscheidenden Intellekts zur Auflösung und Abwertung der schöpferischen Bemühungen führen kann, wenn wir nicht wieder die Rolle des menschlichen Willens als einer bewußten Kraft anerkennen, die vom Niveau unseres Wissens und unserer Vorstellungskraft abhängig ist und die uns allein von der Tyrannei blinder Triebe und Zwänge befreien kann.

Wissen und Imagination sind zwei voneinander abhängige Teile oder Pole des Bewußtseins, wobei Wissen auf Erfahrungen basiert, die im Gedächtnis gespeichert wurden. Die Imagination hingegen ist eine schöpferische Anwendung dieses Wissens beziehungsweise die intuitive Befähigung des Bewußtseins – hier in einer quasi verspielten Haltung –, deren innewohnender Impuls schrittweise eine innere Ausrichtung bewirkt, durch die alle Kunstwerke und alle großen Entdeckungen des menschlichen Geistes geboren werden. Daß nun diese Funktion und die Willenskraft einander nicht ausschließen (ebensowenig wie die Spontaneität und das Training geistiger und technischer Befähigungen, die beide erforderlich sind für die Ausformung, Formulierung und Verwirklichung intuitiver Einsichten), wird durch das Leben und Werk großer Künstler und Denker demonstriert, deren Schöpfungen ununterbrochene Anstrengung, Ausdauer und intensive Konzentration zur Grundlage haben.

Das große schöpferische Prinzip und die Quelle der Stärke ist die Kraft, Macht und Energie der *Imagination*, die den menschlichen Genius inspiriert und führt:

> Von allem aber, was Mensch und Tier unterscheidet, ist die charakteristischste Gabe, die uns als Menschen auszeichnet, die Kraft, mit symbolischen Vorstellungen zu arbeiten: die Gabe der Vorstellungskraft. Die Macht, die der Mensch über die Natur und über sich selbst hat, gründet sich auf seine Beherrschung der imaginären Erfahrung. (Jacob Bronowski)

Das jedoch ist die eigentliche Grundlage tantrischer Meditation, die in Indien und Tibet praktiziert wurde und die ihr Einflußgebiet über den größten Teil Asiens – bis zum Fernen Osten – ausdehnte, wo sie überall Impulse zu Kunstwerken und zu einer Literatur gab, die man eben erst zu erforschen beginnt.

Nach William James hat »jedes Vorstellungsbild ein motorartig wirkendes Element in sich.« Und Assagioli formuliert dies als Grundgesetzmäßigkeit wie folgt:

Vorstellungsbilder oder geistige Bilder und Ideen tendieren dazu, die ihnen gemäßen und entsprechenden naturgegebenen Voraussetzungen und Handlungen hervorzurufen... (S. 51)
Haltungen, Bewegungen und Aktionen zielen darauf hin, entsprechende Vorstellungsbilder und Ideen heraufzubeschwören. Diese ihrerseits rufen entsprechende Emotionen und Gefühle hervor beziehungsweise intensivieren diese... (S. 52)
Aufmerksamkeit, Interesse, Bejahungen und Wiederholungen beleben jene Ideen, Vorstellungen und psychischen Gebilde, auf die sie gerichtet sind, mit neuer Kraft. (S. 56)

Hier haben wir mit wenigen Worten eine kompetente Darstellung der Hauptelemente der Meditation und des geistigen Trainings, bei dem sowohl Wille wie Intuition ihren Platz haben und in dem sich erweist, daß Training und Spontaneität nicht im Widerspruch zueinander stehen. Denn:

Die Macht und Kraft der Vorstellungen kann als ein notwendiger Vermittler zwischen dem Willen und den anderen psychischen Funktionen betrachtet werden... [Deshalb] besitzt der Wille keine *direkte* Macht über die intuitive Funktion... Der Wille kann jedoch eine sehr hilfreiche *indirekte* Wirkung ausüben: Er kann den Kommunikationskanal – durch den die intuitiven Eindrücke herabsteigen – erschaffen und rein erhalten. (S. 194)

Doch wie die Vorstellungskraft den Willen hinsichtlich der Verwirklichung von Vorstellungsinhalten stimuliert, so ist auch der Wille in der Lage, kraftvolle und bedeutungsträchtige Bilder hervorzurufen und zu steuern. Assagioli benutzt das für seine therapeutische Methodik, die er daher »*gelenkte Imagination*« nennt. Wie schon erwähnt, ist diese Technik schon früher – speziell in Tibet – praktiziert und entwickelt worden, nur mit dem Unterschied, daß man hier die Lenkung der Imagination nicht der Wahl und dem Urteil eines individuell Praktizierenden oder seinem geistigen Führer überließ, sondern daß diese auf der kollektiven Erfahrung zahlloser Generationen von *Sādhakas* (Übenden) beruhte, auf einer lebendigen Tradition, die mehr als ein Jahrtausend Bestand hatte.

Der Westen muß noch viel von dieser dort angesammelten Erfahrung lernen. Aber eine psychologische Annäherung über die Weisheit und Tiefe der von Assagioli entwickelten Psychosynthese wird schließlich ein Verstehen ermöglichen und die Bedeutung des Willensvollzuges – sowohl für das Alltagsleben wie für die Kunst der Meditation – beweisen.

# LIEBE UND ANHAFTEN

Das Wort »Anhaften« oder »Verhaftetsein« wird in der deutschen Sprache (ebenso wie im englischen Sprachbereich das entsprechende Wort *attachment*) relativ häufig von Buddhisten gebraucht. Es soll dann zum Ausdruck bringen, daß ein Mensch sich durch sein leidenschaftliches, besitzergreifendes Begehren »bindet« und daß er aus dieser Bindung zwangsläufig Leiden erfährt, wenn ihm das Objekt seines Begehrens über kurz oder lang entgleitet. Im Sich-Nichtverhaften, im Freigeben und Loslassen (dem Zeichen jeder wahren Liebe, die nicht sich, sondern den geliebten Menschen glücklich wissen möchte) ist daher der Weg der Leidensüberwindung zu suchen.

Diese buddhistische Grundeinstellung, die den Menschen erst zu echter Liebe, zu wahrem Mitleiden und uneingeschränkter Mitfreude befähigt (wobei er gleichzeitig in seiner Zuwendung zum anderen inneren Gleichmut gegen all das erlangt, was ihm selbst widerfährt), erfuhr aber schon relativ früh eine Umdeutung und Sinnunterlegung, durch die *jede* Art menschlicher Zuneigung und Liebe (die das englische Wort *attachment* auch zum Ausdruck bringen kann) abgewertet wurde. Im deutschen Sprachbereich schloß man sich dieser Konzeption sehr bald an und gebrauchte unterschiedslos für jede Form der Liebe und Zuneigung (gleich, ob es sich um ein leidenschaftlich begehrendes und besitzen wollendes Festhalten oder um liebevolle Anhänglichkeit und Hingabe handelte) das Wort »Verhaftetsein« oder »Anhaften«, so daß der abendländische Buddhismus in eine düstere, asketisch weltfeindliche Lehre verwandelt wurde. Aber Anhänglichkeit im Sinne von innerer Verbundenheit und Treue ist himmelweit verschieden von Verhaftung *(taṇhā)*. Wenn ein mir nahestehender Mensch verunglückt oder stirbt, so bedeutet das gewiß Leid. Und dieses Leid auf sich zu nehmen, ist weitaus besser, als teilnahmslos in kaltem Gleichmut zu verharren.

Zu diesem Mißverständnis haben allerdings schon relativ früh auch einige asiatische Vertreter des Buddhismus durch begriffliche Gleichsetzung ganz unterschiedlich gerichteter Emotionen ihren Beitrag geleistet. Sie beriefen sich dabei auf ein Wort des Buddha, das er tröstend zu einer der großen Förderinnen des *Saṅgha* gesagt haben soll, als sie verzweifelt über den Tod ihres Enkels, an dem sie sehr hing, zusammenbrach. »Wer viel Liebes hat, hat viel Leid ... Wer kein Liebes hat, hat auch kein Leid.« Dieses Wort, aus seinem Zusammenhang gerissen – nämlich als Hilfestellung für einen Menschen gedacht, der sich in einer gegebenen Situation nicht von dem loslösen konnte, was ihm unwiederbringlich entglitten war –, hat dann Ideologen, Kritiker und Gegner des Buddhismus immer wieder veranlaßt, die Lehre des Buddha als eine Religion der Kühle, ja, der menschlichen Kälte und Gefühlsarmut darzustellen. Und es sei auch nicht geleugnet, daß es Buddhisten in Ost und West gab und gibt, die sich zu einem »Nichtverhaftetsein« in diesem Sinne bekennen. Wie sehr aber ihre Konzeption dem Geiste der Lehre des Buddha widerspricht, wird deutlich, wenn wir uns der Definition der Liebe (Pāli: *mettā*; Sanskrit: *maitrī)* entsinnen, die der Buddha selbst in den Kernversen des *Karaṇīya-Mettā-Sutta* gab:

> Wie eine Mutter ihren eigenen Sohn,
> ihr einzig Kind, mit ihrem Leben schützt,
> so entfalte man zu allen Wesen
> ein unbegrenztes Gemüt.

> Und voller Liebe zu der ganzen Welt
> entfalte man den Geist ohn' alle Schranken:
> nach oben, unten und nach allen Seiten,
> uneingeschränkt, von Haß und Feindschaft frei.

Buddhistische Autoren der Vergangenheit haben immer wieder gezögert, das Wort *Mettā* oder *Maitrī* mit »Liebe« zu übersetzen, und wählten, vermutlich aus ihrer Gehemmtheit, Begriffe wie »Güte«, »Freundschaft« und so weiter. Eine Mutter ist zwar auch »gütig« zu ihrem Kind, in erster Linie aber *liebt* sie es. Die Ablehnung des Wortes »Liebe« für *Mettā* oder *Maitrī* ist daher in keiner Weise gerechtfertigt, zumal das Wort vielleicht die höchstmögliche menschliche Befähigung zum Ausdruck bringt, die – zur Vollkommenheit entwickelt – *Cetovimutti*, die Befreiung des Herzens und des Geistes, ist und schließlich in *Mahākaruṇā* und *Muditā* gipfelt.

Kommen wir noch einmal auf den zitierten, so häufig aus dem Zusammenhang gerissenen Satz des Pāli-Kanons zurück: »Wer kein Liebes hat, hat auch kein Leid«, so wird jedem, der den *Geist des Buddhismus* in sich aufgenommen hat, klar, daß er in seiner Isoliertheit dem Wesen der Lehre des Buddha gänzlich widerspricht. Dies wird noch deutlicher, wenn wir ihn umkehren: »Wer kein Leid hat, hat auch kein Liebes.« Ist es nicht etwas Selbstverständliches, daß wir unseren Freunden liebevoll zugeneigt *(attached)* sind? Und natürlich fühlen wir uns auch in keiner Weise schuldig, weil wir ihnen menschlich herzlich »verbunden« *(attached)* sind. Doch wie immer, wenn wir Worte gebrauchen müssen, geraten wir auch hier in die Falle der Worte und Begriffe. Es gibt kaum ein Wort, welcher Sprache auch immer, das nur *einen* Sinn hätte.

Wollen wir im Falle einer Zuneigung uns Klarheit verschaffen, so müssen wir uns zunächst einmal fragen, welche Art von Zuneigung wir in dieser speziellen Situation empfinden. Wir müssen also unsere Zuneigung auf ihre spezifische Eigenart und Beschaffenheit prüfen; denn nur so können wir erkennen, ob sie heilsam oder unheilsam ist. Hängt sich ein Mensch mit leidenschaftlichem, besitzergreifendem Anhaften an Dinge oder Wesen, wird er Leid und damit das Unheilsame seines Tuns erfahren. Ist er aber in innerer Freiheit Dingen und Wesen mit liebevollen Empfindungen zugeneigt, so ist dies heilsames Tun.

Allerdings liegen die Dinge nicht ganz so einfach. Nehmen wir an, ein Mensch ist dem *Dharma*, der großen universellen Gesetzmäßigkeit und den höchsten Zielen der Vervollkommnung zugeneigt *(attached)*, so müssen wir zugestehen, daß eine solche Zuneigung *(attachment)* keineswegs ein übles Verhaftetsein *(attachment)* ist. Doch wenn die Zuneigung zum *Dharma* zu einem Haften an einer besonderen Formulierung des *Dharma* wird, wenn Scholastik die in jedem Augenblick neue Verwirklichung des *Dharma* überwuchert und erstickt, dann verkehrt sich alles leicht in sein Gegenteil und führt zu Intoleranz und Enge wie auch zu orthodoxem Fürwahrhalten statt zum Offenstehen im Anfängergeist, der das Wesen echter geistiger Schülerschaft ist.

Im Buddhismus machen wir einen Unterschied zwischen *Kāmacchanda* und *Dharmacchanda*. *Kāmacchanda* ist die leidenschaftliche, besitzergreifende Zuneigung zu Sinnesobjekten oder die Verstrickung in sinnliche Liebe. *Dharmacchanda* hingegen bedeutet liebevolle Zuneigung, Hinwendung und Hingabe an das höchste Ziel. *Kāma-* und *Dharmacchanda* sind beide *Chanda*, was im Englischen mit »attachment«, im Deutschen mit »Verhaftung«, aber auch mit »Zuneigung«, »liebevoller Zuwendung« und »Hingabe« übersetzt werden muß.

Der Buddha war sich sehr wohl der Gefahr bewußt, daß Menschen selbst ein so hohes Ideal wie *Dharmacchanda* mißverstehen könnten. So zeigte er in dem bereits erwähnten Gleichnis, daß der *Dharma* als *begriffliche Konzeption* oder in Form einer Lehre – seine eigene nicht ausgenommen – wie ein Floß zum Überqueren eines Stromes zu betrachten sei.

Ebenso, ihr Mönche, einem Floß vergleichbar, wurde von mir die Lehre aufgezeigt: gut, um den Fluß zu überqueren, doch nicht, um daran zu haften. Ihr Mönche, die ihr das Gleichnis vom Floß versteht, sollt selbst die rechte Lehre aufgeben, wieviel mehr noch die falsche. *(Majjhima Nikāya 22)*

Aufgrund des erwähnten Trostwortes des Buddha behaupten manche Buddhisten, daß jemand um so mehr leiden müsse, je mehr er liebevolle Zuneigung zu anderen Wesen empfinde. Hier muß man fragen: Ist Leiden nicht ein geringer Preis für das Privileg, daß wir lieben dürfen? Ich für meinen Teil würde es vorziehen, daß aus der Liebe zu anderen Wesen entstandene Leid auf mich zu nehmen, als zur Liebe unfähig zu sein. Denn nur aus dieser Grundeinstellung kann uns die Befähigung des Mitleidens und Mitempfindens mit anderen Wesen erwachsen. Und wenn es tatsächlich so etwas gäbe wie den *Zustand* einer sogenannten Vollkommenheit, in dem die, die ihn erreicht haben, unberührt bleiben von all dem Leid, das um sie herum geschieht, dann will ich frei bekennen, daß mich diese Art sogenannter »Heiligkeit« kalt läßt und ich nach ihr kein Verlangen habe.

In meinem langen Leben habe ich immer wieder Menschen kennengelernt, die verzweifelt waren, weil sie sich fragten, wie sie jemals innere Freiheit erlangen könnten, da sie so viele Zuneigungen hätten. Wichtig erscheint mir, daß sie sich zunächst einmal fragen, welcher Art ihre Zuneigungen sind. Sind sie dem Geld, Gütern, Gegenständen, bestimmten Gegenden und all den verschiedenen Besitzobjekten mit Gier zugeneigt, dann allerdings wird Zuneigung zur Verhaftung und nimmt sie gefangen, legt sie in Bande.

Aber wenn ein Mann seiner Frau liebevoll zugetan ist, eine Mutter ihrem Kinde, Kinder ihren Eltern, ein *Cela* (Schüler) seinem *Guru* und ein *Guru* seinem *Cela,* dann ist eine solche Zuneigung Ausdruck der Liebe. Und solange diese nicht in ein Besitzenwollen entartet, ist dies eine positiv zu wertende Eigenschaft. Ein Mensch, der keine Zuneigungen *(attachments)* dieser Art hat, der keine von Liebe getragenen persönlichen Beziehungen zu irgend jemandem entwickelte, ist, so empfinde ich, selbst wenn er ein »vollkommener Heiliger« wäre, der niemanden verletzt und nie üble Taten begeht, ein kaltes, monströses Wesen ohne menschliche Züge. Ich ziehe deshalb den weinenden Ānanda all jenen kaltblütigen *Arahats* vor, die – nach dem Bericht des *Parinibbāna-Sutta* – mit steinernen, unbewegten Gesichtern um den sterbenden Buddha herumsaßen, eingehüllt in ihre eigene Heiligkeit und Vollkommenheit.[12] Ich würde all diese erstarrten *Arahats* für *eine* Träne Ānandas hergeben, denn er war der einzige, der menschlich geblieben war, der seine menschlichen Eigenschaften ungeachtet seines tiefen Verständnisses der Buddhalehre bewahrt hatte. Er war der einzige, der den Buddha liebte und der sich des ungeheuren Verlustes dessen bewußt war, was die so wesentliche persönlich-körperliche Gegenwart des Buddha ihm bedeutete – etwas, das ihm wertvoller war als alle Lehrdarlegungen. Diese, so meinten die anderen, hätten sie so vollkommen in sich aufgenommen, daß es für sie keine Unklarheiten und Probleme mehr gebe und daß sie deshalb dem scheidenden Buddha keinerlei Fragen mehr zu stellen hätten. – Ist aber ein Mensch, der zu niemandem Zuneigung empfindet, überhaupt noch ein lebendiger Mensch? Mir scheint, daß ein solcher ein perfekter menschlicher Egoist ist – jemand, der geistig tot und deshalb zu jedem weiteren geistigen Wachsen unfähig ist. Vielleicht ist er »vollkommen«, aber er ist in eine Sackgasse geraten und wurde ein »vollkommenes Fossil«.

So müssen wir also zwischen Zuwendung unterscheiden, die Besitzergreifung wird, und Zuwendung, die ein inneres Band zwischen Wesen knüpft, die einander lieben und umeinander besorgt sind und Mitempfinden miteinander haben. Daß eine solche liebevolle Zuneigung und brüderliche Liebe im *Saṅgha* zu Lebzeiten des Buddha in hohem Ansehen stand, beweist die nachstehende Stelle aus dem Pāli-Kanon in der Übersetzung von Richard Pischel:

Einst, so wird erzählt, begab sich der Erhabene nach Prācīna-vaṁsadāva (dem östlichen Bambuswald). Damals lebten dort der ehrwürdige Anuruddha und der ehrwürdige Nandika und der ehrwürdige Kimbila . . .
Und der ehrwürdige Anuruddha ging zu dem ehrwürdigen Nandika und dem ehrwürdigen Kimbila und sagte zu ihnen: »Kommt, Ehrwürdige, kommt, Ehrwürdige, unser erhabener Lehrer ist da!« . . .
Und zu dem ehrwürdigen Anuruddha, der neben ihm saß, sprach der Erhabene so: »Geht es euch leidlich, Anuruddha? Habt ihr zu leben? Habt ihr keine Not mit den Almosen?« – »Es geht uns leidlich, Erhabener. Wir haben zu leben, Erhabener, und wir haben, Herr, keine Not mit den Almosen.« – »Lebt ihr, Anuruddha, zusammen einträchtig, ohne Streit, friedfertig, indem ihr einander mit freundschaftlichen Blicken anseht?« – »Wir leben, Herr, zusammen einträchtig, ohne Streit, friedfertig, indem wir uns mit freundschaftlichen Blicken ansehen.« – »Und in welcher Weise tut ihr dies?« – »Ich denke, o Herr: Es ist für mich ein Gewinn und Glück, daß ich mit solchen Mitpriestern zusammen lebe. In mir ist, Herr, zu diesen Ehrwürdigen werktätige Liebe mit Händen, Mund und Herz, offen und im Verborgenen entstanden. Ich denke, Herr: Könnte ich doch meinen eigenen Willen unterdrücken und nach dem Willen dieser Ehrwürdigen handeln. Und ich habe,

o Herr, meinen eigenen Willen unterdrückt und handele nach dem Willen dieser Ehrwürdigen. Denn unsere Leiber, o Herr, sind verschieden, aber unser Herz ist, glaube ich, ein und dasselbe.

Dieselbe Antwort erhielt der Buddha auf seine Frage auch von Nandika und Kimbila.

Andererseits aber sollten wir immer daran denken, daß der Weg des Buddha ein Weg der Mitte ist. Und so müssen wir – so wundervoll auch die Liebe zwischen Mann und Frau, zwischen Mutter und Kind, zwischen zwei Freunden sein mag – sehr auf der Hut sein, daß diese Liebe nicht in ein Besitzenwollen umschlägt. Selbst Mutterliebe kann besitzergreifend werden, und in dem Augenblick, wenn Zuneigung zum besitzergreifenden Begehren wird, wird sie zu einem Hindernis.

Stellen wir es noch einmal klar heraus: *Chanda* als Zuneigung, Verhaftetsein, liebevolle Zuwendung kann man nicht nur danach bewerten, worauf sie gerichtet ist. Viel bedeutsamer ist es, ob ihr die Tendenz des Besitzenwollens zugrunde liegt. Doch selbst die besitzergreifende Liebe kann unter bestimmten Umständen ein Moment sein, das die Fähigkeit echter, freigebender Liebe fördert und entwickelt. Deshalb sollte man auch die »anhaftende« Liebe nicht als etwas nur Negatives abtun oder gar verwerfen: Sie kann die Saat sein, aus der wahres Lieben und wahres Mitempfinden keimt und zur Frucht reift.

*Chanda* – wie immer geartet – ist ein wesentlicher Faktor des geistigen Weges, den man nicht verdammen oder abtun sollte, weil er anfangs Impulse von einem Besitzergreifen- und Festhaltenwollen erhält. Erst mit dem Abbau der Illusion eines ewigen, unwandelbaren Ich kann *Chanda* seine ganze Potentialität entfalten. Solange aber dieser Durchbruch noch nicht vollzogen ist, kann und wird *Chanda* – selbst wenn es Zuneigung aus geläuterter Liebe ist – immer wieder Leid verursachen. Aber Liebe nur deshalb nicht zuzulassen, um dem Leiden zu entgehen, ist in der Tat nichts als eine extreme Form der Selbstsucht, die der Selbstsucht des Besitzergreifens in keiner Weise nachsteht. Das Leiden zu vermeiden, indem man nicht liebt, ist eine Flucht in die Gleichgültigkeit, was vielleicht ein stoisches, nicht aber ein buddhistisches Ideal ist. Es ist besser, Leid auf sich zu nehmen, als ein liebloses Leben zu führen.

Der qualitative Sprung vom *Hīna*- zum *Mahāyāna* ist dadurch charakterisiert, daß der *Hīnayāni* dem Leiden um jeden Preis zu entfliehen sucht, während das *Bodhisattva*-Ideal uns lehrt, bereit zu sein, alles Leiden um der Liebe willen auf uns zu nehmen. Ohne *Karuṇā*, das Mitfühlen und Mit-Leiden mit anderen, ist der Buddhismus undenkbar. Jeder Buddhist, der *Maitrī* und *Karuṇā* nicht zur zentralen Kraft seines Lebens macht, verrät das Wesen des *Dharma*. Das Mitgefühl mit jeder Kreatur, sei es nun ein Hund, ein Vogel oder eine Katze, ist tausendmal besser als Gefühllosigkeit. Denn der Schmerz, den wir auf uns nehmen um anderer willen, veredelt uns, macht uns tiefer und hebt uns aus der Vereinzelung. Das ist das Leiden, aus dem die großen Charaktere erwachsen.

Deshalb sollten wir unsere ganze Liebe, ebenso wie unsere persönliche und unsere aus Wahlverwandtschaft erwachsende Zuwendung, jenen zufließen lassen, die auf unseren inneren Anruf ansprechen – jenen, die unsere tiefsten Gefühle und unser edelstes Streben erweckten, und auch jenen, die unseren karmischen Weg in einer karmisch bestimmenden und entscheidenden Situation kreuzten. Unsere gute Absicht mag universal und allumfassend sein, unsere *Liebe* jedoch kann immer nur in eine *persönliche* Beziehung münden. Und wer liebt, wer sich einer solchen Liebe nicht verschließt, muß bereit sein, in vollem Wissen das Leid auf sich zu nehmen, das diese Liebe ihm bringen könnte. Wiegt solches Liebenkönnen nicht all unser Leiden auf?! Ist dieses Leiden nicht ein geringer Preis für die geistige Fülle und Weite, die die Liebe über uns ausgießt?!

Das Problem von *Chanda* als Zuneigung, Zuwendung und letztlich Hingabe ist auch eines der Kernprobleme der Meditation. Meditation sollte man nicht als etwas verstehen, das vom Leben getrennt wäre, das wir von unseren Gefühlen und inneren Zuneigungen losgelöst betreiben könnten. Versuchen wir, in unserer Meditation Liebe und Mitleid zu allen fühlenden Wesen zu entfalten, dann, so meine ich, kann dies nur aus dem Gefühl und Wissen unserer unmittelbaren Beziehung zu all den Wesen geschehen, die um uns sind. Wenn Menschen so viel von universeller Liebe sprechen, dann, so fürchte ich, haben sie sich ein wunderbares *begriffliches* Konzept zurechtgemacht, um nicht lieben zu müssen. Liebe setzt immer eine persönliche Beziehung voraus. Unter bestimmten Voraussetzungen kann man vielleicht Freundschaft, Mitgefühl und Sympathie (was wörtlich »Zusammenleiden« bedeutet) ohne eine direkte Beziehung zu anderen Wesen empfinden. Eine solche Sympathie wäre eine Art des »Offenseins«. Liebe dagegen ist immer eine direkte Beziehung zu einem anderen Wesen.

Wollen wir nun Gefühle der Liebe zu anderen Wesen meditativ entwickeln, dann müssen wir uns zunächst prüfen, inwieweit wir dazu – ohne uns selbst dabei etwas vorzumachen – in der Lage sind. Wir werden bald feststellen, wie schwer es uns fällt, gewisse Menschen zu lieben, während es uns bei anderen leichtfällt. Bei unserer Selbstprüfung wird uns auch bewußt, daß wir bestimmte Menschen nur deshalb »lieben«, weil sie mit uns übereinstimmen, uns gewähren lassen, uns Vorteile verschaffen, während wir jene, deren Denken und Fühlen von dem unseren verschieden ist, die uns widerstehen oder Hemmnisse in unser Leben bringen, nicht lieben können oder gar hassen. Soll daher unsere Meditation liebevoller Zuwendung *(Maitrī, Mettā)* wirklich Frucht tragen, müssen wir zunächst einmal vor unserem geistigen Auge jene direkte Beziehung zu bestimmten Menschen aufsteigen lassen, die wir kennengelernt haben, statt uns in rein abstrakte Ideen der »Universalität« zu versteigen.

Solche vom Denken und Erwägen getragenen Selbstprüfungen sind die notwendige Vorbereitung für alle nachfolgenden Schritte in der Meditation der »Vier Unermeßlichen«: der Liebe, des Mitleids, der Mitfreude und des Gleichmuts (Sanskrit: *maitrī, karuṇā, muditā, upekṣā*). Denn Meditation wird in ihren Anfangsstadien immer vom Denken mitgetragen. Und warum? Weil unser Denken ein konstant ablaufender Prozeß ist, solange wir uns unserer selbst bewußt sind. Man kann seine Tätigkeit nicht anhalten, auch wenn man sich darum bemüht. Versucht man es mit Gewalt, muß man am Ende doch feststellen, daß der Prozeß weitergeht. Wir können lediglich diesen Vorgang überwachen, indem wir entweder seine Abläufe im ständigen Wechsel des Kommens und Gehens beobachten oder indem wir dem Fluß der Gedanken nachgehen, um festzustellen, wohin sie führen. Eine dritte Möglichkeit besteht darin, daß wir den Gedankenstrom in eine bestimmte Richtung lenken, indem wir in unserem Geist eine klare Vorstellung vom Gegenstand unserer Kontemplation oder Meditation erschaffen, wobei wesentlich ist, daß wir mit diesem Meditationsobjekt eins werden.

Alle diese Prozesse kann man – sind sie einmal in Bewegung gesetzt – unendlich fortspinnen. Doch dann kommt man plötzlich an einen Punkt, wo man sich seines Bewußtseins als eines »Hier-und-jetzt-Seins« bewußt wird. In diesem Erleben vollbewußter Gegenwart und Gegenwärtigkeit entdecken wir, daß es etwas gibt, das viel tiefer als unser Denken ist. Aus dieser Erfahrung kommt es dann zu jener entscheidenden Wandlung, die darin besteht, daß wir uns plötzlich öffnen und sich an uns das Wunder immer erneuten Anfangs vollzieht: das Sich-Auftun, welches der Beginn wahrer Meditation ist.

# HINTERTÜREN ZUR ERLEUCHTUNG? –
## GEDANKEN ZUR »BEWUSSTSEINS-
## ERWEITERUNG« DURCH DROGEN

Der menschlichen Torheit sind bekanntlich keine Schranken gesetzt, aber es ist unserer Zeit vorbehalten geblieben, die Schrankenlosigkeit der Torheit – die schrankenlose Ausweitung eines urteilslosen und verworrenen Bewußtseins – als eine wertvolle Bewußtseinserweiterung oder gar als die Erreichung oder Verwirklichung einer höheren Dimension zu feiern.

Das Hauptmittel dieser sogenannten Bewußtseinserweiterung ist das von den »Gurus« einer ganz bestimmten »Szene« als »Meditationsmittel« propagierte LSD, das jedoch charakteristischerweise nur von denjenigen propagiert wird, denen jegliche meditative Erfahrung auf der Basis eines ernsthaften geistigen Trainings oder einer traditionellen Schulung *(sādhana)* fehlt.

Im Vorgang der Meditation, das heißt beim Vollzug der Integration, kann es sich, wie Jean Gebser in seinem für unsere Zeit so wichtigen Werk *Ursprung und Gegenwart* sagt, niemals um eine »Bewußtseins-Erweiterung« handeln, sondern nur um eine »Bewußtseins-Intensivierung«:

Der Fehler, der heute gemacht wird und der seinen Anlaß in der quantitativ betonten rationalen Haltung hat, besteht darin, daß man meint, dem materiellen Mehr müsse ein bewußtseinsmäßiges Mehr gegenübergestellt werden. Dieses Mehr betrifft jedoch nur das spiegelnde Wissen, das quantitativen Charakter hat: Es darf aber niemals das Bewußtsein betreffen, das stets qualitativen Charakter hat. Allein aus diesem Grunde mußten wir betonen, daß wir nicht in den Fehler verfallen dürfen, eine Bewußtseinserweiterung anzustreben, sondern daß es auf eine Bewußtseins-Intensivierung ankommt. Eine bloße Bewußtseinserweiterung führt genauso in den Untergang wie die materielle Atomisierung, wie sie bis zu einem gewissen Grade bereits Gestalt angenommen hat. (S. 156)

Die wie aus tausend Splittern und Bruchstücken zusammengesetzten Bilder der sogenannten psychedelischen Kunst oder der von ihr beeinflußten modernen Künstler geben eine deutliche Vorstellung von dieser »Atomisierung«.

Der Hauptunterschied aber zwischen den durch LSD hervorgerufenen Bewußtseinszuständen und denjenigen der Meditation – wie ich aus eigener Erfahrung bestätigen kann – ist, daß LSD uns jeglicher Kontrolle beraubt, so daß wir willenlos und hilflos von unseren Emotionen und Phantasiegebilden hin und her geworfen werden und unsere Aufmerksamkeit von tausend fragmentarischen Vorstellungsinhalten zersplittert und verwirrt wird, während Meditation ein schöpferischer Vorgang ist, der aus dem ungebändigten Widerstreit innerer Kräfte einen sinnvollen Kosmos entstehen läßt, der zentrierend und alle seelischen Fähigkeiten einend und integrierend uns zielbewußt zur inneren Mitte in der Tiefe unseres Bewußtseins führt.

Es ist erst die Schaffung dieses inneren Zentrums, die uns zu bewußten Geisteswesen macht und uns über die blinde Natur (das Chaos des *Saṃsāra*) hinaushebt. LSD dagegen führt vom Zentrum weg in eine sich immer weiter zersplitternde Vielheit beziehungsloser und dauernd wechselnder Projektionen unterbewußter Inhalte, die zwar unsere Aufmerksamkeit momentan fesseln, uns aber nur zu völlig passiven Zuschauern eines ohne unser Zutun abrollenden psychischen Filmstreifens machen, der – je länger wir uns ihm hingeben, desto sicherer – alle schöpferischen Impulse, die unserer eigenen Anstrengung zu ihrer Verwirklichung bedürfen, erstickt.

Der Ausspruch Goethes: »Was du ererbt von deinen Vätern, *erwirb es*, um es zu besitzen«, trifft auch hier zu. Das »Erbe der Väter« ist hier das Erbe unserer eigenen Vergangenheit und letztlich des gesamten Universums, das uns hervorgebracht hat – oder, wie es im Zen-Buddhismus heißt, »unser ursprüngliches Gesicht, das wir hatten, bevor unsere Eltern geboren waren«. Dieses Gesicht ist aber weit davon entfernt, das Gesicht unserer bereits vollendeten oder immanenten Buddhaschaft zu sein, obwohl es alle Möglichkeiten potentiell in sich trägt. Es ist die Reflexion des universellen Tiefenbewußtseins *(ālaya-vijñāna)*, welches die Erfahrungen aller Daseinsformen, aller Lebenszustände in sich birgt: von den niedrigsten bis zu den höchsten Bewußtseinsstufen (oder: von den primitivsten bis zu den allumfassenden Dimensionen des Bewußtseins), von den blinden Auswüchsen tierisch-dämonischer Triebe und grausamer Leidenschaften bis zu den Auswirkungen göttlicher oder erleuchteter Wesen, in denen die unbewußten Kräfte und blinden Leidenschaften zu erkennendem Wissen und mitfühlender Barmherzigkeit und Liebe sublimiert werden.

Dieses *Ālaya-vijñāna* mit der Buddhanatur gleichzusetzen und zu glauben, daß durch die bloße Ausschaltung unseres Denkens und Wollens, unserer gesamten Individualität und intellektuellen Fähigkeiten die Erleuchtung der Buddhaschaft erreicht werden könnte, ist ein naiver Glaube. Es ist eine unbegründete Hypothese, die durch keine Erfahrungstatsache unterstützt wird und der gesamten buddhistischen Tradition widerspricht, die sich um die Sublimierung, Harmonisierung und Integrierung *aller* menschlichen Eigenschaften und Fähigkeiten bemüht. Diese Tradition erachtet eigene Anstrengung *(vīrya)*, klar bewußte Ausübung *(sādhana)*, schöpferische Entfaltung *(bhāvanā)*, unterscheidendes Denken *(dharmavicaya)*, Erkenntnisfähigkeit und Wissensklarheit *(prajñā)*, Entschlußfähigkeit und zielbewußtes Streben *(saṁkalpa)*, Verwirklichung im täglichen Leben *(samyag ājīva)*, bewußt ausgerichtete konzentrative Meditation *(ekagratā)*, liebevolle Hingabe *(maitrī* und *karuṇā)* an alle Mitwesen und gläubiges Vertrauen *(śraddhā)* den erleuchteten Wegbereitern gegenüber für notwendig.

Man kann die Erleuchtung weder »ersitzen« noch »erzwingen« durch krampfhaftes Bemühen um die Unterdrückung menschlicher Gefühle und Gedanken, nicht durch das verzweifelte Kämpfen um die Lösung eines paradoxen *Koan* noch durch die Einhaltung einer starren, unbeweglichen, »korrekten« Körperhaltung. Weder in einer zwanghaften Verengung, noch in einer durch künstliche Mittel hervorgerufenen »Erweiterung« des Bewußtseins liegt der Schlüssel zur Erleuchtung.

Eine bloße Verengung des geistigen Blickfeldes auf einen einzigen Punkt, einen einzigen Gegenstand, Begriff oder Gedanken, eine einzige logische Schlußreihe oder Assoziationsabfolge unter Ausschluß aller weiteren Beziehungen oder Anschauungsmöglichkeiten, wie im Sinne einer gradlinigen Perspektive, die den Gegenstand ausschließlich von einem gegebenen Standpunkt aus betrachtet und ihn darum nicht in seiner Ganzheit, seinem Eigensein und im organischen Zusammenhang sieht: Eine solche Art der Konzentration, die dem wissenschaftlich-logischen Denken westlicher Mentalität entspricht, ist ebensowenig geeignet, zur Erleuchtung zu führen, wie die nicht-unterscheidungsfähige Bewußtseinserweiterung eines unerfahrenen und darum urteilslosen und urteilsunfähigen Menschen, der mit den Phänomenen dieses erweiterten Bewußtseins ebensowenig etwas anfangen kann wie ein wissenschaftlich unvorbereiteter, ungeschulter Mensch mit den Phänomenen einer Raumfahrt. Der geschulte Weltraumfahrer weiß diese Phänomene zu deuten. Sie geben ihm wertvolle, sinngemäße Aufschlüsse über die Natur des Weltraumes, der Weltkörper, der in ihnen waltenden Kräfte und – nicht zuletzt – sein eigenes Verhältnis zu ihnen. Dem ungeschulten Menschen jedoch vermitteln sie keinen Sinn, sondern versetzen ihn höchstens in Verwirrung und Bestürzung.

Selbst wenn die Erlebnisse, die durch Drogen hervorgerufen werden, denen der Meditation oder mystischen Visionen *ähnlich* wären (wofür nicht der geringste Beweis vorliegt, weil diejenigen, die sich der Drogen bedienen, keine Ahnung von wirklicher Meditation haben), würden sie dem geistig ungeschulten Menschen nichts vom tieferen Sinn des Geschauten und Erfahrenen vermitteln. Er weiß nämlich die psychische Symbolsprache nicht zu deuten, kann keine sinnvollen Beziehungen zwischen sich und den auftretenden Phänomenen, zwischen dem universellen Tiefenbewußtsein und dem individuellen Bewußtsein der Oberfläche herstellen. Das kommt daher, daß er den Weg von der Peripherie des normalen Wachbewußtseins zur inneren Mitte des Tiefenbewußtseins übersprungen hat – einen Weg, der im stufenweisen Vordringen des Meditationsvorganges von allen Funktionen des Denkens, Fühlens und der Intuition Gebrauch macht.

Die bloße »Erweiterung« des Bewußtseins hat daher keinen Sinn, es sei denn, wir haben unsere innere Mitte gefunden und zum Bezugspunkt unseres Erlebens gemacht. Diese innere Mitte liegt zwischen den Polen des individuell-peripheren Intellektualbewußtseins und des jenseits aller Individualität liegenden Tiefenbewußtseins:

> So auch bedeutet die rechte Mitte nichts anderes als eine Verfassung, in der das *Ganze* sich im Spannungsverhältnis der Pole lebendig bewahrt.[13]

Die Tendenz zur Zentrierung ist nicht nur eine biologische und psychologische Notwendigkeit, sondern ein den ganzen Kosmos durchwaltendes Gesetz der Bewegung – gleichgültig, ob es sich um Spiralnebel oder um Sonnensysteme, Planeten oder Elektronen handelt. Jede Bewegung schafft sich ihren eigenen Mittelpunkt oder ihre eigene Achse als die einzig mögliche Form der Stabilität innerhalb der unendlichen Bewegung alles Lebendigen.

Wo aber das Lebendige sich seiner selbst bewußt wird, da geschieht es wiederum aufgrund einer neuen, subtileren Zentrierung, in einem fokussierten Bewußtsein, das sich seinen eigenen Brennpunkt schafft, welcher sich wie auf einer unendlichen Achse aus einer fernen Vergangenheit auf eine (für uns) ebenso ferne Zukunft zubewegt, oder richtiger: auf eine für uns stetig sich wandelnde Gegenwart.

Das universelle Tiefenbewußtsein ist uns allen gemeinsam, aber es hängt vom einzelnen ab, was er daraus macht oder daraus destilliert und an die Oberfläche bringt. Wie das Wasser des Ozeans alle »Substanzen« in einem Zustand der Aufgelöstheit enthält, so enthält das universelle Tiefenbewußtsein alle psychischen Qualitäten als Potentialität. Aus dem Wasser des Weltmeeres können wir sowohl Gold als auch gewöhnliches Kochsalz gewinnen, je nach dem Grad der Konzentration und der angewandten Methode. Ebenso verhält es sich mit dem universellen Tiefenbewußtsein: Wir mögen dämonische oder göttliche Kräfte aus ihm gewinnen, vernichtende oder lebenspendende Kräfte, Kräfte der Dunkelheit oder des Lichtes.

Diejenigen, welche in die Tiefen des universellen Bewußtseins hinabsteigen, ohne ihre innere Mitte gefunden zu haben, werden von ihm verschlungen oder treiben wie ein steuerloses Schiff, das sich in der unbegrenzten Weite des Ozeans verliert, dem Untergang entgegen. Nur dem Wissenden enthüllt die Tiefe ihre Schätze. Wissen aber gründet sich auf Beobachtung der Gesetzmäßigkeit alles Geschehens im Spiegel des stillgewordenen Bewußtseins, das die inneren Beziehungen aller Dinge enthüllt und unser intuitives Wahrnehmungsvermögen zur Entfaltung bringt.

Sofern Intuition nicht einen klaren Ausdruck in unserem Denken findet, kann sie keinen Einfluß auf unser Leben haben. Sie verliert sich dann im Nebel unbestimmter Gefühle und traumhafter Vorstellungen und Gesichte.

# DIE MEISTER DES MYSTISCHEN PFADES

Tausend Jahre nach Buddhas *Parinirvāṇa*, als die buddhistische Religion alt geworden war und ihre Spontaneität dadurch verloren hatte, daß sie in klösterlichen Regeln und Vorschriften erstarrt war, die die Mönche von den Laien trennten (oder anders ausgedrückt: den Klerus von der übrigen Welt, den Gelehrten vom gemeinen Mann), kam es zu einem Protest von seiten jener, die man von der ursprünglichen Botschaft des Buddha ausgeschlossen hatte. Sie waren niemals Mönche geworden, hatten niemals ihren Kopf geschoren, und sie vertraten die jahrhundertealte Tradition der *Śramaṇas*. Es waren dies die religiösen Wanderlehrer und Asketen (Askese = Übung), die durch den indischen Subkontinent zogen. Sie folgten keinen festgelegten Regeln, sondern nur ihren eigenen Überzeugungen, die sich auf innere, eigene Erfahrungen gründeten, und sie vertraten die höchsten Ideale geistiger und physischer Freiheit vor dem Hintergrund einer organisierten Gesellschaft und institutionalisierten Religion. Sie standen außerhalb der engen Grenzen von Kaste und Glaubensbekenntnis im Widerspruch zur Religion des *Veda*, und unter ihrem Einfluß kam es zur Herausbildung einer Geheimlehre – einer revolutionären Bewegung, die auf den *Upanishaden* basierte. Warum aber waren ihre Lehren, wie das Wort »*upaniṣad*« besagt, geheim? Weil sie im Gegensatz zu den *Vedas* lehrten, daß der Mensch nicht von den Göttern abhängig sei, sondern daß er sein eigenes Schicksal in Form des *Karma* erschaffe.

Wie aber konnte eine solche Lehre, die mit einem Schlag die

Übermacht und Vorherrschaft der Götter und damit die ursprüngliche Macht und das Monopol der Brahmanen sowie des gesamten Kastensystems zunichte machte – wie konnte eine solche Lehre entstehen? Sie hatte sich als Höhepunkt einer Untergrundbewegung herausgebildet, die in Indien schon seit undenklichen Zeiten vorhanden gewesen, aber von den vom Norden in Indien einfallenden arischen Eroberern unterdrückt worden war. Diese hatten auch das Kastensystem eingeführt, um sich selbst vor einer Vermischung und einem schließlichen Aufgehen in den fruchtbaren Volksmassen des indischen Subkontinents zu bewahren.

Erst heute fangen wir an zu erkennen, daß es in Indien eine hochentwickelte Kultur längst vor der Ankunft der Arier und damit auch vor dem Entstehen der vedischen Kultur gab. Der Beweis kam erst vor kurzem bei der Ausgrabung der Induskultur ans Licht, vor allem durch die Entdeckung von Mohenjodaro und Harappa. Die großen Gelehrten des vorigen Jahrhunderts wie Deussen, Oldenberg, Jacobi, Sylvain Levi, Max Müller, Grünwedel und viele andere, die überzeugt waren, daß die vedische Kultur der Anfang indischen Denkens und indischer Religion gewesen sei, nahmen als gesichert hin, daß alles mit den Veden anfing. Sie verstanden daher den Buddhismus als eine bloße Reformbewegung des Brahmanismus oder der vedischen Religion, etwa so, wie der Protestantismus sich aus dem Katholizismus herausentwickelte und wie das Christentum als eine Reformbewegung des Judaismus angesehen werden könnte.

Das alles erschien recht einsichtig, weil der Buddhismus keineswegs alle vedischen Götter – wie Indra, Sakka, Brahma und so weiter – abschaffte. Aber man hatte bemerkt, daß sie, aller Macht über menschliche Geschicke beraubt, als rein dekorative Elemente beibehalten wurden, genauso wie die alten Lokalgottheiten Tibets dem System des Buddha einverleibt wurden als Beschützer und Bewahrer des Dharma oder als Diener des Buddha und dessen Nachfolger. In ähnlicher Weise ersetzte das frühe Christentum lokale Gottheiten durch Heilige und wandelte alte Kultstätten in Orte christlicher Andacht um – ein an sich geschickter und psychologisch kluger Schachzug. Wäre man gegen die alten Götter oder *spiritus loci* angegangen, hätten diese nur an

Bedeutung und Macht gewonnen. Indem man ihnen aber eine zweitrangige Rolle zuwies, drängte man sie langsam in den Hintergrund. Es war nur die Intoleranz des Christentums späterer Jahrhunderte, durch die es sich, indem es alle Spuren anderer Kulturen und Religionen zu zerstören trachtete, sein eigenes Grab grub (wie wir in der gegenwärtigen religiösen Revolution erkennen können, durch die es dahin kommen wird, daß alle dogmatischen Ausprägungen des Christentums entweder zerstört oder umgeformt werden).

Schon der Buddha erklärte, daß die Lehre, die er verkündete, nicht seine eigene Erfindung sei, sondern eine Lehre, die bereits von vorangegangenen Buddhas vor undenklichen Zeiten verkündet worden war. Die Gelehrten nahmen offensichtlich diese Erklärung nicht ernst, oder sie glaubten, er bezöge sich auf die *Ṛṣis* der Veden. Aber eine genaue Untersuchung der Veden und *Brāhmaṇas* enthüllt nicht die leiseste Spur dessen, was der Buddha lehrte. Ganz im Gegenteil: Diese Schriften gründen sich gerade auf jene Prinzipien, die der Buddha verwarf, nämlich die Institutionen der Kaste und des Tieropfers, die die Hauptstützen des brahmanischen Systems bildeten. Die Grundideen, die wir als typisch indisch ansehen – wie *Karma*, Wiedergeburt, *Ahiṃsa*, *Nirvāṇa*, *Karuṇā* (Mitleid), die Heiligkeit alles empfindenden Lebens, in welcher Form auch immer es zu finden sei, freier Zugang zu Schriften und Heiligtümern, die Würde und Selbstverantwortlichkeit des Menschen hinsichtlich seiner Taten – alle diese Ideen fehlten in den Veden. Die Opfer andererseits wurden in der Absicht dargebracht, die Götter zu bestechen, um sich einerseits weltlichen Wohlstand (wie Kinder und anderen Besitz) zu sichern und sich andererseits gegen die Auflösung der Individualität in kosmische Elemente zu schützen.

Deshalb wurde Yajñavalkya – der erklärt hatte, daß die Augen in die Sonne, die Haare in die Vegetation, die Knochen in die Felsen, Blut und Samen und so weiter in das Wasser, der Atem in die Luft und die Ohren in den Raum gehen – von Arthabhaga gefragt: »Aber wo bleibt der Mensch?« Da holt Yajñavalkya ihn aus der Versammlung und erklärt ihm das, was damals als großes Geheimnis betrachtet wurde: die *Karma*-Lehre. Dieses Zwiegespräch fand entweder zur Zeit des Buddha oder bald danach statt.

Wie gelangte diese antivedische Doktrin, die Götter und Opfer sowie das Kastensystem überflüssig machte, in die *Upaniṣads*? Nur durch den Einfluß der alten Traditionen der antivedischen Religionen der Buddhisten und Jains, beziehungsweise durch den Einfluß der *Śramaṇas*. Aber wer waren diese *Śramaṇas*? Es scheint kein Zufall zu sein, daß der Buddha sich selbst »den großen *Śramaṇa*« nannte und daß er von seinen Zeitgenossen als solcher anerkannt wurde.

Sein Orden war ursprünglich nicht auf monastische Regeln gegründet, sondern bestand aus heimatlosen Wanderern – eine Art religiöse Gemeinschaft ohne festen Wohnsitz. Erst als reiche Anhänger Wohnstätten zur Verfügung stellten und die Zahl der Jünger solche Ausmaße annahm, daß die Menge nur noch schwer zu führen war, ergab sich die Notwendigkeit, bestimmte Regeln zu schaffen. Aber diese Regeln waren, wie es scheint, der Gemeinschaft nicht vom Buddha aufgezwungen worden, sondern waren aufgrund der Notwendigkeiten des Zusammenlebens entstanden. Deshalb stellte der Buddha es kurz vor seinem Hinscheiden seinen Jüngern auch frei, die Regeln, die so entstanden waren, aufzuheben oder beizubehalten. Da jedoch die Majorität der Jünger seines inneren Kreises sich inzwischen in klösterlichen Gemeinschaften niedergelassen und das Wanderleben eines *Śramaṇa* um der größeren Bequemlichkeit etablierter Klöster und erworbener Vorrechte willen aufgegeben hatte, stimmte sie für die Beibehaltung der Regeln, die ihnen die Vorherrschaft über die Laienanhängerschaft sicherte. Selbst Ānanda, einer der ersten Jünger und Begleiter des Buddha (der gefühlsmäßig stark an den Buddha gebunden war), wurde zunächst von dem Konzil, das nach dem *Parinirvāṇa* des Buddha stattfand, ausgeschlossen, weil er einige menschliche Gefühle für den Freund seines Lebens gezeigt hatte. Nach einiger Zeit wurde er jedoch wieder zugelassen, da er die meisten Lehrreden des Buddha aus dem Gedächtnis wiederholen konnte wie kein anderer.

Die gesamte buddhistische Überlieferung wurde somit entsprechend dem übereinstimmenden Entschluß der Mönche fixiert und erst nach 400 Jahren mönchischer Herrschaft auch schriftlich niedergelegt. Daher ist der *Vinaya* – die Regeln für klösterliche Gemeinschaften und Mönchszucht – der älteste Teil des *Tripiṭaka*. So war denn die Revolte der *Siddhas* ein Versuch, das alte *Śramaṇa*-Ideal wiederherzustellen und die Freiheit des Individuums gegen eine privilegierte Klasse berufsmäßiger Mönche und eine konsolidierte, erstarrte und etablierte Gesellschaft durchzusetzen.

Die Lehre des Buddha gründete sich auf individuelle Erfahrung, also weder auf einen Glauben an theologische Prinzipien, noch auf Dogmen und gängige Meinungen. Deshalb sang Saraha: »*Na manta, na tanta, na deo, na dhāraṇā*«, das heißt: Keine *Mantras*, keine *Tantras*, keine Götter, keine *Dhāraṇā*« – nur der reine Geist *(asamālā citta*, die spontane Bewußtheit) kann zur Befreiung führen.

In der höchst symbolischen Sprache der *Siddhas* werden meditative Erfahrungen in äußerliche Geschehnisse umgedeutet und äußere Ereignisse werden in meditative Erfahrungen transformiert. Wird beispielweise von bestimmten Siddhas gesagt, sie hätten Sonne und Mond in ihrem Lauf aufgehalten oder sie hätten die *Gangā* (den Ganges) durchquert, indem sie deren Lauf aufhielten, dann hat dies nichts mit den Himmelskörpern zu tun oder mit dem heiligen Fluß Indiens, sondern vielmehr mit den »solaren« und »lunaren« Strömen psychischer Energien und deren Vereinigung und Sublimierung im Körper des *Yogin*. Ähnlich müssen wir die alchemistische Terminologie der *Siddhas* und ihre Suche nach dem »Stein der Weisen« und dem Lebenselixier verstehen.

Im Mittelpunkt der Erzählungen, die sich mit der mystischen Alchemie der 84 *Siddhas* beschäftigen, steht der *Guru* Nāgārjuna (tib.: *hPhags-pa Klu-sgrub*), der um die Mitte des 7. Jahrhunderts lebte, und der nicht mit dem gleichnamigen Begründer der *Mādhyamika*-Philosophie verwechselt werden darf, der etwa 500 Jahre früher lebte. Allerdings sind die Tibeter überzeugt, daß es ein und derselbe Mann sei – ebenso wie einige auch von Padmasambhava behaupten, er habe bereits zur Zeit des Buddha und des Aśoka gelebt, während andere glauben, er sei eine Wiedergeburt des Gautama Buddha und eine Emanation des Amitābha. Von diesem Standpunkt aus kann man selbst heute noch die vor mehr als 1000 Jahren lebenden *Siddhas* in Tibet »lebend« finden, da die spirituelle Sukzession hier als wichtiger betrachtet wird als eine einzige Lebensspanne oder eine historische Tatsache.

*Nāgārjuna*
*Tibetisch: hPhags-pa Klu-sgrub*

So wurde überliefert, daß Nāgārjuna in seiner Inkarnation als *Siddha* einen Eisenberg in Kupfer verwandelte und daß er im Begriff war, ihn in Gold zu verwandeln, aber davon abstand, als der *Bodhisattva* Mañjuśrī ihn warnte, daß er dadurch nur Streit und Begierde unter den Menschen entfachen würde, statt ihnen zu helfen.

Die Berechtigung dieser Warnung (mit der sozusagen der materiellen Seite der Alchemie vom Standpunkt des Buddhismus der Boden entzogen war) zeigte sich nur allzu bald. Im Laufe der Experimente war nämlich die eiserne Almosenschale des *Guru* zu Gold geworden, und eines Tages, als er seine Mahlzeit einnahm, beobachtete ihn ein Dieb durch die offene Tür seiner Hütte und beschloß, die goldene Schale zu stehlen. Nāgārjuna aber, der die Gedanken des Diebes erkannte, ergriff die Almosenschale und warf sie aus der Hütte. Der Dieb war so überrascht und beschämt, daß er in die Hütte trat, die Füße des *Guru* mit der Stirn berührte und sagte: »Ehrwürdiger Herr, warum tatet Ihr das? Ich kam als ein Dieb. Nun aber, da Ihr fortgeworfen habt, was ich begehrte, und mir schenkt, was ich zu stehlen beabsichtigte, ist mein Begehren geschwunden und Stehlen ist sinnlos und überflüssig geworden.«

Der *Guru* antwortete: »Was immer ich besitze, soll nicht nur mir, sondern auch anderen zugute kommen. Iß und trink und nimm, was dir gefällt, damit du nie mehr zu stehlen brauchst.«

Der Dieb war so tief von der Güte und Großherzigkeit des *Guru* beeindruckt, daß er um Belehrung bat. Da Nāgārjuna von der inneren Umkehr des Diebes überzeugt war, obwohl er wußte, daß letzterer noch nicht die geistige Reife besaß, seine Lehre zu verstehen, sagte er zu ihm: »Stelle dir alle begehrenswerten Dinge wie Hörner auf deinem Kopf vor (d. h. ebenso unwirklich und überflüssig). Wenn du so meditierst, wirst du ein Licht sehen, das wie ein Smaragd strahlt.«

Mit diesen Worten schüttete der *Guru* einen Haufen Edelsteine in eine Ecke der Hütte, hieß den Schüler davor niederzusitzen und überließ ihn seiner Betrachtung. Der ehemalige Dieb widmete sich mit Leib und Seele der Meditation, und da sein Glaube ebensogroß war wie seine Einfalt, befolgte er wörtlich den Rat des *Guru*. Und siehe da: Hörner begannen auf seinem Kopfe zu wachsen! Dieser sichtbare Erfolg seiner geistigen Anstrengung erfüllte ihn mit Stolz und Befriedigung. Nach einigen Jahren jedoch entdeckte er zu seinem Schrecken, daß die Hörner nicht aufhörten zu wachsen und bereits so groß waren, daß er sich nicht bewegen konnte, ohne gegen die Wände der Hütte zu stoßen. Je mehr er daran dachte und darüber nachgrübelte, desto schlimmer wurde es. So verwandelte sich sein früherer Stolz in einen Zustand tiefster Niedergeschlagenheit, und als der *Guru* nach zwölf Jahren zurückkehrte und sich nach des Jüngers Befinden erkundigte, beklagte dieser seinen unglücklichen Zustand.

Da lachte der *Guru* und sagte: »Gerade so, wie du unglücklich wurdest durch die bloße Vorstellung von Hörnern auf deinem Kopf, zerstören die lebenden Wesen ihre Glückseligkeit, indem sie an ihren falschen Vorstellungen hängen und sie für wirklich halten. Alle Formen des Lebens und alle Objekte des Begehrens sind wie Wolken. Denjenigen aber, deren Geist rein ist und leer von allen Illusionen, können auch Geburt, Leben und Tod nichts anhaben. Wenn du auf alle Besitztümer dieser Welt hinblicken kannst als auf etwas, das ebenso unwirklich, unerwünscht und lästig ist wie die eingebildeten Hörner auf deinem Kopf, dann wirst du frei sein vom Kreislauf des Todes und der Wiedergeburt.«

Da fiel es wie Schuppen von den Augen des Jüngers, und indem er die Leerheit aller Dinge erkannte, verschwanden seine Begierden, seine selbstischen Wünsche und seine falschen Vorstellungen – und mit ihnen die Hörner auf seinem Kopf. Er erlangte *Siddhi* und erreichte die Heiligkeit. Als *Guru* Nāgabodhi und Nachfolger Nāgārjunas ist er in die Geschichte der *Siddhas* eingegangen.

Ein anderer *Siddha*, dessen Name mit Nāgārjuna verknüpft ist, ist der Brahmane Vyāli. Er war, wie Nāgārjuna, ein eifriger Alchemist, der die *prima materia* in Form des Lebenselixiers *(amṛta)* zu finden suchte. Er verschwendete sein ganzes Vermögen auf kostspielige Experimente, bis er schließlich im Überdruß sein Formelbuch in den Ganges warf und den Ort seiner fruchtlosen Arbeit als Bettler verließ.

Es geschah jedoch, daß eine Hetäre beim Baden das Buch aus dem Fluß fischte und zu ihm brachte, während er sich in einer flußabwärts gelegenen Stadt aufhielt. Dieser Vorfall schürte seine Leidenschaft von neuem, und er begann wieder zu experimentieren, wobei die Hetäre ihn unterstützte, indem sie ihn mit Essen versorgte. Eines Tages geschah es, daß sie beim Zubereiten einer Speise versehentlich den Saft eines Gewürzes in die Mixtur des Alchemisten fallen ließ. Und siehe da: Was der gelehrte Brahmane in vierzehn Jahren harter Arbeit nicht zustande gebracht hatte, war durch die Hand eines unwissenden Weibes niederster Kaste zur Vollendung gekommen!

Der symbolische Charakter dieser Geschichte bedarf kaum einer Erläuterung: Das innerste Wesen der Natur und des Lebens, das Geheimnis der Unsterblichkeit, kann nicht durch trockene intellektuelle Arbeit und selbstisches Begehren gefunden werden, sondern nur durch die Berührung mit dem vollen unverfälschten Leben, in der Unmittelbarkeit der Intuition.

Die Geschichte berichtet dann in ihrem weiteren Verlauf – nicht ohne einen gewissen Humor –, wie der Brahmane, der augenscheinlich diesem unerwarteten Glücksfall geistig nicht gewachsen war, mit seinem Elixier in die Einsamkeit flüchtete, da er es mit niemandem teilen und sein Geheimnis für sich behalten wollte. Er ließ sich auf dem Gipfel eines unzugänglichen Felsens nieder, der inmitten eines gewaltigen Sumpfes aufragte. Dort saß er nun mit seinem Lebenselixier, ein Gefangener seiner eigenen Selbstsucht – gleich Fafner, der zur Hütung seines von den Göttern gewonnenen Schatzes zum Drachen wurde!

Nāgārjuna aber, der von den Idealen eines *Bodhisattva* erfüllt war, wollte das Wissen um die Natur des kostbaren Elixiers zum Wohle aller leidenden Wesen erwerben. Durch Ausübung seiner magischen Kraft gelang es ihm, den Eremiten zu finden und ihn zur Mitteilung seines Geheimnisses zu überreden.

Die Einzelheiten dieser Geschichte, in der volkstümliche Phantasie und Humor mit mystischem Symbolismus und Reminiszenzen historischer Persönlichkeiten vermischt sind, sind für unsere Betrachtung unwesentlich. Es ist jedoch von Bedeutung, daß das tibetische Manuskript, dem wir diese Geschichte entnehmen, Quecksilber *(dṅul-chu)* als eines der wichtigsten in diesen Experimenten verwendeten Ingredienzen erwähnt. Diese Tatsache weist auf den Zusammenhang mit der ältesten alchemistischen Tradition Ägyptens und Griechenlands hin, nach der Quecksilber in enger Beziehung zur *prima materia* stand.

Wer die *prima materia* des menschlichen Geistes erkannt hat, hat den Stein der Weisen gefunden, die metaphysische Leerheit oder »erfüllte Leere«, welche die Grundlage des Universums ist. Diese schöpferische Leere *(śūnyatā)* ist es, in der alle Formen enthalten sind. Sie ist keine Substanz, sondern vielmehr ein Prinzip: die Vorbedingung für alles, was existiert – so wie der Raum die Vorbedingung für alle materiellen Dinge ist. Diese Idee wird in der Geschichte vom *Guru* Kankanapa, einem der Vierundachtzig *Siddhas*, illustriert:

Es lebte einst im Osten Indiens ein König, der sehr stolz war auf seinen Reichtum. Eines Tages begegnete er einem *Yogi*, der zu ihm sagte: »Was ist der Wert deines Königseins, wenn Elend der wirkliche Herrscher der Welt ist? Geburt, Alter und Tod laufen im Kreise wie das Rad eines Töpfers. Und niemand weiß, was die nächste Umdrehung ihm bringen mag. Sie mag einen in glückliche Bereiche erheben oder in tiefstes Elend stürzen. Laß dich darum nicht von deinem gegenwärtigen Reichtum blenden.«

Der König sagte: »In meiner Position kann ich nicht dem *Dharma* im Gewande eines Asketen dienen. Aber wenn du mir einen Rat geben kannst, den ich entsprechend meiner eigenen Natur und Befähigung, ohne die äußere Form meines Lebens zu verändern, befolgen kann, so bin ich bereit, ihn zu akzeptieren.«

Der Yogi wußte, daß der König eine besondere Vorliebe für Juwelen hatte, und darum wählte er diese ihm eingeborene Neigung als Ausgangspunkt und Gegenstand der Meditation. Auf diese Weise verwandelte er eine Schwäche in eine Quelle innerer Kraft – ein von tantrischen Lehrern oft gebrauchter Kunstgriff.

»Betrachte die Diamanten deines Armbandes, richte deinen Geist auf sie und meditiere in folgender Weise: Sie funkeln in allen Farben des Regenbogens; und dennoch, diese Farben, die mein Herz erfreuen, besitzen keine Eigennatur. *Der Geist selbst ist der strahlende Edelstein*, das unvergleichliche Juwel, dem alle Dinge ihre vergängliche Wirklichkeit entleihen.«

Der König tat, wie ihm geheißen, und indem er sich mit ganzem Herzen dieser Meditation widmete, erlangte sein Geist die Reinheit und Strahlungskraft eines fleckenlosen Juwels. Dem Gefolge des Königs fiel auf, daß eine seltsame Veränderung über den König gekommen war, und als sie eines Tages durch eine Türspalte des königlichen Gemachs blickten, sahen sie den König

Kankana
Tibetisch: Kankana-pa

von zahllosen himmlischen Wesen umgeben. Da wußten sie, daß er ein *Siddha* geworden war, und baten ihn um seinen Segen und seine Führung. Der König aber sagte: »Es ist nicht der Reichtum, der mich zum König macht, sondern was ich mir geistig durch meine eigene Anstrengung erworben habe. Meine innere Glückseligkeit ist mein Königreich.« Von da an war der König als der *Guru* Kankanapa bekannt.

Die *Siddhas* waren also keine Zauberer oder Hexer, wie es einige europäische Gelehrte auslegten, die offensichtlich nicht wußten, daß *Siddhi* »Zielerreichung« – »Vollendung« – bedeutet. Sonst hätte selbst der Buddha, dessen Name Siddhārtha war, als Zauberer bezeichnet werden müssen. Mit der gleichen Berechtigung könnte man Christus, dem viele Wunder zugeschrieben werden, einen Zauberer nennen.[14]

Von diesem Standpunkt aus beginnen wir, die Fragen Kevaddhas *(Dīgha Nikāya)* zu verstehen, der in die Sphären der Götter eindrang, um nach dem Ursprung der vier Elemente Erde, Wasser, Feuer und Luft zu fragen. Doch keiner der Götter konnte ihm eine Erklärung geben, und jeder verwies ihn an eine höhere Gruppe himmlischer Wesen. So kam er schließlich zum Himmel Brahmas und legte diesem die gleiche Frage vor. Aber Brahma mochte nicht zugeben, daß er keine Antwort wußte. Statt dessen sang er sein eigenes Lob und wiederholte immer wieder: »Ich bin der große Brahma, der Herrscher aller Götter, der Höchste, der Allmächtige, der Führer der Götter und Menschen ...«

Kevaddha aber antwortete: »Lieber Herr, ich habe nicht gefragt, wer ihr seid, sondern wo die vier Elemente ihr Ende finden.« Daraufhin mußte Brahma schließlich zugeben, daß er darauf keine Antwort wisse. Das einzige Wesen, das seine Frage beantworten könne, sei der Buddha, der Erleuchtete. Also kehrte Kevaddha zur Erde zurück, woher er gekommen war, und fragte den Buddha: »Wo finden Erde, Wasser, Feuer und Luft ihre völlige Vernichtung?« Und der Buddha antwortete: »Nicht, o Mönch, ist diese Frage so zu stellen. Vielmehr muß es heißen: Wo ist es, daß diese Elemente nicht mehr Fuß fassen können? – Und die Antwort ist: im unendlichen, allseitig strahlenden Bewußtsein *(viññāṇam anidassanam anantaṃ sabbato pabhaṃ)*, dort kann weder Erde noch Wasser, weder Feuer noch Luft einen Fußhalt finden *(ettha āpo ca paṭhavi tejo vāyo na gādhati)*.

In diesem Vers müssen wir, aller Wahrscheinlichkeit nach, den Ursprung der *Vijñānavādin,* einer der bedeutendsten philosophischen Schulen des Buddhismus sehen, die, ohne das höchste Prinzip der *Śūnyatā* zu verleugnen, daran festhielten, daß für alle praktischen Belange das Bewußtsein die letzte Instanz menschlicher Erfahrung sei und deshalb der wichtigste Faktor für alle lebenden Wesen. Die *Yogācārin* wurden die legitimen Nachfolger der *Vijñānavādin,* setzten deren Philosophie in die Praxis um und errichteten das gewaltige Gebäude, das als Tantrismus bekannt wurde. Dieser jedoch kam erst durch die *Siddhas* voll zur Ausformung.

Aber die *Siddhas* spielten noch eine andere wichtige Rolle: Sie waren die ersten, die Paradoxa benutzten, um die Nichterfaßbarkeit der Natur des Lebens blitzartig zu beleuchten, indem sie das Niedrigste in das Höchste verkehrten, indem sie die Logik benutzten, um die Logik zu widerlegen, indem sie den menschlichen Verstand in Situationen brachten, die weder rational noch erkenntnistheoretisch gelöst werden konnten, und indem sie die Wirklichkeit als außerhalb der Gesetze linearer Logik und kausalen Denkens stehend aufzeigten. Aber ihr Gebrauch von Paradoxa geschah nie leichtfertig, noch blieb er dem Zufall überlassen. Er diente der Schaffung überraschender Situationen, die blitzartig die wahre Natur der Dinge enthüllten. Wenn der Verstand verwirrt und aus den Geleisen des gewohnten Denkens geworfen ist, dann kann er die Wahrheit in einem unerwarteten Ereignis oder in einer unerwarteten Situation erkennen. Das war der eigentliche Beginn des *Ch'an* oder *Zen,* und durch Belege aus den Schriften können wir schließen, daß es eine historische Verbindung zwischen der *Siddha*-Tradition und dem gegeben hat, was wir heutzutage *Zen*-Buddhismus nennen. Um das zu belegen, will ich eine charakteristische *Siddha*-Legende und ihr Gegenstück aus den *Zen*-Schriften erzählen, so wie es von D. T. Suzuki überliefert wird. Hier zunächst die tibetische Version:

Es war einmal ein Jäger, der hieß Śavari. Er war sehr stolz auf seine Kraft und Treffsicherheit. Das Jagen und Töten der Tiere

*Śavari*
*Tibetisch: Śavari-pa*

war seine einzige Beschäftigung, wodurch sein Leben zu einem einzigen Vergehen wurde. Eines Tages, als er auf der Jagd war, sah er von ferne einen Fremden, augenscheinlich einen Jäger, ihm entgegenkommen. »Wer wagt es, in meinem Gebiet zu jagen!« dachte er voller Zorn, und als der Fremde sich ihm näherte, sah er, daß dieser nicht nur ebenso groß und kräftig war wie er selbst, sondern daß er – und das überraschte ihn über alle Maßen – ihm aufs Haar glich. »Wer bist du?« fragte Śavari mit strenger Stimme.

»Ich bin ein Jäger«, antwortete der Fremde, ohne sich aus der Ruhe bringen zu lassen.

»Wie ist dein Name?«

»Śavari.«

»Wie kann das sein?!« rief der Jäger voller Erstaunen. »Ich selbst heiße Śavari! – Woher kommst du denn?«

»Aus einem fernen Land«, antwortete der Fremde ausweichend. Śavari fühlte sein Selbstbewußtsein neu erwachen.

»Kannst du mehr als eine Gazelle mit einem einzigen Pfeil erlegen?«

»Ich kann dreihundert mit einem Schuß töten!« antwortete der Fremde.

Dies schien Śavari eine übertriebene Prahlerei zu sein, und er wünschte sich sehnlich eine Gelegenheit, die lächerliche Behauptung des Fremden ad absurdum zu führen.

Der Fremde aber, der niemand anders war als der Bodhisattva Avalokiteśvara, der aus Mitleid für Śavari diese Form angenommen hatte, schuf sofort durch eigene Kraft eine Herde von fünfhundert Gazellen.

Śavari war hocherfreut, als er die Gazellen aus dem nahen Wald treten sah, und fragte mit triumphierendem Lächeln: »Wird dein Pfeil alle diese Gazellen durchdringen?«

»Er wird alle fünfhundert durchdringen«, antwortete der Fremde, als ob es das Einfachste von der Welt sei, woraufhin Śavari vorschlug: »Laß deinen Pfeil an vierhundert Gazellen vorbeigehen und nur hundert treffen.«

Der Fremde vollbrachte dieses Wunder mit der größten Leichtigkeit, aber nun wurde es Śavari unheimlich, und er begann an der Wirklichkeit des Geschehens zu zweifeln.

»Geh und bring eine der gefallenen Gazellen, wenn du Zweifel hast«, sagte der Fremde und Śavari tat, wie ihm geheißen.

Aber ach, als er eine der Gazellen aufzuheben versuchte, fand er sie so schwer, daß er sie nicht von der Stelle bewegen konnte.

»Was, du willst ein großer Jäger sein und kannst nicht einmal eine tote Gazelle aufheben!« lachte der Fremde, und Śavari wußte nicht mehr, was er sagen sollte.

Sein Stolz war gebrochen, und er fiel dem Fremden zu Füßen und bat ihn, sein Lehrer zu werden.

Avalokiteśvara gab seine Einwilligung und sagte: »Wenn du diese magische Schießkunst erlernen möchtest, mußt du dich erst innerlich reinigen, indem du dich für einen Monat aller Fleischkost enthältst und statt dessen über die Liebe und das Mitleid zu allen lebenden Wesen meditierst. Wenn du das getan hast, will ich zurückkehren und dich in das Geheimnis dieser Kunst einweihen.«

Śavari folgte gewissenhaft dem Rat des Lehrers. Als der *Guru* nach einem Monat zurückkehrte, war in Śavari eine große Veränderung vor sich gegangen, obwohl er es selbst noch nicht wußte. Er bat den *Guru* um die versprochene Einweihung in die geheime Schießkunst.

Der *Guru* zeichnete darauf ein magisches Diagramm *(maṇḍala)* auf den Boden, schmückte es mit Blumen und befahl Śavari und seinem Weib, es aufmerksam zu betrachten.

Da sie beide einen Monat lang voller Hingabe meditiert hatten, waren sie imstande, ihre ungeteilte Aufmerksamkeit auf das *Maṇḍala* zu richten – und siehe da, der Boden, auf dem das *Maṇḍala* gezeichnet war, schien durchsichtig zu werden, so daß sie in die Tiefe der Erde hinabblicken konnten. Aus den Eingeweiden der Erde aber stiegen Flammen und Rauch empor, und Schmerzensschreie drangen an ihr Ohr.

»Was seht ihr?« fragte der *Guru*.

Der Jäger und sein Weib waren vor Schreck unfähig zu antworten. Als aber der Rauch sich etwas verzogen hatte, erblickten sie die acht großen Höllen und die Qualen unzähliger menschlicher Wesen.

»Was seht ihr?« fragte der *Guru* wieder, und als sie näher hinschauten, erkannten sie zwei schmerzhaft verzogene Gesichter unter den gepeinigten Wesen.

»Was seht ihr?« fragte der *Guru* zum dritten Mal.

Da leuchtete ihnen plötzlich die volle Bedeutung des Gesehenen wie ein Blitz auf, und sie schrien wie mit einer Stimme: »Wir selbst sind es!«

Sie fielen dem *Guru* zu Füßen und baten ihn, ihnen den Weg zur Erlösung zu weisen. Darüber vergaßen sie gänzlich, um die Einweihung in die geheime Schießkunst zu bitten. Śavari gab sich weiter der Meditation hin, und indem er von Liebe und Mitleid für alle Wesen erfüllt wurde, wurde er einer der Vierundachtzig Siddhas.

Es ist interessant und lehrreich, die Hauptzüge dieser Geschichte im Gewande des *Zen*-Buddhismus zu sehen, wie sie in Suzukis Übersetzung des *Chuanteng Lu* erscheint:

Shi-kung war ein Jäger, bevor er als *Zen*-Mönch unter Matsu ordiniert wurde. Als Jäger verabscheute er alle buddhistischen Mönche, weil sie gegen seinen Beruf waren.

Eines Tages, während er eine Gazelle jagte, kam er an der Hütte, in der Ma-tsu wohnte, vorbei. Ma-tsu trat heraus und grüßte ihn.

Shih-kung fragte: »Sahst du eine Gazelle an deiner Tür vorbeikommen?«

»Wer bist du?« fragte der Meister.

»Ich bin ein Jäger.«

»Wie viele Tiere kannst du mit einem Bogenschuß töten?«

»Ein Tier mit jedem Pfeil.«

»Dann bist du kein Jäger!« erklärte Ma-tsu.

»Wie viele kannst du denn mit einem Pfeil erlegen?« fragte der Jäger.

»Eine ganze Herde.«

»Warum solltest gerade du eine ganze Herde mit einem Bogenschuß töten? Sie sind doch schließlich auch Lebewesen!«

»Wenn du soviel weißt, warum schießt du dich nicht selbst?«

»Ich weiß nicht, wie ich das anfangen soll!«

»Dieser Bursche«, rief Ma-tsu plötzlich aus, »hat heute all seiner Unwissenheit und seinen üblen Leidenschaften ein Ende gesetzt!«

Daraufhin zerbrach Shih-kung, der Jäger, seinen Bogen und seine Pfeile und wurde Ma-tsus Schüler.

Als er selbst *Zen*-Meister wurde, hielt er stets einen Bogen mit einem Pfeil schußbereit und bedrohte seine Mönche damit, wenn sie ihm mit einer Frage nahten.

San-ping wurde einst in dieser Weise bedroht. Shih-kung rief: »Hüte dich vor dem Pfeil!«

Ping entblößte seine Brust und sagte: »Dies ist der Pfeil, der tötet; wo aber ist der Pfeil, der wiederbelebt?«

Kung schlug dreimal auf die Bogensehne. Ping verneigte sich.

Kung sagte: »Während der letzten dreißig Jahre habe ich einen Bogen und zwei Pfeile benutzt, und heute ist es mir gelungen, nur die Hälfte eines weisen Mannes niederzuschießen.«

Shih-kung zerbrach seinen Bogen und seine Pfeile ein zweites Mal und machte nie mehr Gebrauch von ihnen.

Aus dieser Erzählung sehen wir, daß Paradoxa auf einer ganz neuen Ebene angewandt werden. Sie bestehen in dem unerwarteten und plötzlichen Überspringen einer ganzen Anzahl logischer Schlußfolgerungen und demonstrieren auf diese Weise die Unmittelbarkeit spirituellen Verstehens beziehungsweise der plötzlichen Erleuchtung. So konfrontieren Paradoxa den Verstand nicht nur mit verwirrenden oder wundersamen Situationen, sondern mit etwas, das im ersten Augenblick die Logik auszuschalten scheint, da es zu einem Ergebnis kommt, welches mehrere Stufen der schrittweise folgernden Logik überspringt und uns daher »paradox« erscheint. Diese Methode stimmt durchaus überein mit den ältesten buddhistischen Lehren. Der *Pratīyasamutpāda* beispielsweise wurde durchaus nicht immer mit den gewohnten zwölf Gliedern gelehrt. Wir können feststellen, daß die Pāli-Texte sehr oft mehrere Glieder auslassen, um so zu zeigen, daß jedem Glied der Kette ein beliebiges anderes folgen kann und daß unsere schrittweise folgernde Logik nur ein unterstützendes Hilfsmittel unserer Denkvorgänge ist, aber nicht ein Naturgesetz.

Eine andere seltsame Parallele, diesmal aber aus einer weitaus älteren Quelle – nämlich aus jüdischer, christlicher oder islamischer Tradition –, ist die Geschichte von Mīna-pa, die offensichtlich der biblischen Erzählung von Jonas und dem Wal entlehnt ist. Beide werden von einem großen Fisch verschlungen, der später von Fischern gefangen wird, die beim Ausweiden des Fisches

*Matsyendranāth*
*Tibetisch: Mina-pa*

den noch lebenden Menschen finden. Nach der buddhistischen Version war der Fisch auf den Grund des Meeres hinabgeschwommen, wo er sich unter dem Palast des Herrschers der Meere verbarg. So hörte Mīna-pa die geheimen Lehren mit, welche ein Gott oder Bodhisattva dem Herrscher der Meere zuteil werden ließ. Als Mīna-pa später aus dem Bauch des Fisches befreit wurde, sprang er hinaus, und indem er sich dessen erinnerte, was er erlauscht hatte, wurde er ein Heiliger.

Was mich an der bildlichen Darstellung der Szene (S. 143) verwundert, ist die Anwendung eines Stiles, der sich nicht nur vom klassischen tibetischen Stil – wie wir ihn von *Thaṇkas* und Fresken kennen – völlig unterscheidet, sondern der auch kühne perspektivische Verkürzungen benutzt, um eine schnelle Bewegung anzudeuten. Darüber hinaus finden wir typisch indische Züge, wie sie für die meisten alten tibetischen Steingravuren dieser Serie charakteristisch sind. Dies alles zeigt uns, daß wir es hier mit einer recht alten Überlieferung zu tun haben und daß diese Steinplatten zusammengetragen wurden, lange bevor sie im Hof eines Klosters eingebaut und durch spätere Generationen übermalt wurden. – Es wäre logisch gewesen, den Namen dieses *Siddha* Mīna-pa als spätere Erfindung auszulassen, um auf die Zahl Vierundachtzig zu kommen, die eine konventionelle Zahl darstellt wie etwa unser Dutzend oder das Hundert oder das Tausend. Aber die Tatsache, daß dieser *Siddha* unter seinem indischen Namen Matsyendranāth wohlbekannt und mit Gorarakṣa, einem anderen, ebenso populären indischen Heiligen eng verbunden ist, beweist seine Geschichtlichkeit. Selbst heute noch sind die Höhlen, in denen diese Heiligen lebten, gut erhalten und werden von vielen Pilgern aufgesucht.

Die Wunder, die von vielen der *Siddhas* vollbracht wurden, sind entweder Symbole geistiger Verwirklichung oder summarische Zusammenfassungen ihrer Lehren, obwohl diese auch manchmal in längeren oder kürzeren Abhandlungen dargeboten wurden. Vieles von dem, was die *Siddhas* schriftlich niederlegten, ist verlorengegangen. Nur das, was in Apabhraṁśa oder in tibetischen Übersetzungen bewahrt wurde, ist erhalten geblieben. Die *Siddhas* waren die ersten, die in der Sprache des Volkes ihrer Zeit schrieben statt in Sanskrit, das nur für die Gelehrten und die

Geistlichkeit verständlich war. Sie wurden damit die Väter einer bodenständigen Schriftsprache, aus der sich später unter anderem das heutige Hindi und Bengali entwickelte. So war ihr Werk von weitreichender Bedeutung, und womöglich werden eines Tages noch weitere *Siddhas* in der altbengalischen Literatur wiederentdeckt. Leute wie Anirvan[15] – ein tiefreligiöser Gelehrter unserer Tage, über den Lizelle Raimond, eine weltbekannte Schweizer Schriftstellerin, ausführlich geschrieben hat – zeigen, daß die Lehren der *Siddhas* noch nicht ausgestorben sind.

Auch Swami Muktānanda bezeichnet sich als Nachfolger der *Siddhas*. Buddhisten wie Hindus singen gleicherweise ihr Lob. – Obwohl sie allerlei Arten magischer Künste und wunderwirkende Fähigkeiten und Kräfte besaßen, die sie durch ausdauernde Meditation und Hingabe erworben hatten, macht jede dieser Erzählungen deutlich, daß alle diese sogenannten *Siddhis* oder übernatürlichen Fähigkeiten ihren Wert für die verlieren, welche die Erleuchtung erlangt haben. Ein vollkommen Erleuchteter hat es nicht mehr nötig, seine Überlegenheit über Naturgesetze zu beweisen, da er die Notwendigkeit dieser Gesetze erkannt hat und weiß, daß die Befreiung nicht darin besteht, diese auszuschalten, sondern vielmehr sie zu verstehen. *Nirvāṇa* ist nicht ewige Glückseligkeit oder Flucht aus dieser Welt, sondern – wie Lobzang Lalungpa sagt – das völlige Verstehen des *Saṃsāra*. Das wird in vielen Erzählungen über die *Siddhas* dargestellt, deren Vollendung nicht darin bestand, Wunder zu vollbringen. Sie bestand im Gegenteil in der inneren Loslösung von Wundern und Magie und im Aufzeigen der höheren Vollendung, nämlich jener der höchsten Befreiung und Erleuchtung. Typisch dafür ist die folgende Erzählung, die Geschichte vom *Siddha* Karga-pa (Sanskr.: *Khaḍga*), dem »Schwert-*Siddha*«:

Es war einmal ein Räuber, der begegnete einem *Yogi* und fragte ihn, wie er unbesiegbar werden könnte. Der *Yogi* antwortete: »Es gibt einen *Stūpa* an einem Ort unweit von Benares. Gehe dorthin und umwandle das Heiligtum, das eine Statue des Avalokiteśvara enthält, drei Wochen lang, während du das *Mantra* rezitierst und die Meditationsübung befolgst, die ich dir geben werde. Wenn du dies mit voller Hingabe und ununterbrochener Konzentration tust, ohne je im Geist abzuschweifen, wird am

Khadga
*Tibetisch: Karga-pa*

Ende der dritten Woche eine tödliche schwarze Schlange aus der Öffnung des *Stūpa* hervorkommen. Du mußt diese Schlange sofort beim Kopf ergreifen, andernfalls wird sie dich töten. Wenn du aber deine Meditation gewissenhaft ausgeübt hast, wird die Schlange dir nichts tun, und du wirst die magische Kraft der Unbesiegbarkeit erlangen.«

Der Räuber dankte dem *Yogi* und tat, wie ihm geheißen. Er gab sich mit Herz und Seele den vorgeschriebenen Übungen hin, und als die gefürchtete Schlange endlich aus der Öffnung des *Stūpa* hervorkam, ergriff er sie unmittelbar hinter dem Kopf, und siehe da – er hielt das unbezwingbare Schwert der Weisheit in der Hand!

Er hatte nun aber keine Verwendung mehr für Wunderkräfte, denn er war ein Heiliger geworden. Seit jener Zeit ist er als *Siddha* Karga-pa bekannt, »der Heilige mit dem Schwert«.

Etwas Ähnliches geschah in der Geschichte des Mahi-pa. Von Beruf war er ein Ringkämpfer, und es war sein Ehrgeiz, der stärkste Mann der Welt zu sein. So fragte er einen Yogi, wie dieses Ziel zu verwirklichen sei. Der Yogi sagte: »Du mußt über die Unendlichkeit des Raumes meditieren. Sobald du das verwirklicht hast und mit ihm eins geworden bist, wirst du unbesiegbar sein.« Der Ringer folgte diesem Rat aufs Wort, und schon bald war sein Geist so weit wie der Raum. Aber in diesem Augenblick gab es niemanden mehr, gegen den er kämpfen konnte. Er war zum Universum geworden, und es gab nichts, was sich ihm entgegenstellen konnte. Er war ein Heiliger geworden und von da an als *Siddha* Mahi-pa bekannt.

Doch nicht jeder wurde durch Wunderkräfte oder magische Fähigkeiten zur Befreiung geführt. Die Erzählung von Nagpochö-pa *(nag-po chos-pa)* macht deutlich, daß der Erwerb magischer Kräfte ebenso eine Gefahr darstellen kann, insofern sie uns von unserem eigentlichen Ziel ablenken können. Magische Kräfte sind Brombeeren vergleichbar, die wir am Waldrand pflücken, ohne daß wir von unserem Pfade abweichen. Nagpochöpa wird gewöhnlich mit einem Ehrenschirm dargestellt, wie er vom Himmel herabschwebt – aber zugleich reitet er auf einer Hexe. Der Schirm bezeugt seine Kräfte, aber die Hexe deutet an, daß er

*Mahi-pa*

noch immer Versuchungen unterliegen kann. So wird beispielsweise überliefert, daß er eines Tages über das Wasser wandelte. Dabei schoß ihm der Gedanke durch den Kopf: »Schau, ich kann über Wasser gehen, was für eine große Errungenschaft!« Im gleichen Augenblick versank er im Wasser und wäre ertrunken, wenn sein *Guru* ihn nicht im letzten Moment noch gerettet hätte.

Als sein *Guru* im Sterben lag, gab er – trotz allem – seinem Schüler die Chance, ihm das Leben zu retten: Er erlaubte ihm, zum Himalaja zu fliegen und ein lebensrettendes Kraut zu holen, das nur in großen Höhen gedieh. Sofort flog Nagpochöpa zum Himalaja, fand die Pflanze und wollte gerade zurückkehren, als er ein Weinen und Wehklagen hörte, als ob jemand in größter Bedrängnis sei. Von Mitleid überwältigt, vergaß er den Zweck seines Fluges, stieg hinab zu der Stelle, von der die Schreie kamen, und gab die kostbare Medizin fort, die er für seinen *Guru* gesammelt hatte. Kaum hatte er das getan, als er gewahr wurde, daß eine Hexe ihn getäuscht hatte: Sie hatte Menschengestalt angenommen, um ihn daran zu hindern, das Leben des *Guru* zu retten. Als er schließlich zum Himalaja zurückkehrte, war es bereits zu spät, und der *Guru* war vor seiner Rückkehr gestorben.

Diese Legende verdeutlicht, daß Mitleid ohne Weisheit genauso katastrophale Folgen zeitigt wie Weisheit ohne Mitleid. Aus diesem Grund wird Dölma oder Tārā immer mit dem Auge der Weisheit in ihren gebenden Händen dargestellt, denn Geben ohne Weisheit kann zu großem Unglück führen und nicht zu dem beabsichtigten edlen Zweck. Wir sollen nicht nur mit offenem Herzen, sondern auch mit offenen Augen geben.

Die Geschichten der Siddhas also enthalten wertvolle Wahrheiten, und wenn wir sie richtig verstehen, können wir sie nicht mehr als Märchen von Zauberern ansehen, sondern als einen wertvollen Beitrag zur buddhistischen Literatur und Ikonographie. Diese wenigen Beispiele mögen genügen, um zukünftige Historiker und all jene zu überzeugen, die in der buddhistischen Literatur mehr sehen als einen bloßen Gegenstand akademischer Studien.[16]

*Kṛṣṇācārya*
*Tibetisch: Ṇag-po Chos-pa*

# DAS MYSTERIUM DES LEBENS
# UND DER WIEDERGEBURT NACH DEM
# »TIBETISCHEN TOTENBUCH«

I. Das »Buch der spontanen Befreiung vom Zwischenzustand«
*(Bardo Thödol)* und sein geistiger Hintergrund

Die meisten Menschen im Westen stehen auf dem Standpunkt,
daß niemand, der nicht selber schon gestorben ist, mit Autorität
über den Tod sprechen kann, und daß es, da noch niemand von
den Toten zurückgekehrt ist, unmöglich sei, über den Tod oder
den Zustand nach dem Tode etwas auszusagen.

Die Weisen des Ostens antworten: Es gibt keinen einzigen
Menschen, der *nicht* von den Toten zurückgekehrt ist. In der Tat,
wir alle sind viele Tode gestorben, bevor wir in dieses Leben
traten. Denn was wir Geburt nennen, ist nichts als die andere
Seite des Todes, ein anderer Name für denselben Vorgang, vom
entgegengesetzten Standpunkt gesehen.

Es ist in der Tat verwunderlich, daß nicht jeder sich seines
letzten Todes erinnert, und dies ist der Grund, warum die
meisten Menschen nicht an ihn glauben. Aber in gleicher
Weise erinnern sie sich auch nicht ihrer Geburt – und dennoch zweifeln sie nicht einen Augenblick, daß sie geboren
wurden!

Viele können sich nicht einmal genau erinnern, was sie am
vorhergegangenen Tag alles getan, was sie vor einer Stunde gesagt
oder an was sie auch nur vor einer Minute gedacht haben – ja, die
meisten Menschen können dies nicht. Und dennoch glauben dieselben Leute, daß sie sich auf ihr Gedächtnis verlassen können,
und nehmen die Nichterinnerung gewisser Ereignisse ihrer ent-

fernteren Vergangenheit als Beweis dafür, daß diese sich nie zugetragen haben.

Andererseits ist es durchaus richtig, daß, obwohl wir uns manchmal nicht an Dinge unserer unmittelbaren Vergangenheit erinnern können, wir dennoch in der Lage sind, uns an Geschehnisse zu erinnern, die viele Jahre zurückliegen, und daß wir ein mehr oder weniger zusammenhängendes Bild unseres Lebens von früher Kindheit bis zur Gegenwart in uns tragen. Dies bedeutet, daß unser Gedächtnis nicht ein mechanisches, stabiles oder uniformes Gebilde ist, sondern eine Fähigkeit, die von vielen Faktoren abhängig und individuell verschieden ist.

Was sind nun diese Faktoren, von denen das Gedächtnis zur Hauptsache abhängig ist? – Sie sind die Tiefe des Eindrucks oder des Stimulus und der Grad der Aufmerksamkeit oder der Konzentration. Diese wiederum hängen von der Haltung oder Einstellung des Individuums und seiner Beeindruckungsfähigkeit ab. Ein ungewöhnliches Ereignis wird leicht erinnert, während gewohnheitsmäßige Eindrücke (Routine) nur schwache oder gar keine Spuren hinterlassen. Einem intelligenten Menschen werden mehr Dinge ungewöhnlich erscheinen als einem stumpfsinnigen, und darum werden seine Interessen umfassender sein. Er wird mehr Aufmerksamkeit auf die Dinge und Vorgänge um ihn herum richten als der gewöhnliche Durchschnittsmensch.

In der rein intellektuellen Haltung jedoch liegt die Gefahr, daß mit vermehrten Interessen auch das Gedächtnis mehr und mehr belastet und schließlich so überfüllt wird, daß das Individuum die Kontrolle darüber verliert – was bedeutet, daß es nicht mehr imstande ist, Erinnerungen willentlich aufzurufen, oder daß es dieselben nicht mehr in ihrer zeitlichen oder ursächlichen Aufeinanderfolge und Wechselbeziehung auseinanderhalten kann.

Konzentrationskraft ist der wirklich entscheidende Faktor des aktiven Erinnerungsvermögens, denn sie macht unsere Aufnahmefähigkeit größer, verhindert Zerstreutheit (oder wahllose Ablenkung unserer Aufmerksamkeit auf zu viele Objekte) und stärkt die Fähigkeit, Eindrücke und sonstige Bewußtseinsinhalte willentlich zu reproduzieren. Dieses aktive Erinnerungsvermögen ist es, das unser Wachbewußtsein vom Unterbewußten unterscheidet, welch letzteres ein automatisches Registrierungsvermögen besitzt, das, zum Unterschiede von unserem aktiven Gedächtnis, als passives Erinnerungsvermögen bezeichnet werden kann. Dieses existiert nicht nur im Menschen, sondern auch in Tieren und Pflanzen als Rassen- oder Arten-Gedächtnis, das sowohl gewohnheitsmäßiges als auch spontanes Verhalten regelt. Letzteres bezeichnen wir als »Instinkt« im Falle von Tieren, »Genie« im Falle von Menschen.

Daß es unter den Menschen nur so wenige Genies gibt, ist der Tatsache zuzuschreiben, daß wir entweder unser Bewußtsein und unser aktives Erinnerungsvermögen überlasten mit wahllos aufgehäuften, irrelevanten Sinneseindrücken und inneren Reaktionen, oder daß wir durch Routine abgestumpft und unempfänglich werden. Würden wir jedoch unser Konzentrationsvermögen richtig ausrichten und mit mehr Unterscheidung und weniger Egozentrizität ausüben, so würden wir nicht nur von unseren gegenwärtigen Erfahrungen profitieren. Wir würden auch imstande sein, aus dem unbegrenzten Schatz unseres unterbewußten Gedächtnisses zu schöpfen, in dem nicht nur unsere vergangenen Existenzen, sondern die Vergangenheit unserer Rasse, die Vergangenheit der Menschheit und aller vormenschlichen Lebensformen – wenn nicht gar jenes Bewußtsein, welches erst alles Leben dieses Universums möglich macht – aufgespeichert ist.

In anderen Worten: Die Macht der Konzentration ist der Schlüssel zu diesem verborgenen Schatzhaus. Es ist die Macht, die es ermöglicht, das Unterbewußtsein in den Bereich des Wachbewußtseins zu heben und auf diese Weise latentes Gedächtnis in aktives Erinnerungsvermögen zu verwandeln, also in Wissen, das wir zu Rate ziehen, beherrschen und sinngemäß anwenden können.

Es ist diese Fähigkeit, die den weisen Menschen vom nur intelligenten unterscheidet. Der Weise erinnert sich des rechten Dinges zur rechten Zeit – er hat die Intuition des Genies, nicht das überlastete Gehirn des Spezialisten oder die Alpdruck-Mentalität des Menschen, der nichts vergessen kann und der entweder im Selbstmord oder im Irrenhaus endet.

Würden sich durch irgendeinen Zufall der Natur die Pforten des Unterbewußtseins eines Individuums plötzlich öffnen, so würde der bewußte Geist zermalmt werden. Darum werden die Pforten des Unterbewußtseins von allen Eingeweihten bewacht und hinter dem Schleier von Mysterien und Symbolen verborgen. Diejenigen aber, welche die Kraft und die innere Reife besitzen, diesen Schleier zu lüften und die Pforte zu öffnen, sind imstande, die Identität von Geburt und Tod zu durchschauen und die Kontinuität und Verbundenheit alles Lebens zu erkennen. Für sie ist Wiedergeburt nicht eine bloße Theorie, sondern eine Tatsache der Erfahrung, die von allen, die sich die Mühe geben wollen, ernsthaft nachzuforschen und zu erproben, erhärtet werden kann.

Diejenigen aber, die noch nicht die Kraft oder die Reife besitzen, die unverschleierte Wirklichkeit zu sehen, werden auf dem Wege des Symbols, des Initiationsrituals und der mit ihnen verbundenen geistigen Übungen stufenweise zur Erkenntnis und zum eigenen Erlebnis geführt. Dies ist der Grund, warum der *Bardo Thödol,* das tibetische Buch der »spontanen Befreiung« *(thos-grol,* gespr.: »Thödol«) vom Zwischenzustand *(bar-do)* – dem Zwischenzustand zwischen Leben und Wiedergeburt, den wir »Tod« nennen – in symbolische Sprache gekleidet ist. Es ist ein Buch, das mit den sieben Siegeln des Schweigens verschlossen ist – nicht, weil sein Wissen dem Uneingeweihten vorenthalten werden soll, sondern um ihn vor seinem eigenen Unwissen zu schützen, das ihn durch Mißverständnisse in die Irre führen und durch Voreiligkeit vernichten könnte.

Es ist aus diesem Grunde von europäischen Kommentatoren als ein »geheimes Buch« betrachtet worden, ein Irrtum, der nur aus der Nichtkenntnis des religiösen Lebens Tibets entstehen konnte und der durch die Tatsache widerlegt wird, daß dieses Buch sich in Tibet der größten Verbreitung und des höchsten Ansehens erfreut. Wie die alten Familienbibeln in christlichen Ländern, ist es dort so gut wie in jedem besseren Haushalt zu finden (insbesondere unter den Anhängern der älteren Schulen). Aber ebenso wie zum Beispiel die Offenbarung des Johannes, obwohl in jeder Hausbibel enthalten, dem Laien ein Buch mit sieben Siegeln ist, ist der *Bardo Thödol* ein Buch, das ohne Kenntnis des geistigen Hintergrundes und seiner Symbolsprache unverständlich ist. Es erschließt sich nur demjenigen völlig, der Schritt für Schritt seine Anweisungen befolgt. In Tibet, wo dieser geistige Hintergrund Allgemeingut ist, bedarf es also nur der eigenen Anstrengung unter Leitung eines kompetenten *Guru,* um in den innersten Kern dieser Schrift einzudringen und seine Lehren zu verwirklichen.

Der Grund für die große Popularität des *Bardo Thödol* (trotz seiner Tiefe) erklärt sich aus dem Buche selbst, in dem es ausdrücklich heißt, daß man es nicht nur wieder und wieder lesen, sich geistig zu eigen machen und beherzigen solle, sondern daß man es »verbreiten, allen Lebenden verkünden und es selbst inmitten großer Versammlungen vortragen« solle.

Es ist also kein »geheimes Buch« und keine »Geheimlehre«, sondern eine Offenbarung der Wirklichkeit in der Sprache tiefer Symbolik. Dies aber ist die einzige Sprache, in der Wirklichkeit ausgedrückt werden kann, und sie hat ebensowenig mit Geheimniskrämerei zu tun wie die Sprache der Mathematik, die reinste Symbolsprache, die wir kennen.

Und ebenso wie diese reinste und abstrakteste aller Wissenschaften sich an alle Menschen wendet, die ihre Sprache verstehen, so wendet sich der *Bardo Thödol* an alle, die Ohren haben zu hören.

Welches sind aber diejenigen, die »Ohren haben zu hören«? Hier kommen wir zum entscheidenden Punkt in der Beurteilung des *Bardo Thödol:* Das Hören, von dem hier die Rede ist, ist nicht die Wahrnehmung durch das äußere Gehör, sondern das spontane Erfassen durch den inneren Hörsinn, das im *Śūrangama-Sūtra* als ein die gewöhnlichen Sinne übersteigendes, intuitives Hören (oder Hörvermögen) bezeichnet wird. Mañjuśrī sagt in diesem Text zum Buddha:

Wir empfangen diese deine Lehre zunächst durch unseren Gehörsinn; sobald wir jedoch fähig sind, sie völlig zu begreifen, wird sie uns zu eigen durch ein übersinnliches, intuitives Hören. Diese Tatsache macht die Erweckung und Vervollkommnung jenes übersinnlichen Hörvermögens von größter Bedeutung für jeden Novizen. Je tiefer der Wunsch, *Samādhi* zu erreichen, sich im Geiste eines Jüngers befestigt, um so sicherer kann er ihn vermittels dieses übersinnlichen Hörorgans erreichen.

Dies ist der geistige Hintergrund, vor dem der Ausdruck »Thödol« *(thos-grol),* den ich mit »spontane Befreiung« wiedergegeben habe und der wörtlich »Hör-Befreiung« bedeutet, verständlich wird. Es ist die Befreiung durch den inneren, intuitiven Hörsinn: durch spontanes Erfassen der Wirklichkeit.

Das Verständnis des *Bardo Thödol* hängt somit von der inneren Reife und Bereitschaft ab. Während es für den Unvorbereiteten mit den sieben Siegeln des Schweigens verschlossen ist, beginnt es für den, der das Schweigen in der Schule der Meditation, in der Ausübung der Selbstversenkung, gelernt hat, sich zu offenbaren. Für den gewöhnlichen Menschen gibt es kein Hören, wo es keinen Ton gibt. Für den geistig Wachen aber ist das innere Gehör am lebendigsten in der Stille, im Schweigen aller anderen Sinne und vor allem der eigenen Gedanken.

An solche geistig Wachen, die im Osten wie im Westen nicht nur unter den Gebildeten und Gelehrten, sondern ebenso unter den einfachsten Menschen zu finden sind, wendet sich das Buch. Es packt den Menschen, wo es ihn am tiefsten berührt und erschüttert: im Erlebnis des Todes, in dem das Mysterium des Lebens beschlossen liegt.


## II. Ursprung und Grundlagen der Bardo-Lehren

Die Lehren des *Bardo Thödol* werden dem großen buddhistischen Apostel Padmasambhava zugeschrieben, der in der Mitte des achten Jahrhunderts unserer Zeitrechnung auf Einladung des Königs Ti-Song De-tsen den Buddhismus nach Tibet brachte und dort das erste buddhistische Kloster (Samyé) gründete. Seine außergewöhnliche Persönlichkeit machte einen so tiefen Eindruck auf seine Zeitgenossen, daß noch heute, nach zwölf Jahrhunderten, die Erinnerungen an sein Leben und seine Taten im tibetischen Volke lebendig sind.

Daß die wesentlichen Ideen, wenn nicht die ursprüngliche Fassung des *Bardo Thödol*, wie sie uns in den metrischen Teilen des Werkes erhalten sind, auf Padmasambhava zurückgehen, wird bestätigt durch die Huldigungsverse am Eingang des Buches, die nicht nur die Urheberschaft, sondern die grundlegende geistige Haltung des Werkes beleuchten:

Amitābha, dem Unendlichen Licht, (als) *Dharmakāya,*
Den friedlichen und zornigen Erscheinungsformen (der *Dhyā-
ni-Buddhas*) der Lotus-Ordnung (als) *Sambhogakāya,*
Padmasambhava, dem Beschützer lebender Wesen, (als) irdi-
sche Verkörperung *(Nirmāṇakāya):*
Verehrung ihnen, den Gurus der Drei Körper.

Diese Verse setzen die Kenntnis der *Maṇḍala-* und Schaubild-
symbolik voraus, sowie die der Lehre von den »Drei Körpern«
*(trikāya),* die sich hier nicht nur auf die Natur oder Erscheinungsformen eines Buddha beziehen (wie wir sie z. B. in der
tiefen Darlegung des *Mahāyāna-Śraddhotpāda-Śāstra* finden),
sondern ebenso auf die drei Ebenen des Erlebens und der Verwirklichung, wie sie jedem menschlichen Geiste eignen. Dieses
sind die Voraussetzungen, unter denen allein der *Bardo Thödol*
verstanden werden kann. Wer diesen Vers versteht, hat den
Schlüssel zum *Bardo Thödol* in der Hand. Es ist daher notwendig, wenn auch noch so kurz, den Sinn dieser Worte anzudeuten.
  Die Natur unseres innersten Wesens ist nicht verschieden von
der Natur des Buddha. Der Unterschied zwischen einem Buddha
und einem Weltling ist, daß ersterer sich dieser Natur bewußt ist,
während letzterer sich, infolge der verhüllenden Illusion seiner
Ich-heit, ihrer nicht bewußt ist. Diese innerste Natur ist ihrem
Wesen nach *Śūnyatā* – reine Potentialität, die reine Leere des
Noch-nicht-Geformten, das die Voraussetzung aller Form ist –,
die im Erleuchteten bewußt wird als *Dharma,* als höchste Wirklichkeit, als Soheit *(tathatā),* immanente Gesetzmäßigkeit. Sie
bildet den geistigen Bestand eines Buddha, den *Dharmakāya,*
den »Gesetzeskörper«, das höchste, universelle Prinzip der
Buddhaschaft.
  Der *Sambhogakāya,* der »Körper geistiger Verzückung« oder
der »Beseligung«, ist das Erlebnis des *Dharmakāya* auf der Ebene intuitiver »Schauung«. Hier wird das Unsagbare zur schöpferischen Vision, zur geistigen Symbolform, zum beseligenden Erlebnis. Es ist die Erbschaft, welche uns die Erleuchteten durch
ihr Wirken in der Welt hinterlassen haben. Sie selbst stellten die
sichtbare Verkörperung dieses Erlebens dar, so wie jeder, der von
solchem Geiste erfüllt ist, langsam seine körperliche Form zum
Ausdruck inneren Erlebens verwandelt – ist doch der Körper

nach buddhistischer Anschauung nichts anderes als materialisiertes, sichtbar gewordenes Bewußtsein. Darum wird der sichtbare Körper eines Erleuchteten *Nirmāṇakāya* oder »Verwandlungskörper« genannt, eine Bezeichnung, die auf den Körper jedes Menschen zutrifft, der den Weg geistiger Verwandlung beschreitet.

Unser Vers bedeutet also, daß Padmasambhava als *Guru* und Beschützer aller derer, die sich ihm anvertrauen, in den drei »Körpern« oder Prinzipien der »Lotus-Ordnung« verehrt wird; auf der Ebene universeller Gesetzmäßigkeit *(dharmakāya)* als das unbegrenzte Licht Amitābhas; auf der Ebene gesteigerter geistiger Erfahrung oder »Schauung« *(sambhogakāya)* als die Erscheinungsformen milder und furchterregender Dhyāni-Buddhas etc., auf der Ebene körperlicher Erscheinung *(nirmāṇakāya)* in seiner menschlichen Form, die nichts anderes als die Verkörperung sämtlicher vorhergenannter Formen ist.

Es wird also auch in der menschlichen Form nicht der Mensch, die historische Persönlichkeit, verehrt, sondern das innere Prinzip, das Unvergängliche, das durch sie zum Ausdruck kam. Das gleiche gilt für die Buddhaverehrung: »Buddha, als Objekt des religiösen Kultus, ist für die Buddhisten nie ein Mensch gewesen«, wie H. Kern in seinem Handbuch richtig bemerkt hat. »Die historische Figur des Lehrers Śākyamuni wird faktisch Buddha oder Tathāgata genannt, aber das Objekt des Kultus ist nicht die Vergötterung des Menschen Śākyamuni.«[17]

Es ist das, was ihn über seine einmalige Erscheinungsform hinaushebt und ihn mit allen vorhergehenden und nach ihm kommenden Buddhas verbindet, nämlich jenes überpersönliche, allumfassende Erleuchtungsbewußtsein *(bodhicitta)*, das potentiell in jedem Wesen vorhanden ist, was im Buddha verehrt wird.

Solange dieses Bewußtsein als Ganzes nicht erlebt oder verwirklicht werden kann (was nur einem Buddha gelingt), müssen wir uns mit den in innerer Schauung erlebten Reflexionen begnügen, in denen die Prinzipien und Qualitäten der Erleuchtung wie die Strahlen der Sonne durch ein Prisma in ihre Urbestandteile auseinandergelegt sind. Die Symbolformen dieser Schauungen sind nicht willkürliche Schöpfungen, sondern sozusagen die leuchtenden Spuren, die Jahrtausende geistiger Erfahrung und Vervollkommnung in der menschlichen Psyche zurückgelassen haben: Sie sind der Strahlungskörper aller Erleuchteten, die je über unsere Erde schritten, der »aus (ihren) Verdiensten geschaffene Körper« (wie der *Sambhogakāya* auch genannt wird), dessen wir im Zustande der Versenkung *(dhyāna)* teilhaftig werden, indem wir ihn aus uns neu erschaffen.

So entstehen die in der Schauung erlebten *Dhyāni*-Buddhas, deren jeder einen gewissen Aspekt der Erleuchtung und somit des eigenen latenten Erleuchtungsbewußtseins darstellt. Um den Geist vor willkürlichem Schweifen zu bewahren, werden von den Lehrern der verschiedenen Schulen sogenannte *Maṇḍalas*, konzentrisch angeordnete geometrische Systeme geschaffen, in denen die Positionen und gegenseitigen Beziehungen der einzelnen Symbole und Schaubilder festgelegt sind. Auf solch einen Zusammenhang bezieht sich der Ausdruck »Lotus-Ordnung«.

Ohne daß wir hier auf das Gesamt-*Maṇḍala* eingehen, mag es an dieser Stelle genügen, darauf hinzuweisen, daß die *Dhyāni*-Buddhas und die ihnen zugeordneten Bodhisattvas und sonstigen Begleitfiguren (die unter dem tibetischen Ausdruck »*Lha*« zusammengefaßt werden) in vier beziehungsweise fünf Ordnungen eingeteilt werden: die *Vajra*-Ordnung, die *Ratna*-Ordnung, die *Padma*-Ordnung und die *Karma*-Ordnung; die Mitte, als Zusammenfassung aller dieser Prinzipien, wird als Buddha-Ordnung bezeichnet und durch das Gesetzesrad *(dharma-cakra)* symbolisiert.

Der *Vajra* (das Diamant-Zepter) bedeutet die Unzerstörbarkeit und Unerschütterlichkeit des Erleuchtungsbewußtseins, das sich mit der »Großen Leere« *(śūnyatā)* identisch weiß und im *Dhyāni*-Buddha Akṣobhya personifiziert ist.

Das Juwel *(ratna)* steht für die Gabe der Drei Kostbarkeiten *(triratna)*, in denen der Buddha sich selbst, seine Lehre und seine Gemeinde der Menschheit gibt, und ist in Ratnasambhava, der in der Geste des Gebens dargestellt wird, personifiziert.

Der Lotus *(padma)* steht für die Entfaltung der Meditation, die in Amitābha, der in Meditationshaltung *(dhyāna-mudrā)* dargestellt wird, zum Ausdruck kommt.

Der Doppelvajra steht für *Karma*, was hier die Verwirklichung des Wissens durch tätige Nächstenliebe und Barmherzigkeit bedeutet, und durch Amoghasiddhi, in der Geste der »Nicht-Furcht« *(abhaya-mudrā)*, symbolisiert wird.

Das Gesetzesrad (*dharma-cakra*) steht für die potentielle Gegenwart der vier vorhergehenden Eigenschaften in der durch Vairocana dargestellten zentralen »Buddha-Ordnung«.

Jede der vorgenannten Qualitäten kann sich auf verschiedenen Ebenen auswirken: auf der Ebene universeller Gesetzmäßigkeit als Potentialität, auf der Ebene geistigen Erlebens als schöpferische Idee, auf der Ebene körperlicher Erscheinung als Materialisierung oder Verkörperung der Idee.

Wenn also Padmasambhava als Verkörperung der Lotus-Ordnung betrachtet wird und, wie sein Name sagt, ein »aus dem Lotus Geborener« ist, so will das heißen, daß er durch Ausübung der auf dem *Maṇḍala* des Amitābha beruhenden Meditationen zur inneren Vollendung und somit zum Einswerden mit der Idee und den Qualitäten des Amitābha gelangte. Die Lehren eines solchen Mannes beruhten daher nicht bloß auf der Wiedergabe philosophischer Theorien, sondern auf den Tatsachen meditativer Erfahrung. Was er der Nachwelt erhalten wollte, war nicht ein neues »System«, sondern der Weg zur eigenen Erfahrung und Verwirklichung des Zieles, die nicht nur in ferner Zukunft, sondern in jedem menschlichen Leben möglich ist.

Nur denen, die bereit sind, den angegebenen Weg zu beschreiten und seine Weisungen in die Praxis umzusetzen, können die im *Bardo Thödol* beschriebenen Zeichen und Merkmale, Symbole und Visionen etwas sagen. Diejenigen, die aus bloßer Neugier in die Geheimnisse dieses Buches einzudringen versuchen, vermehren nur ihre eigenen Zweifel und Unsicherheiten oder fügen allenfalls ihrer Sammlung exotischer Merkwürdigkeiten eine neue Kuriosität hinzu.

Der *Bardo Thödol* ist unter dem Titel »Das Tibetische Totenbuch« bekanntgeworden, ein Titel, der sehr anziehend und eindrucksvoll ist – insbesondere durch seinen Anklang an das »Ägyptische Totenbuch« –, der aber, wie wir bereits gesehen haben, weder dem wirklichen Titel entspricht, noch auch dem Inhalt des Buches gerecht wird, wie wir im folgenden sehen werden. Kein Vergleich könnte irreführender sein als der mit dem »Ägyptischen Totenbuch«, und in seinem Kommentar zur deutschen Übersetzung trifft Prof. C. G. Jung den Nagel auf den Kopf, wenn er sagt:

Unähnlich dem Ägyptischen Totenbuch, über das man nur allzu wenig oder allzu viel sagen kann, enthält der Bardo Thödol eine menschlich begreifbare Philosophie und spricht zu Menschen und nicht zu Göttern oder zu Primitiven. Seine Philosophie ist die Quintessenz buddhistischer psychologischer Kritik und als solche – man kann wohl sagen – von unerhörter Überlegenheit.

Das Wort »Tod« kommt im Titel des *Bardo Thödol* überhaupt nicht vor und verschiebt völlig den Akzent des Werkes, der auf der Idee der Befreiung liegt, und zwar auf der Befreiung von den Illusionen unseres egozentrischen Bewußtseins, das dauernd zwischen Sein und Nichtsein, zwischen Geburt und Tod, zwischen Wunsch und Verzweiflung hin und her pendelt, ohne aus diesen zwischenzuständlichen, samsarischen Täuschungen zur »Zuständlichkeit« und Ruhe nirvanischen Erwachens zu kommen.

»*Bardo*« mit »Tod« gleichzusetzen, würde einem Rückfall in die allerprimitivste Vorstellungswelt gleichkommen. Das Wort »*Bardo*« hat eine viel weitere Bedeutung und enthält den Begriff des Todes als einen bloßen Sonderfall. Für jeden, der mit buddhistischer Philosophie vertraut ist, ist es klar, daß Geburt und Tod nicht einmalige Phänomene des menschlichen Lebens sind, sondern etwas, das sich ununterbrochen in uns vollzieht. In jedem Augenblick stirbt etwas in uns und wird etwas in uns wiedergeboren.

Die verschiedenen *Bardos* sind nichts anderes als die verschiedenen Bewußtseinszustände unseres Lebens: der Zustand des Wachbewußtseins, der Zustand des Traumbewußtseins, der Zustand des Versenkungsbewußtseins, der Zustand des Todeserlebnisses, der Zustand des Erlebnisses der Wirklichkeit, der Zustand des Wiedergeburtsbewußtseins.

Alles dies ist klar in den »Wurzelversen der Sechs Bardos«, die zusammen mit den »Pfaden der guten Wünsche« den ursprünglichen Kern des Werkes ausmachen, beschrieben – was beweist, daß wir es hier mit der Wirklichkeit des Lebens und nicht nur mit einer Anweisung zum Sterben oder gar mit einer Totenmesse, zu der spätere Zeiten das Werk degradierten, zu tun haben. Es ist nicht ein Führer für die Toten, sondern für solche, die den Tod überwinden und den Vorgang des Sterbens in einen Akt der Befreiung verwandeln wollen. Denn im Sterben durchlaufen wir die gleichen Stufen, die wir in den fortgeschrittenen Stadien der Meditation erleben. Schon Plutarch sagt: »Im Augenblick des Todes erlebt die Seele das gleiche wie die in die Großen Mysterien Eingeweihten.«

Durch die automatische Ausschaltung der Körperlichkeit und allen Wollens sowie aller Hemmungen des Oberflächenbewußtseins gibt das Sterben uns augenscheinlich eine außergewöhnliche Gelegenheit, uns von der Herrschaft unserer Triebe und Verdunkelungen zu befreien und, wenn auch nur für einen blitzartigen Augenblick, das erlösende Licht zu erblicken. Wer diesen Augenblick festhalten und sich auf seiner Erkenntnishöhe halten kann, wird der Befreiung teilhaftig. Ein Absinken von diesem Niveau aber bedeutet eine mehr oder weniger starke Wiederverstrickung in den Kreislauf der Geburten.

Nur diejenigen können von dem Impetus jenes Augenblickes Gebrauch machen, die sich darauf während ihres Lebens vorbereitet haben. Daher bestanden die Einweihungen in die Großen Mysterien der Antike und früherer Kulturen im symbolischen Sterben des Eingeweihten, und auch Padmasambhava machte von diesem Mittel Gebrauch, wie wir aus der Mahnung des letzten der »Wurzelverse« ersehen, in dem es heißt, daß wir den Gedanken des herannahenden Todes nicht um der flüchtigen Angelegenheiten des Lebens willen von uns schieben, sondern uns dem *Dharma* widmen sollten, solange uns das Leben noch die Gelegenheit dazu gibt.

Zu diesem Zweck ist es notwendig, den Tod in das tägliche Leben einzubeziehen – nicht um Abscheu gegen das Leben in uns zu erzeugen, sondern um ihn als unzertrennlichen und notwendigen Bestandteil des Lebens zu erkennen. Um in diese Erlebnissphäre einzudringen, bedarf es keiner Leichenbetrachtungen (die in ganz andere Zusammenhänge gehören), sondern der Versenkung in den innersten Kern unseres Wesens, wo Leben und Tod unaufhörlich einander begegnen.

## III. Schauung als schöpferische Wirklichkeit

In der geistigen Schulung des *Bardo Thödol* wie in den Mysterien des Altertums müssen die Eingeweihten durch das Erlebnis des Todes gehen, um zur inneren Befreiung zu gelangen. Sie müssen ihrer Vergangenheit und ihrem »Ich« sterben, bevor sie in die geistige Gemeinschaft und in das höhere Leben eintreten und »Söhne der Buddhas« werden können.

Daß der Prosateil des *Bardo Thödol* sich an solche Eingeweihten richtet, wird bestätigt durch die sich ständig wiederholende Anrede »*Rigs-kyi bu*«, »Sohn edler Familie«, das heißt der Familie der Buddhas. Der Ausdruck »*rigs-lia*«, »die Familie der Fünf«, ist die stehende Bezeichnung der fünf *Dhyāni*-Buddhas, deren *Maṇḍala* dem *Bardo Thödol*, wie den meisten tibetischen Meditationssystemen, zugrunde liegt.

Der Eingeweihte, der in aufrichtiger Hingabe der Schauung der *Dhyāni*-Buddhas teilhaftig geworden ist, ist hierdurch in die Gemeinschaft der Erleuchteten eingetreten, ein geistiger Sohn der Buddhas geworden, ein »*Jinaputra*«, ein »Sohn der Siegreichen«, ein Sohn der »edlen Familie«. Derartige Ausdrücke gehen auf die frühesten Zeiten des Buddhismus zurück; heißt es doch schon im *Dīgha-Nikāya XXVII, 9*:

> Vasettha, in wen Glaube an den Tathāgata Eingang gefunden hat, in wem er unerschütterlich geworden ist und wem er von keinem Samana, Brahmanen, Gott, Māra, Brahmā oder irgendjemandem in der Welt mehr geraubt werden kann, der darf sagen: »Ich bin der eigene Sohn des Erhabenen, aus seinem Munde geboren, aus der Lehre gezeugt, durch die Lehre geschaffen, Erbe der Lehre!« – Wieso? Weil man den Tathāgata bezeichnen kann als den, dessen Körper die Lehre ist *(dhammakāyo; skt.: dharmakāya)*, den Körper Brahmās, der mit der Lehre und mit Brahmā wesensgleich ist.« (Übs. O. Franke)

Wenn weiterhin im Prosateil des *Bardo Thödol* augenscheinlich der »Tote« oder Sterbende angeredet wird (was zur Ursache späterer Mißverständnisse wurde und bezeichnenderweise in den mantrischen Kernstücken des Werkes nicht vorkommt), so kann dies auf dreierlei Gründe zurückgeführt werden:

1. daß derjenige, der sich ernsthaft müht, die Lehren des *Bardo Thödol* zu verwirklichen, jeden Augenblick seines Lebens als den letzten betrachten soll. Er soll jeden Augenblick mit dem gleichen Ernst betrachten und ihm den gleichen Wert beimessen, als wenn er der letzte seines Lebens wäre. (»Lebe, als müßtest du heute sterben; stirb, als wenn du unsterblich wärst!«)

2. daß, wenn die letzte Stunde eines Eingeweihten herannaht, man ihn an die Worte seines *Guru* erinnern und in ihm die Erlebnisse der Initiation und der Schauungen wachrufen soll, falls sein Geist im entscheidenden Augenblick getrübt ist.

3. daß man versuchen soll, den soeben aus diesem Leben abgeschiedenen mit liebenden und helfenden Gedanken in den neuen Daseinszustand zu begleiten (solange sein Geist noch unsicher und mit der Vergangenheit verbunden ist), ohne zuzulassen, daß die eigene emotionelle Bindung zu einem Hindernis für ihn oder zu einem Zustand von Depression für einen selbst wird. – In diesem Sinne wird der dritte Punkt wahrscheinlich zu einer größeren Hilfe für den Zurückgebliebenen, indem er seine eigene Stellung gegenüber dem Hingeschiedenen wie auch gegenüber der Tatsache des Todes läutert und klärt.

In jedem Falle kommt es darauf an, sich des rechten Dinges zur rechten Zeit zu erinnern. Um dies jedoch möglich zu machen, muß man sich während seiner Lebenszeit geistig vorbereiten. Jene Fähigkeit, die man im Tode und darüber hinaus zu entscheidenden, richtunggebenden Einflüssen machen möchte, muß man im Leben hervorbringen, aufbauen und pflegen, so daß man, wenn die entscheidende Stunde kommt, nicht verwirrt und bestürzt ist, sondern *spontan* den richtigen Weg einschlägt, selbst wenn der bewußte Wille gelähmt ist.

Solche Spontaneität ist nicht eine Eigenschaft der Bewußtseinsoberfläche, sondern ist in der Tiefe des Unterbewußten verankert. Sie läßt sich darum nicht durch intellektuelle Überzeugungen und Zielsetzungen hervorbringen, sondern nur mittels Durchdringung und Umformung jener Schichten des Bewußtseins, die nicht durch logische Schlußfolgerungen und diskursives Denken erfaßt werden können. Eine solche Durchdringung und Umformung ist nur möglich durch die Kraft der »Bilder« innerer Schauung, also durch die Bildekräfte innerer Schauung, die samengleich in das dunkle Erdreich des Unterbewußten hinabsinken, um dort zu keimen und zu wachsen und sich zu entfalten.

Man mag einwenden, daß solche Schauungen rein subjektiv und darum nichts »Letztes« sind. Aber auch Worte und Ideen sind nichts Letztes, und die Gefahr, an ihnen zu haften, ist um so größer, als Worte eine einengende, beschränkende Tendenz haben, während die Erlebnisse und Symbole echter Schauungen etwas Lebendiges, Wachsendes, innerlich Reifendes sind. Sie weisen und wachsen über sich selbst hinaus. Sie sind zu immateriell, zu »transparent«, um dinghaft zu werden, um zum Haften zu reizen. Sie können weder »gefaßt« noch eindeutig umschrieben oder definiert werden und haben die Tendenz, vom Formhaften zum Formlosen zu wachsen – während das Nur-Gedachte die umgekehrte Tendenz hat, nämlich, sich zum Dogma zu verhärten.

Die Subjektivität der Schaubilder tut ihrem Wirklichkeitsgehalt keinen Abbruch. Sie sind keine Halluzinationen, denn ihre Realität ist die Realität der menschlichen Psyche. Sie sind die Symbole, in denen die höchsten Erkenntnisse und Bestrebungen des menschlichen Geistes verkörpert sind. Ihre Visualisierung ist der schöpferische Vorgang geistiger Projektion, wodurch inneres Erleben in sichtbare Form verwandelt wird, ähnlich dem schöpferischen Akt eines Künstlers, der eine subjektive Idee, eine Gemütsbewegung oder Vision in ein objektives Kunstwerk verwandelt, das nun eine von ihm unabhängige Wirklichkeit annimmt.

Aber ebenso wie der Künstler zur völligen Beherrschung seiner Ausdrucksmittel gelangen muß und sich vielerlei technischer Hilfsmittel bedient, um den vollkommenen Ausdruck seiner Idee zu erreichen, muß der geistig Schöpferische völlig seine geistigen Funktionen beherrschen und sich gewisser Hilfsmittel bedienen, um seiner Schauung Wirklichkeitswert zu verschaffen. Seine technischen Hilfsmittel sind *Yantra*, *Mantra* und *Mudrā*, der Parallelismus des Sichtbaren, Hörbaren und Fühlbaren als Exponenten des Geistes (*citta*), der Rede (*vāk*) und des Körpers (*kāya*). »Yantra« steht hier für *Maṇḍala*, das der geistigen Schauung zugrunde liegende Symbolsystem, welches den sichtbaren Ausgangspunkt der Meditation bildet. »*Mantra*«, das Symbolwort, ist der heilige Laut, der, dem Eingeweihten vom *Guru* übermittelt, sein Inneres zum Schwingen bringt und es dem höheren Erleben öffnet. »*Mudrā*« ist sowohl die körperliche Geste, welche das *Mantra* oder die kultische Handlung begleitet, als auch die innere Haltung, die durch diese Geste betont und zum Ausdruck gebracht wird.

Nur durch das Zusammenwirken aller dieser Faktoren kann der Adept Stück für Stück seine geistige Schöpfung aufbauen und seine Schauung verwirklichen. Denn es handelt sich hier weder um Gefühlsschwärmerei noch um ekstatischen Überschwang der Phantasie, sondern um bewußte, zielstrebige Gestaltung und Realisierung, in der es keine Verschwommenheit gibt:

> Die altbuddhistische Vorstellung, daß Handlungen, die »*kāyena, vācāya uda cetasā*« ausgeführt werden, transzendente Wirkungen auslösen, insofern als sie karma-erzeugende Ausdrucksmöglichkeiten des menschlichen Wollens sind, erhält im Vajrayāna einen neuen Sinn; dieser entspricht der neuen Anschauung über die ungeheure Bedeutung sakraler Akte: das Zusammenwirken der Betätigung von Körper, Rede und Denken ermöglicht es dem Sādhaka, sich in die Triebkräfte des Kosmos einzuschalten und diese seinen Zwecken nutzbar zu machen.[18]

Die Triebkräfte des Kosmos aber sind nach tantrischer Auffassung nicht verschieden von den Triebkräften der menschlichen Seele. Diese Kräfte zu beherrschen und sie nicht nur zum eigenen, sondern zum Heile aller lebenden Wesen nutzbar zu machen, ist darum von höchster Bedeutung. Solange diese Kräfte unerkannt in uns schlummern, haben wir keinen Zugang zu ihnen. Sie müssen daher als Schaubilder in den Bereich des Sichtbaren projiziert werden, wobei die Symbole, die zu diesem Zweck verwendet werden, ähnlich wirken wie ein Kristallisationskeim, durch den eine Flüssigkeit sich plötzlich in solide Kristalle verwandelt und so ihre wahre Natur und Struktur enthüllt.

Dieser geistige Kristallisationsprozeß, der die schöpferische

Phase der Meditation bildet, wird im Tibetischen »*skyed-rim*«, im Sanskrit »*sṛṣṭikrama*«, das heißt »Vorgang der Entfaltung« genannt.

Die durch diesen Vorgang verfestigten und sichtbar gemachten Vorstellungsformen würden jedoch einen geistig erstarrenden, wenn nicht tödlichen Effekt haben, wenn es nicht eine Methode gäbe, die kristallisierten Formen wieder in den normalen Lebens- oder Bewußtseinsstrom aufzulösen. Diese Methode wird der Prozeß der Einschmelzung oder vollkommenen Integration genannt (tib.: *rdzogs-rim*; skr.: *laya-krama*). Er zeigt die Nicht-Absolutheit *(anātman)*, Relativität und Aufhebbarkeit jeder Form *(śūnyatā)*. Dies wird in jedem tibetischen Meditationstraining gelehrt, so daß es absolut keinen Raum zu Mißverständnissen oder zur Verhaftung an die eigenen Erlebnisse und Erreichungen (die Gefahr der meisten nicht-buddhistischen Mystiker) gibt.

Derjenige, der erfährt, daß »Wirklichkeit« das Produkt unseres eigenen Wirkens ist *(»mano pubbangamā dhammā«)*, wird von der materialistischen Vorstellung der Welt, also einer an sich bestehenden oder »gegebenen« Realität, auf die alleranschaulichste Weise befreit. Dies ist bei weitem überzeugender als alle theoretischen oder philosophischen Erörterungen. Es ist praktische Erfahrung, und diese hat eine unendlich tiefere Wirkung als die stärkste intellektuelle Überzeugung, denn »das Schauen *verwandelt* den Schauenden; was offenbar den äußersten Gegensatz zum Wahrnehmungsakte anzeigt, der den Wahrnehmenden vom Wahrnehmungsdinge abhebt und ihn erst eigentlich vergewissert des begrenzten Fürsichseins« (Klages).

Ein Ding existiert nur insoweit, als es wirkt. Wirklichkeit ist Wirken. Ein wirkendes Symbol oder Schaubild ist Wirklichkeit. In diesem Sinne sind die in der Meditation geschauten *Dhyāni*-Buddhas wirklich (ebenso wirklich, wie der sie schaffende Geist), während der nur als einmalige historische Persönlichkeit *gedachte* Buddha in diesem Sinne unwirklich ist. Ein nichtwirkendes Symbol oder Bild ist leere Form, ein bestenfalls dekoratives Gebilde oder die Erinnerungsform eines Begriffes oder eines der Vergangenheit angehörigen Gedankens oder Geschehens. Deshalb nehmen alle großen tibetischen Meditationen das universelle Ziel, die große mystische Synthese, die ideale Buddhaschaft vor-

weg, und erst nachdem sie den Meditierenden mit dem Ziel identifiziert haben, überlassen sie ihn der Vielfältigkeit meditativer
Erlebnisse und Methoden.

Ebenso wie ein Bogenschütze sein Ziel ins Auge nimmt und
mit ihm eins wird, um es mit Sicherheit zu treffen, so muß der
Meditierende vorerst sich sein Ziel vergegenwärtigen und völlig
mit ihm eins sein. Dies gibt seinem inneren Streben die Richtung
und den Impetus, so daß – welche Wege und Methoden er auch
wählt, seien sie aufbauend oder unterscheidend, gefühlsmäßig
oder verstandesmäßig, schöpferisch oder analytisch – er immer
auf das Ziel hin fortschreiten und sich weder in der Öde der
Zergliederung verlieren, noch an den Schöpfungen seiner Vorstellung haften wird. Die letztere Gefahr wird, wie wir sahen,
durch die auflösende, integrierende Aktion des Einschmelzungsprozesses vermieden. Diese Fähigkeit, eine Welt zu schaffen und
wieder aufzulösen, zeigt mehr als alle mechanistische Analyse
des Verstandes die wahre Natur aller Erscheinung und die Sinnlosigkeit allen Haftens und Begehrens.

## IV. Der Weg des Lichtes und die »Fünf Weisheiten«

Wir haben in den vorangegangenen Betrachtungen gesehen, daß
der *Bardo Thödol* in erster Linie ein Buch für die Lebenden ist,
denn nur durch Anwendung seiner Lehren während des Lebens
und auf das Leben kann es im Sterben und über den Tod hinaus
von Nutzen sein. Sollte irgendein Zweifel darüber bestehen, so
macht der erste der Wurzelverse, die den Grundriß des Werkes
darstellen, die geistige Haltung desselben unzweideutig klar. Er
richtet sich nicht nur an solche, die das Ende ihres Lebens herannahen sehen oder unmittelbar vor ihm stehen, sondern ebenso an
die, die ihr Leben noch vor sich haben und denen zum ersten Mal
die volle Bedeutung ihres Daseins – insbesondere ihres Menschseins – zum Bewußtsein kommt. In menschlicher Daseinsform
geboren zu sein, ist ein Privileg, das schon der Buddha als ein
solches erkannte, da es die seltene Gelegenheit der Schicksalsentscheidung, der »Umkehr« und damit der Befreiung bietet:

O daß ich jetzt, wo mir der Bardo des Lebens[19] aufgeht,
Müßiggang aufgebe – da das Leben keine Zeit zum Ver-
schwenden hat –,
Den Pfad des Hörens, des Nachdenkens und der Meditation
beschreite,
Auf dem Wege der Erscheinungsformen und des Geistes den
»Dreifachen Körper« verwirkliche
Und – nachdem ich nun einmal die menschliche Gestalt er-
langt habe –
Keine Zeit auf dem Wege wertloser Zerstreuungen ver-
schwende.

Hören, Nachdenken und Meditieren sind die drei Stufen der
Jüngerschaft. Daß das tibetische Wort für »hören« *(thos)* in diesem Zusammenhang – ebenso wie in dem Ausdruck »Thödol«
*(thos-grol)* – nicht mit der bloßen physischen Sinneswahrnehmung verwechselt werden darf, kann auch aus dem Beispiel des
Ausdrucks »*nyan-thos*« ersehen werden, der dem Sanskrit-Ter-
minus »Śrāvaka« entspricht und einen *Jünger,* und zwar einen
direkten Jünger des Buddha, bezeichnet – also nicht einen bloßen
Hörer der Lehre, sondern einen, der sich völlig dieser Lehre
hingibt in gläubigem Vertrauen *(śraddhā)* sie »mit dem Herzen
hört« und innerlich erfaßt. Dies ist die erste Stufe der Jüngerschaft. Auf der zweiten Stufe wird das intuitiv Gefühlte gedank-
lich verarbeitet und von der prüfenden Vernunft bestätigt, während auf der dritten Stufe das gefühlsmäßig Geahnte und intellektuell Erkannte durch direktes Erleben zur Wirklichkeit wird.
Aus verstandesmäßigem Wissen wird innere Gewißheit.

Dies ist es, was den Jünger über den Bereich des Todes hinaushebt und ihn befähigt, die Illusion des Sterbens zu durchschauen
und sich von seiner Furcht zu befreien.

Die Illusion des Todes hat ihren Grund in der Identifizierung
des Individuums mit seiner zeitlichen, vergänglichen Form, sei
sie nun physisch, seelisch, geistig oder gefühlsgeformt, aus der
die irrige Auffassung einer eigenen, für sich bestehenden Ichheit
entspringt und mit ihr die Furcht, sie zu verlieren. Lernt der
Jünger jedoch, sich mit dem Ewigen, dem *Dharma,* dem unvergänglichen Licht der Buddhaschaft, das auch in ihm schlummert,
zu identifizieren, dann verschwinden die Schrecken des Todes

wie Nebel vor der aufgehenden Sonne. Denn dann weiß er, daß, was er auch immer sehen, hören oder fühlen mag in der Stunde des Abscheidens aus diesem Leben, Spiegelungen seines eigenen Geistes, Ausstrahlungen seiner eigenen bewußten und unterbewußten Kräfte sind, die keine Macht über ihn haben, wenn er ihren Ursprung kennt und sie durchschaut.

Er ist dann in der Lage eines unparteiischen Beobachters, der das Spiel jener Kräfte und Formen erkennt als das, was er selbst während dieser und früherer Lebenszeiten durch Gedanken und Taten aufbaute und was ihn nun entweder in niedere Daseinsbereiche hinabzuziehen oder in höhere Sphären zu erheben sucht.

So wie der Embryo des physischen Körpers alle Stadien einer vergangenen äonenlangen Entwicklung von den Anfängen organischen Lebens durch pflanzliche und tierische Formen bis zum *Homo sapiens* wiederholt, so sinkt in umgekehrter Folge der bewußte Geist bei der Auflösung des Körpers wie nach einem Gesetz geistiger Schwerkraft durch die verschiedenen Bewußtseinsschichten auf jenes Niveau, von dem eine neue embryonische oder entsprechende Daseinsform wiederbegonnen werden kann.

Wenn das Bewußtsein seinen Halt am sterbenden Körper aufgibt und somit von den Fesseln der Körperlichkeit befreit ist, erlangt es für einen Augenblick (der für einen Sterbenden eine »Ewigkeit« oder irgendein anderes Zeitmaß bedeuten kann) einen überraschenden und außergewöhnlichen Zustand von Freiheit und Klarheit, der von einem Gefühl überirdischen Friedens und höchster Beseligung begleitet ist (was sich für gewöhnlich im Gesichtsausdruck Sterbender im Moment des Todes oder unmittelbar danach widerspiegelt).

Es ist von höchster Bedeutung, ein Abgleiten des Geistes von diesem verklärten Zustand zu verhindern und ihn zum Sprungbrett höheren Aufschwunges, wenn nicht höherer Befreiung zu machen. Doch nur diejenigen, die gelernt haben, ihren Geist zu beherrschen, und die seine höchsten Fähigkeiten entwickelt haben, können diesen Zustand, in dem für einen Augenblick die Schuppen von den Augen des menschlichen Geistes fallen, festhalten oder begreifen und ihn zum Vehikel höchster Zielverwirklichung machen.

Für diejenigen aber, die noch nicht solch vollkommene Geistesbeherrschung erreicht haben, werden im *Bardo Thödol* verschiedene Stufen oder Ebenen beschrieben, in die der Geist hinabsinkt, und zu gleicher Zeit werden Mittel und Wege aufgezeigt, um diesen Abstieg aufzuhalten oder Wege zu erneutem Aufstieg zu finden. Denn es ist das Gesetz allen Lebens, daß dort, wo keine Anstrengung ist, Fäulnis und Verfall einsetzen. Wir schwimmen nur so lange, als wir aktiv und zielbewußt sind; sobald wir in unserer Anstrengung nachlassen, sinken wir.

Der *Bardo Thödol* besteht deshalb darauf, auf jeder Stufe erneute Anstrengungen zu machen, den Schleier der Illusion zu durchbrechen und furchtlos den Tatsachen der Wirklichkeit ins Auge zu sehen. Es ist darum wichtig, in jedem *Bardo*-Zustand die Schöpfung unseres eigenen Bewußtseins zu erkennen und auf diese Weise die Herrschaft über sie zu gewinnen:

O daß ich nun, da der Bardo der Wirklichkeit mir aufgeht,
Alle Angst, Furcht und Schrecken vor den Erscheinungsformen von mir tuend,
Alle Erscheinungen als meine eigenen Bewußtseinsformen erkennen möge:
Nämlich als die Erscheinungsformen des Zwischenzustandes.
Es kommt der Augenblick, in dem der Ruf des großen Zieles an den Geist ergeht,
Fürchte darum nicht die selbstgeschaffenen milden und furchterregenden Erscheinungsformen.

Wenn in dieser entscheidenden Stunde der Sterbende imstande ist, sich an alles Edle und Erhabene zu halten – an das reine Licht der Weisheit, das in seinen höchsten Idealen und in den Schaubildern seiner Meditationen verkörpert ist –, dann wird er sicher einen guten Weg gehen, der entweder zur endgültigen Befreiung von dieser Welt oder zu einer günstigen Geburt in ihr führt, einer Geburt, die ihm Gelegenheit gibt, sein Bestes zu entfalten und sein Ziel auf diesem Wege zu verwirklichen.

Kann der höchste Augenblick auch noch nicht festgehalten oder in seiner ganzen Bedeutung erfaßt werden – nämlich als Aufleuchten des allumfassenden Bewußtseins, des *Dharmakāya* –, so folgen die Erscheinungen der reinen Lichter des *Sambhogakāya* auf der Ebene verklärter geistiger Schauung:

Wenn das helle Licht der Fünf Weisheiten auf mich scheint,
Möge es geschehen, daß ich ohne Furcht und Schrecken es als
meine eigene Natur erkenne.
Wenn die milden und die furchterregenden Erscheinungsformen mir hier aufgehen,
Möge es geschehen, daß ich die Sicherheit der Furchtlosigkeit
gewinne und den Bardo erkenne.

Diese »Fünf Weisheiten« bilden den Ursprung der bereits erwähnten fünf Ordnungen. Sie sind die in jedem Buddha gegenwärtigen Eigenschaften, von denen jeweils die eine oder die andere den Umständen gemäß den Vorrang hat und so den spezifischen Charakter des individuellen Buddha bestimmt.

Schon in den frühen Pāli- und Sanskrit-Texten werden fünf
Buddhas unseres Weltzeitalters *(kalpa)* erwähnt und wird die
Lehre von der kosmischen Periodizität der Buddhas aufgestellt,
nach der in jedem *Kalpa* nach ewigem Weltgesetz *Samyaksam-*
*buddhas* erscheinen können. Mit anderen Worten besagt dies,
daß die Buddhaschaft oder die Entfaltung des vollkommenen
Erleuchtungsbewußtseins *(bodhi-citta)* eine der Welt und jedem
lebenden Wesen immanente Eigenschaft ist (so wie die Blüte im
Samenkorn beschlossen liegt. Die fünf *Dhyāni*-Buddhas sind sozusagen die ewigen Prototypen, die geistigen Urbilder, die stets
gegenwärtigen Formprinzipien (Matrix) dieser wieder und wieder entstehenden Buddhas.

Wodurch unterscheiden sich nun die fünf Vollkommen-Er-
leuchteten eines Weltzeitalters voneinander, obwohl doch die
Qualität der Erleuchtung die gleiche ist? – Die Antwort ist:
*Durch den Weg*, der entsprechend den Bedingungen und Notwendigkeiten der Zeit zu dieser Erleuchtung führte. Die Tradition unterscheidet hier die folgenden Wege:

– den Weg der reinen (universellen) Erkenntnis *(prajñā)*
– den Weg der unerschütterlichen Stärke *(bala)*
– den Weg magischer Fähigkeiten *(siddhi)*
– den Weg der Geistesanspannung, der yogischen Energie
*(vīrya)*
– den Weg erbarmender Liebe *(maitrī-karuṇā)*

Auf diese Weise wird dem Buddha Krakucandra als Haupteigenschaft *prajñā* zugeschrieben, dem Buddha Kanakamuni die Qualität *bala*, dem Buddha Kāśyapa magische Fähigkeiten *(siddhi)*, Śākyamuni, dem historischen Buddha, die Qualität *vīrya* und dem kommenden Buddha Maitreya die Qualität des Mitleids *(karuṇā)* als Ausdruck selbstloser Liebe *(maitrī)*.

Entsprechend diesen Hauptqualitäten oder Temperamenten, wie man sie vielleicht auch nennen könnte, können wir verschiedene Aspekte der Erkenntnis – die natürlich alle in der großen Erleuchtung vereint sind – unterscheiden:

1. die transzendente Weisheit des höchsten Gesetzes *(dharmadhātu-jñāna)*, die Erkenntnis des universellen *Dharma* als Ausgangs- und Endpunkt alles Wissens
2. die reflexive Weisheit des Großen Spiegels *(mahādarśana-jñāna)*, welche die Dinge unparteiisch sieht, wie sie sind *(yathābhūta)*, ohne von ihnen berührt oder erschüttert zu werden
3. die synthetische Weisheit der Gleichheit *(samatā-jñāna)*, die identifizierende, sich im anderen erkennende, sich anderen gleichsetzende Erkenntnis
4. die analytische Weisheit unterscheidender Klarschau *(pratyavekṣanā-jñāna)*, in der die individuellen und generellen Merkmale aller Dinge klar geschaut werden
5. die aktive, durch die Kraft der Liebe und des Mitleids alles vollendende Weisheit *(krityānuṣṭhāna-jñāna)*

Magie beruht auf Identifizierung, In-eins-Setzung von Subjekt und Objekt, Mikro- und Makrokosmos, sowie auf dem Parallelismus von kultischer Handlung und äußerem Geschehen. Hierin liegt der innere Zusammenhang zwischen *Siddhi* und *Samatā-jñāna*.

Sehen wir von der »historischen« Auffassung der fünf *Samyaksambuddhas* ab, so enthüllen sich hier die Grundlagen einer allgemeingültigen Geisteshaltung. Darin liegt der Wert dieser Typologie, die anderenfalls nur mythologisches oder ikonographisches Interesse haben würde. Wir haben es hier mit der Struktur jeglichen erkenntnisbegabten Bewußtseins zu tun, das heißt mit der psychologischen Grundlage der obenerwähnten fünf Ordnungen.

Die *transzendente Weisheit* des höchsten Gesetzes gehört der Ordnung des Gesetzesrades, der *Cakra*-Ordnung des *Dhyāni*-Buddha Vairocana an, der als geistiges Strahlungszentrum (sein Name bedeutet »der Strahlende«, so wie das Rad ein Sonnensymbol ist) die Mitte des *Maṇḍala* einnimmt.

Die *reflexive Weisheit* des Großen Spiegels gehört der *Vajra*-Ordnung des *Dhyāni*-Buddha Akṣobhya, des »Unerschütterlichen«, an.

Die *synthetische Weisheit* der inneren Wesensgleichheit gehört der *Ratna*-Ordnung des *Dhyāni*-Buddha Ratnasambhava an. *Ratna*, das Juwel, ist hier die *prima materia*, der »Stein der Weisen«, der in allem Bewußtsein potentiell vorhandene Funke der Erleuchtung *(bodhicitta)*.

Die *analytische Weisheit* unterscheidender Klarschau gehört der *Padma*- oder Lotus-Ordnung des *Dhyāni*-Buddha Amitābha an, in dem die schauende, sich entfaltende *(śṛṣṭi-krama)*, die schöpferische Meditation symbolisiert ist. Ausdrücke wie »analytisch«, »unterscheidend«, »forschend«, »untersuchend«, mit denen *pratyavekṣaṇā* wiedergegeben wird, beziehen sich hier also nicht auf eine intellektuelle Begriffszerfaserung oder -zersetzung, eine logische *reductio ad absurdum* der Erscheinungswelt auf dem Wege philosophischer oder naturwissenschaftlicher Analyse. Deren Unzulänglichkeit hatte bereits der Buddha erkannt, weshalb er die Spekulationen der Metaphysiker und Philosophen seiner Zeit ablehnte. Daraus zogen dann einige Indologen des vorigen Jahrhunderts den Schluß, der Buddhismus sei eine rein verstandesmäßige Lehre ohne jeglichen metaphysischen Hintergrund.[20] Der Buddha war gewiß kein Feind der Logik; er machte im Gegenteil vollsten Gebrauch von ihr. Aber er erkannte ebenso ihre Grenzen und lehrte darum, was darüber hinausging: die unmittelbare Schauung *(dhyāna)*, die über bloßes Wortdenken *(avitarka-avicāra)* hinausgeht. Dies ist in der Gestalt des Amitābha als dem geistigen Urbild des Buddha Śākyamuni zum Ausdruck gebracht.

Die aktive, durch die Kraft des Erbarmens *alles vollendende Weisheit* gehört der *Karma*-Ordnung des *Dhyāni*-Buddha Amoghasiddhi an, dessen Idee in der Gestalt des Buddha Maitreya seine menschliche Verkörperung finden wird.

## V. Symbolik des Raumes, der Farben, der Elemente und Geistesqualitäten

Wir hatten die Erscheinungsformen der *Dhyāni*-Buddhas mit den durch ein Prisma aufgefächerten Lichtstrahlen verglichen, in denen die Eigenschaften des Lichtes in Form verschiedener Farben sichtbar werden. Dieser Vergleich ist um so angebrachter, als in den Erscheinungsformen der *Dhyāni*-Buddhas Farben eine wichtige Rolle spielen: Sie sind die Repräsentanten gewisser Eigenschaften und geistiger Assoziationen, für die der Eingeweihte ebenso empfänglich ist wie der musikalisch Geschulte für Töne. Sie übermitteln die jeder Erleuchtungsform oder jedem Erkenntnis- oder Weisheits-Aspekt eigentümliche Schwingung, die im Hörbaren durch die entsprechende Schwingung des *Mantra*, im Körperlichen durch die Geste *(mudrā)* ausgedrückt ist.

Das Netz der Beziehungen dehnt sich auf alle Gebiete geistiger und sinnenhafter Wahrnehmung und Vorstellung aus, so daß aus dem Chaos des weltzugewandten Bewußtseins langsam ein wohlgeordneter, klarer, beherrschbarer Kosmos entsteht. Das grundlegende Element dieses Kosmos ist der Raum. Der Raum ist das Allumfassende, das Prinzip der Einheit. Seine Natur ist Leere, und weil er leer ist, kann er alles umfassen und enthalten. Im Gegensatz zum Raum steht das Prinzip der Substanz, der Differenzierung, der Dingheit. Aber nichts kann ohne Raum existieren. Raum ist die Vorbedingung allen Daseins und allen Daseienden, sei es materieller oder immaterieller Art, denn wir können uns kein Objekt und keine Existenz ohne Raum vorstellen. Somit ist der Raum nicht nur eine *conditio sine qua non* aller Existenz, sondern auch eine grundlegende Eigenschaft unseres Bewußtseins.

Unser Bewußtsein bestimmt die Art des Raumes, in dem wir leben. Die Unendlichkeit des Raumes und die Unendlichkeit des Bewußtseins sind identisch. In dem Augenblick, in dem ein Wesen sich seines Bewußtseins bewußt wird, wird es sich des Raumes bewußt. In dem Augenblick, in dem es sich der Unendlichkeit des Raumes bewußt wird, wird es der Unendlichkeit des Bewußtseins inne. Wenn also der Raum eine Eigenschaft unseres Bewußtseins ist, dann kann mit gleichem Recht gesagt werden, daß das Erlebnis des Raumes das Kriterium geistiger Aktivität und höherer Bewußtheit ist. Die Art des Raumerlebnisses oder der Raumwahrnehmung sind charakteristisch für die Dimension unseres Bewußtseins.

Schauen die Menschen zum Himmel auf und rufen den »Himmel« an oder eine Macht, die in diesem wohnend vorgestellt wird, dann erwecken sie in Wirklichkeit Kräfte ihres eigenen Innern, die nach außen projiziert und als Raum, Himmel oder Weltraum veranschaulicht und sichtbar gemacht werden. Betrachten wir die geheimnisvolle Tiefe und Bläue des Firmaments, so kontemplieren wir die Tiefe unseres eigenen Wesens, unseres eigenen rätselhaften, allumfassenden Bewußtseins in seiner urtümlichen, ungetrübten Reinheit: ungetrübt von Gedanken und Vorstellungen, ungeteilt durch Unterscheidungen, Begehren oder Verwerfen. Hierin liegt die unbeschreibliche und unerklärliche Glückseligkeit, die uns bei solcher Kontemplation erfüllt.

Aus solchem Erleben heraus wird uns die Bedeutung des tiefen Blau als Zentrum und Ausgangspunkt meditativer Symbolik und Schauung verständlich: Es ist das Licht der transzendenten Weisheit des *Dharmadhātu*, des Ursprunges aller Bewußtheit und aller Erkenntnis, undifferenziert, potentiell, allumfassend wie der unendliche Raum – das leuchtend blau aus dem Herzen des Vairocana, des zentralen Urbuddha, hervorgeht. Dieses Licht, das im *Bardo Thödol* als die Urform oder das reine Element des Bewußtseins in seiner Gesamtheit aufgefaßt wird, symbolisiert zu gleicher Zeit die Potentialität der »Großen Leere«, der *Śūnyatā*, die den Zentralbegriff aller Mahāyāna-Lehren bildet.

Die philosophische und erkenntnistheoretische Ausdeutung dieses Begriffes würde ein ganzes Buch erfordern; begnügen wir uns daher mit der Sprache der Symbolik, die selbst dem philosophisch oder meditativ Ungeschulten einen Ausgangspunkt zum eigenen Denken und Erleben gibt und die in den einfachen und darum so schönen Worten des Sechsten Patriarchen des *Zen* in China zum Ausdruck kommt:

Hört ihr mich von der Leere sprechen, so laßt euch nicht zu der Auffassung verleiten, daß ich die Leerheit (eines bloßen Vakuums) meine. Es ist von größter Wichtigkeit, daß wir nicht einer solchen Auffassung verfallen; denn wenn beispielsweise ein Mann dasitzt und seinen Geist völlig leer hält, so würde er nur in einem Zustand der Leere im Sinne völliger Gleichgültigkeit oder Indifferenz verharren. Die unendliche Leere des Universums jedoch ist fähig, Myriaden von Dingen verschiedenster Form und Gestalt zu bergen: Sonne und Mond, Sterne und Welten, Berge, Flüsse, Bäche und Quellen, Wälder und Sträucher, gute Menschen und schlechte Menschen, Gesetzmäßigkeit im Guten wie im Schlechten, himmlische und höllische Welten, die tiefsten Weltmeere und die höchsten Berge. Der Raum umfaßt alle diese, und in gleicher Weise tut dies die »Leere« unserer eigenen Natur. Wir sagen, daß das wahre Wesen unseres Geistes groß ist, weil es alle Dinge umfaßt, weil alle Dinge in unserer Natur beschlossen liegen.[21]

Aber so wie der Raum, obwohl wir augenscheinlich in ihm leben, von ihm erfüllt und umgeben sind und seine ganze Unendlichkeit im Herzen tragen, als Ganzes nicht beschrieben, erklärt oder definiert werden kann, sondern nur in seinen Teilaspekten und in bezug auf das erlebende Individuum – so kann die Natur des Bewußtseins und der Buddhaschaft nur durch Auseinanderlegung ihrer Qualitäten und durch Individualisierung ihrer verschiedenen Aspekte dem Verständnis näher gebracht werden. Wie wir, um uns im Raum zu orientieren, von einer östlichen, südlichen, westlichen oder nördlichen Himmelsrichtung sprechen und mit jeder dieser Himmelsrichtungen eine Phase des Sonnenumlaufes verbinden, ohne damit die Einheit des Raumes oder der Lichtquelle in Frage zu stellen, so unterscheiden wir im Raum unseres seelischen Erlebens, entsprechend den Phasen seiner Entfaltung, eine östliche, südliche, westliche oder nördliche Richtung, Anschauungsform, Haltung oder Ausdrucksform, ohne damit die Einheit, das gleichzeitige In- und Miteinanderbestehen sämtlicher Phasen und Raumaspekte zu leugnen. Im Samenkorn sind Wurzel, Stamm, Blätter, Blüten und Früchte in undifferenzierter Einheit potentiell vorhanden. Doch erst wenn sie zeitlich und räumlich auseinandertreten, werden sie für uns Wirklichkeit.

Darum erheben sich aus dem tiefen Blau des Raumes, also aus der Tiefe des undifferenzierten Bewußtseins, die Gestalten und leuchtenden Strahlen der *Dhyāni*-Buddhas: im Osten der raumfarbene (blaue) Akṣobhya, aus dessen Herzen das noch unzerlegte farblose (Vairocana-gleiche) weiße Licht der spiegelgleichen Weisheit strahlt, in der die Formen *(rūpa)* aller Dinge sozusagen zum ersten Mal (um im »zeitlichen« Gleichnis zu bleiben) auseinandertreten und mit der Klarheit, Unerschütterlichkeit und Unparteilichkeit eines von den Objekten selbst unberührten Spiegels reflektiert werden.

Es ist dies die Haltung des unparteiischen Beobachters, das reine, spontane Innewerden (die Unmittelbarkeit des *Satori* im *Zen*-Buddhismus) unter Ausschaltung gewohnheitsmäßigen, das heißt voreingenommenen Denkens, ebenso wie jener scheinbar objektiven, in Wirklichkeit aber meist willkürlichen Isolierung oder Sezierung lebendiger Vorgänge oder organischer Gegebenheiten, die unter dem landläufigen Begriff der »Analyse« geht.

Es ist die Haltung des Buddha in der Nacht der Erleuchtung, dessen Geste der Erdberührung *(bhūmisparśa-mudrā)* jene unerschütterliche Sicherheit versinnbildlicht, die auf dem soliden Fundament der »Tatsachen«, nämlich der leidenschaftslosen Erkenntnis der Wirklichkeit beruht, welche die Welt sieht, wie sie ist *(yathā-bhūta)*. Akṣobhya ist darum das aller Erscheinung und aller Materialität zugrunde liegende Prinzip der Form (skt.: *rūpa*) in seiner reinen Zuständlichkeit zugeordnet. Auf der Ebene des Elementaren entspricht ihm das Wasser, das, selbst farb- und formlos, alle Farben und Formen widerspiegelt, ohne von ihnen verändert oder berührt zu werden.

In der von Lama Kazi Dawa Samdup benutzten tibetischen Handschrift (die der von W. Y. Evans-Wentz herausgegebenen Übersetzung des *Bardo-Thödol*-Textes zugrunde liegt) wird Vairocana das Prinzip der Form zugeordnet und das von ihm ausgehende blaue Licht als »die Gesamtheit des in seinen Urzustand aufgelösten Stoffes« erklärt, während Akṣobhyas weißes Licht als »die Gesamtheit des Bewußtseinsprinzips in seiner reinen Form« bezeichnet wird. Obwohl Vairocana und Akṣobhya vieles gemeinsam haben und in gewissen Meditationssystemen gegeneinander ausgetauscht werden (beide können entweder blau oder weiß dargestellt werden, je nach der Betonung der aktiven oder passiven Seite ihrer Natur, ihrer Bezogenheit auf gewisse Aspekte des Bewußtseins oder des Raumes), liegt kein Grund vor, die Auffassung eines einzelnen Manuskriptes der in ganz Tibet anerkannten Version des autorisierten Holzstock-Druckes vorzuziehen – insbesondere, wenn letztere den logisch überzeugenderen Standpunkt vertritt, welcher dem zentralen Buddha Vairocana die Gesamtheit des reinen Bewußtseinsprinzips zuschreibt, aus der ja erst die reinen Prinzipien der Form, des Gefühls, der Wahrnehmung und des Wollens hervorgehen.

Der *Dhyāni*-Buddha der südlichen Richtung ist wie die Sonne am Mittag das Symbol des Gebens aus der Fülle geistiger Kraft. Ratnasambhava, dessen Farbe dem warmen Licht der Sonne, dem Gelb, entspricht, erscheint in der Geste des Gebens *(dāna-mudrā)* der Drei Kostbarkeiten *(triratna)*. Aus seinem Herzen bricht das goldene Licht der Weisheit von der essentiellen Gleichheit aller Wesen hervor. Das reine Urprinzip des Fühlens[22] ist ihm zugeordnet, denn nirgends wird die Einheit aller Wesen tiefer empfunden als im Mitgefühl, im Miterleben von Freude und Leid, Glück und Schmerz anderer, woraus der Drang zum Geben, zum Teilhabenlassen und schließlich zur Selbsthingabe an alle Wesen erwächst.

Auf der Ebene des Elementaren entspricht Ratnasambhava der Erde, die alle Wesen trägt und nährt, und deren traditionell-symbolische Farbe Gelb ist. In ihrer reinsten Form stellt sie sich im Edelmetall (Gold) oder im Edelstein *(ratna)* dar, in der Mystik der Alchemie als *prima materia* oder als »Stein der Weisen«.

Amitābha, der *Dhyāni*-Buddha der westlichen Richtung, erscheint in der Farbe der sinkenden Sonne (Rot), und – der kontemplativsten Stunde des Tages entsprechend – seine Hände ruhen in der Geste der Meditation. Das tiefrote Licht unterscheidender Klarschau bricht aus seinem Herzen, und der geöffnete rote Lotus der sich entfaltenden schöpferischen Meditation erblüht aus seinen Händen. Die Fähigkeit der intuitiven Schauung geht aus dem sublimierten Prinzip der Wahrnehmung, die Amitābha zugeordnet ist, hervor. Auf der Ebene des Elementaren entspricht ihm das Feuer, das in der traditionellen Symbolik dem Auge und der Funktion des Sehens zugeordnet ist.

Der *Dhyāni*-Buddha der nördlichen Richtung repräsentiert gewissermaßen »die Sonne um Mitternacht«, die geheimnisvolle Aktivität geistiger Kräfte, die den Sinnen entrückt, unsichtbar und im Verborgenen darauf hinwirken, die Wesen zur Reife der Erkenntnis und zur Erlösung zu bringen. Das gelbe Licht einer den Blicken entzogenen (inneren) Sonne *(bodhi)*, verwoben mit dem tiefen Blau des Nachtraumes des Universums – sie bilden das ruhevolle, mystische Grün des Amoghasiddhi. Das grüne Licht der aktiven, alles vollendenden Weisheit, das aus seinem Herzen bricht, vereinigt die Universalität des blauen Lichtes Vairocanas und die gefühlsbetonte Wärme des Lichtes der Wesensgleichheit, das Ratnasambhava entströmt.

So wird die Erkenntnis von der Einheit aller Wesen verwandelt in die universelle, vergeistigte Aktivität zum Heile aller Wesen durch Selbsthingabe: durch die Macht allumfassender Liebe *(maitrī)* und unbegrenzten Mitfühlens *(karuṇā)*. Diese beiden Kräfte bilden, wenn sie in den vorher beschriebenen Weisheiten verankert sind, das unzerstörbare Doppelzepter *(viśva-vajra)* des Amoghasiddhi, das in diesem Sinne eine Steigerung des von Akṣobhya geführten *Vajra* ist, und hier das von allem Selbstischen gereinigte Prinzip des Wollens, die magische Geisteskraft eines Buddha *(siddhi)* darstellt. Dieser allesdurchdringenden Kraft entspricht auf der Ebene des Elementaren die Luft, das Sichausdehnende, Bewegte und Bewegende, das Prinzip des Lebens, des lebendigen Odems *(prāṇa)*.

## VI. Sublimierung der Skandhas und Symbolik der Lichter

Wenn wir die geistigen Qualitäten, Bewußtseinsprinzipien, Erkenntnisstufen, Daseinselemente und die sie begleitenden symbolischen Figuren, Gesten, Farben und räumlichen Positionen in Beziehung setzen, so ist dies kein müßiges Spiel der Phantasie oder willkürliche Spekulation. Es geht dabei vielmehr um die anschauliche Darstellung einer durch Generationen gesammelten und bestätigten geistigen Erfahrung und eines gewissermaßen symphonischen oder viel-dimensionalen Erlebens der Wirklichkeit im Sinne aller zusammenwirkenden Kräfte auf den Ebenen des Materiellen, des Sinnlichen, des Psychischen und des Geistigen. Dieses Zusammenwirken ist aber nur dann harmonisch, wenn keine unreinen (d. h. selbstischen) Schwingungen den Zusammenhang stören, und es bedarf klarer Erkenntnis und zielbewußter Anstrengung, um die innere »Abstimmung« rein zu erhalten. Es geht mit dem Instrument des menschlichen Bewußtseins ebenso wie mit jedem musikalischen Instrument – es muß ständig neu gestimmt werden, und seine Stimmung ist von der Kenntnis der richtigen Schwingung, vom Hören des Zusammenklanges, von der völligen Hingabe und Einfühlungsfähigkeit des Ausübenden abhängig.

Diese Kenntnis versucht der *Bardo Thödol*, wie jede tantrische Schaubildentfaltung, auf den verschiedenen Ebenen des Erlebens zu vermitteln. Das tatsächliche Zusammenbestehen (und oft Ineinanderbestehen) dieser Ebenen und die Gleichzeitigkeit ihrer Funktionen wird vom denkenden Geiste als Nebeneinander oder Nacheinander empfunden und kann darum nur stückweise und in einzelnen Phasen ausgedrückt werden.

Die gedanklichen oder weltanschaulichen Konsequenzen enthüllen sich daher nur durch Annäherung an die gegebenen Probleme von verschiedenen Seiten und Gesichtspunkten, sozusagen durch einen »konzentrischen Angriff« auf die zentralen Probleme. Der inkommensurable Rest, der in jeder Teillösung zurückbleibt, ist nur durch die Gesamtschau oder das Erlebnis der Ganzheit aufhebbar. Darum ist, um dieses Prinzip in seine letzten Konsequenzen zu verfolgen, wirkliche Erlösung nur durch vollkommene Erleuchtung möglich – nicht aber durch bloße Ablehnung der Welt oder Negierung ihrer Probleme, was allenfalls zum geistigen Tod, zum reinen Nihilismus führen kann.

Wir müssen uns darum der Unzulänglichkeit aller Worte und intellektuellen Erklärungsversuche bewußt sein und nicht mehr als Approximationswerte in ihnen sehen, die uns auf das tiefere Erleben vorbereiten – so wie die theoretische Harmonie- und Kontrapunktlehre nur vorbereitenden Wert hat, nie aber das musikalische Erlebnis ersetzen kann. Begnügen wir uns daher mit einigen kurzen Hinweisen, die den weltanschaulichen Hintergrund des tantrischen Denkens beleuchten.

Die Beziehungen der fünf *Skandhas (rūpa, vedanā, saṁjñā, saṁskāra, vijñāna)* zu den fünf Qualitäten des Erleuchtungsbewußtseins und der ihnen entsprechenden Weisheiten enthüllen ein wesentliches Prinzip dieser Weltauffassung: daß nämlich die höchsten Eigenschaften keimhaft in den niederen enthalten sind; daß Böses und Gutes, Profanes und Heiliges, Sinnliches und Geistiges, Weltliches und Überweltliches, Nichtwissen und Erleuchtung, *Saṁsāra und Nirvāṇa* keine absoluten, völlig voneinander geschiedenen Begriffe sind, sondern zwei Seiten derselben Wirklichkeit.

Die Welt wird also weder in Bausch und Bogen verdammt, noch in unversöhnliche Gegensätze zerrissen. Es wird vielmehr eine Brücke gezeigt, die von der alltäglichen Welt zeitlicher Sinneswahrnehmung zum Reiche zeitloser Erkenntnis führt – ein Weg, der nicht durch Verneinung und Ablehnung, sondern durch Veredlung und Sublimierung gegebener Bedingungen und Eigenschaften über diese hinausführt.

Vom Gesichtspunkt der fünf Gruppen oder Substrate individuellen Daseins *(skandha)* aus gesehen bedeutet dies, daß die Prinzipien der Körperlichkeit *(rūpa)*, der Empfindung *(vedanā)*, der Wahrnehmung *(saṃjñā)*, der geistigen Gestaltungen oder der willensbedingten Bildekräfte *(saṃskāra)* und des Bewußtseins *(vijñāna)* sich im Zustand der Buddhaschaft in die entsprechenden Qualitäten des Erleuchtungsbewußtseins verwandeln. Das beschränkte, ich-gebundene, individuelle Bewußtsein wird zum kosmischen Bewußtsein, wie wir es in der Gestalt des Vairocana symbolisiert finden, und das Prinzip der individuellen Körperlichkeit zum potentiellen Allkörper, zum latenten Prinzip aller Form, wie es im *Ālaya-vijñāna,* dem »Speicherbewußtsein«, das wie ein großer Spiegel die Formen aller Gestaltungen reflektiert und bewahrt, dargestellt und in Akṣobhya symbolisiert ist.

Ebenso wird aus dem egozentrischen Fühlen und Empfinden das Mitgefühl, die innere Anteilnahme und Gleichsetzung mit allem Lebenden, wie wir es in der Gestalt des Ratnasambhava verkörpert finden. Aus der Sinneswahrnehmung wird die übersinnliche Wahrnehmungs- und Unterscheidungsfunktion der Schauungen der Meditation, was die besondere Funktion des Amitābha ist.

Aus dem ich-gebundenen, karma-wirkenden Wollen und den durch dieses geformten Bildekräften wird das karmafreie Wirken des Heiligen, also die Verwirklichung des heiligen Pfades im *Bodhisattva*-Wandel, im Leben eines Heiligen oder eines Buddha – ein Leben, das seinen zureichenden Grund und seine Ursache nicht mehr im Daseinsdurst, im Haften oder Begehren hat, sondern im Mitleid und in der Nächstenliebe.

Haben diese höheren Qualitäten in uns Wurzel gefaßt, dann werden wir von den reinen Lichtschwingungen der *Dhyāni-*

Buddhas angezogen und sind imstande, uns mit ihnen und ihrer spezifischen Farbenvibration in Einklang zu setzen und mitzuschwingen. Sind wir aber dazu nicht imstande, so empfinden wir die Reinheit jener Schwingungen als unvereinbar mit der Vibration unseres Wesens. Und ebenso, wie ein überhelltes Licht unsere (an irdische Verhältnisse gewöhnten) Augen blendet und erschreckt, so schrecken wir vor der unsere Sinne übersteigenden Klarheit und Reinheit der Buddhastrahlungen zurück und bevorzugen die unreinen, aber milderen Farben getrübter Strahlungen, die den uns innewohnenden Instinkten und irdischen Neigungen entsprechen.

Darum heißt es im *Bardo Thödol*, daß für denjenigen, dessen Geist nicht vorbereitet ist, die Lichterscheinungen und Strahlungen im Erlebnis des »Bardos der Wirklichkeit« erschreckend und verwirrend sind. Wer sie zu deuten weiß oder wer gar im voraus in sich die Formen schuf, in die sich die Fülle des Lichtes, der Farben und der Töne, die aus der Tiefe seines urtümlichen Bewußtseins quellen, ergießen können, für den gibt es weder Furcht noch Schrecken, sondern nur die erhabene Schauung überweltlicher Harmonie, die ihn mitreißt und eins werden läßt mit allem was leuchtend, klar und rein, lösend und erlösend ist – in einem Wort: zur Erlösung führt.

Wer das Höchste in sich gepflegt hat, wird vom Höchsten angezogen. Wer aber an Niedrigem hängt, wird vom Niedrigen angezogen. Und wer nicht während seiner Lebenszeit sich der Ausübung der Meditation gewidmet hat, ist nicht imstande, lange in diesem Reich reinen Lichtes zu verweilen. Er wird sich angezogen fühlen von den trüben, aber um so vertrauteren Ausstrahlungen und Reflexen niederer Bewußtseinsimpulse wie Gier, Haften, Neid, Stolz, Zorn, Selbstgefälligkeit, Trägheit, Stumpfheit und ähnlichen Folgen von Unwissenheit und Selbstsucht.

Diese Impulse sind wie die Vibrationen unreiner Farben und Töne. Aus diesem Grunde erscheinen neben den reinen Strahlungen der *Dhyāni*-Buddhas die ihnen entgegengesetzten Ausstrahlungen jener Bereiche, deren Haupteigenschaften den in den *Dhyāni*-Buddhas verkörperten Qualitäten entgegenstehen und die uns darum an der Verwirklichung jener reinen Qualitäten zu hindern suchen.

So steht der allumfassenden Erkenntnis des universalen Gesetzes (der *Dharmadhātu*-Weisheit), das in der überirdisch reinen
blauen Strahlung Vairocanas zum Ausdruck kommt, die selbstzu-
friedene Unwissenheit der Götter (die sich ewig dünken) entgegen. Wie Wolkenschwaden das tiefe Blau des allumfassenden Raumes verhüllen, so bewirkt das trübe weiße Licht, das von dem
Bereich glückseliger Unwissenheit ausgeht, dem Schwachen eine
»Verhüllung« der *Dharmadhātu*-Weisheit und eine Ablenkung
von ihren reinen Strahlen. »Zu jener Zeit«, sagt der Text, »wird
infolge schlechter karmischer Auswirkungen das strahlende blaue
Licht der Dharmadhātu-Weisheit dir Angst und Schrecken einflö-
ßen und dich zu fliehen veranlassen. Das trübe weiße Licht der
Devas aber wird dir erfreulich (anziehend) erscheinen.«

Der Unerschütterlichkeit Akṣobhyas und der unberührten Objektivität und Unparteilichkeit der »Spiegelgleichen Weisheit«
steht die leidenschaftliche Ruhelosigkeit des Hasses gegenüber,
dessen schwelende Flammen das Kennzeichen höllischer, aus Haß
entstandener Daseinszustände ist und deren dunkle, rauchfarbene
Ausstrahlung neben dem reinen weißen Licht der Spiegelgleichen
Weisheit erscheint. Neben der leuchtend-goldenen Strahlung Rat-
nasambhavas, der die Weisheit der Wesensgleichheit alles Lebenden verkörpert, erscheint das diesem Licht entgegengesetzte trübe
blaue Licht des Stolzes[23] (der auf der Wesensungleichheit beruht)
als typische Ausstrahlung der Menschenwelt.

Den reinen tiefroten Strahlen der unterscheidenden Weisheit
meditativer Klarschau, die von der Gestalt Amitābhas ausgehen,
sind die trüben gelben Ausstrahlungen der Gier, der Leidenschaft, des Besitzenwollens entgegengesetzt, die in der *Preta*-
Welt, dem Bereich unerfüllten Verlangens, ihre qualvolle, weil
nie zu befriedigende Auswirkung findet.

Der alle Werke vollendenden Barmherzigkeit und Liebe
Amoghasiddhis, die in der reinen tiefgrünen Strahlung der alles-
vollendenden Weisheit zum Ausdruck kommt, erscheint die
entgegengesetzte trübe rote Ausstrahlung ewig kämpfender
*Asuras*, der Verkörperungen der Mißgunst und des Neides, der
Quelle des Ehrgeizes, der Streitsucht und des Krieges.

Erst wenn die vereinte Kraft aller reinen Strahlungen am Ende des »*Bardo* der Wirklichkeit« seine Wirkung auf den Erlebenden verfehlt, erscheint – als absoluter Gegenpol der Vairoca-

na-Strahlung – das trübe grüne Licht, das von der Tierwelt, dem Bereich geistiger Stumpfheit und Stummheit ausgeht.

Es ist bedeutsam, daß Götter und Tiere, obwohl Gegenpole in ihren Daseinsformen, das »Nichtwissen« als wesentlichen Faktor gemeinsam haben. Das Nichtwissen *(avidyā)* der ersteren beruht auf der Ausschaltung des Leidens, das der letzteren auf der Ausschaltung der Denkfähigkeit, welche die Voraussetzung verantwortlicher Entscheidung und Willensfreiheit ist. Während die Wiedergeburt in den höheren Daseinsbereichen, wie den *Deva-lokas*, nach Erschöpfung des hierher führenden günstigen *Karma* ein Wiedererscheinen in der Menschenwelt wahrscheinlich macht, ist ein Aufstieg aus der Tierwelt aufgrund der dort herrschenden geistigen Trägheit und Stumpfheit äußerst schwierig und langwierig.

Ein Absinken in einen tierischen Schoß – was wohl nur bei völliger »Vertierung« des menschlichen Charakters oder Desintegrierung der Vernunft vorstellbar ist – ist darum schlimmer (und wohl auch seltener) als ein Absinken in höllische Welten, das heißt in Daseinsformen äußerster Leidhaftigkeit.

Daß die Ausschaltung des Leidens in den *Deva-lokas* ein Hindernis für die Erreichung völliger Erleuchtung und Erlösung darstellt, sollte uns zu denken geben und uns das Leiden von einem tieferen Gesichtspunkt sehen lassen. Wir sollten das Leiden nicht als einen Fluch, sondern als einen Mentor und Ansporn zu höherem Streben betrachten. Dieser Gedanke kommt in Christian Morgensterns »Gebet« zu vollendetem Ausdruck:

Dich ruf ich, Schmerz! Mit aller deiner Macht
Triff dieses Herz, daß es gemartert werde
Und, das ich bin, dies Häuflein arme Erde
Emporhält aus der allgemeinen Nacht.

Dich ruf ich, Menschenfreund der besten Art;
Mißtraue nicht, daß ich dich je verkennte;
Du Schmerz, durch den uns wohl das Größte ward,
Was Menschenwert von Gott und Tieren trennte!

Dich ruf ich: Gib mir deinen bittern Krug;
Und siehst du mich auch bange von ihm wenden;

Da mir das Glück allein nicht Kraft genug,
So hilf denn du mein Tagwerk mir vollenden.

Ein ähnlicher Gedanke ist in jener schönen Stelle des *Bardo Tö-
dol* ausgesprochen, in welcher der Sterbende ermahnt wird,
selbst aus seinem Tode noch das Beste zu machen und ihn zum
Anlaß zu nehmen, zum Wohle aller lebenden Wesen zur Vollkommenheit der Buddhaschaft zu streben.

In diesem Sinne sollten wir nicht nur den Tod, sondern jeden
tiefen Schmerz, jede Leidenserfahrung bereitwillig in uns aufneh-
men und sie dadurch zu einer heiligen Opferhandlung machen.
Wer hierzu imstande ist, hat das Problem des Leidens gelöst und
verwandelt die Schmerzen des *Saṃsāra* in die Glückseligkeit des
*Nirvāṇa*.

## VII. Abstieg in die Welt

In diesem Augenblick, in dem wir das Reich des reinen Lichtes
verlassen, werden wir verstrickt in die Schatten unterbewußter
Triebe, die gegen uns aufstehen in immer verwirrenderen und
drohenderen Formen. Selbst die Kräfte des Lichtes verlieren ihren friedlichen beseligenden Ausdruck und verwandeln sich in
furchterregende Erscheinungen, als ob sie bis zum Äußersten
den unvermeidlichen Abstieg in die Dunkelheit zu verhindern
suchten.

Diejenigen, die diese furchterregenden, kämpferisch-heroi-
schen Formen durchschauen, werden nicht vor ihnen fliehen,
sondern ihren Schutz und Beistand suchen gegen die Mächte des
Zwielichts und der Verführung. Diejenigen aber, die sie nicht
durchschauen, sinken tiefer und tiefer in den Abgrund der Dunkelheit, wo bald ein Pandämonium erschreckender Erscheinungen und tierköpfiger Ungeheuer ihn umringt, während die Luft
mit drohenden Stimmen, wahnsinnigem Gelächter, Heulen und
Schreckensschreien erfüllt zu sein scheint.

Doch selbst die schrecklichsten Erscheinungen sind nichts anderes als die inneren Kräfte des Widerstandes gegen eine vollkommene Selbstauslieferung an die Dunkelheit. Diejenigen, die
selbst jetzt noch zum Bewußtsein ihrer inneren Wirklichkeit er-

wachen, indem sie alle diese Erscheinungen als die Widerspiegelungen ihres eigenen Geistes erkennen, können sie zum Verschwinden bringen oder sie in die strahlende Helle des höheren Lichtes auflösen.

»Nachdem die eigenen Gedankenformen zu Dämonen geworden sind, wandert man in den Saṃsāra.« – »Wer aber nicht dieser Illusion unterliegt und sich nicht schrecken läßt, der wandert nicht in den Saṃsāra.« Solche Worte, die wieder und wieder im *Bardo Thödol* wiederholt werden, zeigen, daß wir es hier nicht mit einer primitiven Dämonologie zu tun haben, sondern mit einer exakten Beschreibung psychologischer Vorgänge innerhalb eines klar umrissenen Systems traditioneller (und bis zu gewissem Grade allgemein-menschlicher) Symbolformen.

Während das christliche Mittelalter und selbst noch spätere Epochen europäischer Geistesgeschichte solche Symbole zum Dogma erhoben und für »real« hielten, ist der Tibeter sich völlig im klaren über die Natur solcher Vorstellungen. Er fällt weder in das Extrem, sie abzuleugnen (wie der moderne Aufgeklärte es tut) oder sie zu unterschätzen, noch in das andere Extrem, an ihre Eigenexistenz zu glauben (wie der Primitive oder der Kirchengläubige).

Wer zwischen den Zeilen des *Bardo Thödol* lesen kann, in denen die Höhen und Tiefen des menschlichen Geistes beschrieben werden, kann ungeheure Schätze an Weisheit entdecken. Er wird finden, daß das menschliche Bewußtsein oder die menschliche Seele, wenn wir diesen viel mißbrauchten Begriff in seinem ursprünglichen, nicht-dogmatischen Sinne als »Psyche« nehmen wollen, in Wahrheit ein Abbild des Universums ist, ein wirklicher Mikrokosmos – und daß darum von jedem Punkte aus ein Weg zur Erlösung, zur Befreiung von den Schrecken der Selbstqual möglich ist – in plötzlichem Aufblitzen spontaner Selbsterkenntnis.

Dies ist die tröstliche und ermutigende Lehre des *Bardo Thödol*. Selbst in den »tiefsten Höllen« – die ja nach allgemein-buddhistischer Vorstellung nicht ewige, sondern zeitliche subjektive Bewußtseinszustände sind – ist darum kein Grund zur Verzweiflung. Der *Bardo*-Text sagt daher im »Pfad der Guten Wünsche, die vor den Schrecken des Zwischenzustandes schützen«:

Wenn das Brüllen der wilden Tiere ertönt, möge es verwandelt werden in die heiligen Laute der Sechs Silben.

Die sechs heiligen Silben, die in Tibet den Wanderer auf allen Wegen grüßen und millionenfach in Stein und Fels gemeißelt sind, so daß sie das Leben der Einwohner bis in die letzte Faser des Bewußtseins durchdringen, sind die Silben des *Mantra* OM-MA-NI-PA-DME-HŪM, die im Herzen jedes Gläubigen das Bild des Avalokiteśvara, das Ideal allen *Bodhisattva*tums, erstehen lassen. Und so, wie Avalokiteśvara die Verkörperung barmherziger Buddhaliebe ist, die in tausend Formen alle Bereiche des Daseins durchdringt und allen, die nach Befreiung verlangen, ermutigend und tröstend zur Seite steht, so stellt jede der Sechs Silben dieses *Mantra* einen Keim wirkender Kraft dar, der zu einem der sechs Daseinsbereiche in Beziehung steht und die Macht verleiht, sich und indirekt auch andere zu befreien.

Diese Macht ist nicht, wie immer wieder durch falsche Übersetzung oder Interpretationen des Wortes »*Mantra*« behauptet wird, eine Zauberkraft. Sie ist ein Mittel zur Erweckung der im eigenen Bewußtsein (dargestellt im »*padma*«) schlummernden Erleuchtungskräfte (*bodhicitta*, dargestellt durch »*mani*«) zur Verwirklichung des höchsten Zieles und zur Abwehr niederer Einflüsse. OM ist ein Laut, der das Bewußtsein für das Unendliche öffnet, während HŪM ein Ausdruck des Selbstopfers ist, das die tiefsten Gründe des Daseins umfaßt.

Ein *Mantra* ist also weder ein »Zauberwort« noch ein »Zauberspruch«. Es ist ein Werkzeug geistiger Vorstellung und Konzentration und dadurch ein Mittel geistiger Macht (nicht aber übernatürlicher Kräfte). Die Wurzel »*man*« bedeutet »denken«, während das Suffix »*tra*« ein Betätigungsmittel, ein Werkzeug ausdrückt.[24] Die Wirkung des *Mantra* hängt somit nicht von seiner Betonung ab – das ist ein anderes weit verbreitetes Mißverständnis –, sondern von der geistigen Haltung, den bewußten und unterbewußten Assoziationen, die durch die Intuition und die damit verbundenen Übungen geschaffen werden. Käme es auf die richtige Betonung an, dann müßten in Tibet alle *Mantras* ihren Sinn und ihre Wirkungskraft verloren haben. Sie werden in Tibet nämlich nicht nach den Lautregeln des Sanskrit ausgesprochen, sondern tibetisch, wobei etwa »*padma*« zu »*péme*« wird. –

Hiermit soll jedoch nicht gesagt werden, daß Aussprache und Betonung völlig gleichgültig sind. Ganz im Gegenteil: Ein *Cela* wird sich immer bemühen, die Betonung seines *Guru* beizubehalten, weil ihm dies hilft, den inneren Rapport mit dem *Guru* wiederherzustellen.[25]

Durch die Zuordnung der sechs heiligen Silben zu den sechs Daseinsbereichen befreien wir uns von der Anziehungskraft, die diese Stätten der Wiedergeburt infolge unserer Schwäche und Unwissenheit auf uns ausüben. Diese Bereiche, die wir bereits im vorigen Kapitel kennenlernten, stellen die verschiedenen Bewußtseinsstadien dar, die sich in entsprechenden Formen materieller und immaterieller Existenz auswirken und sowohl im »Zwischenzustand« wie auch als zukünftige Lebensformen erlebt werden können.

Jene, in denen harmonische Qualitäten vorherrschen, in denen jedoch Klarblick und Erkenntnis unvollkommen sind, werden sich innerhalb der sechs Daseinsbereiche wenigstens zeitweise harmonische Daseinsbedingungen schaffen können und fühlen sich dementsprechend von solchen Lebensformen angezogen, die die äußeren Möglichkeiten dafür bieten. Jene aber, die der Herrschaft niederer Instinkte untertan sind, werden dementsprechend von niedrigeren, weniger glücklichen Daseinsbereichen oder Zuständen angezogen.

Alle diese Welten oder Bewußtseinsebenen sind im letzten Sinne Illusion. Doch das gleiche kann von unserer gegenwärtigen Existenz gesagt werden und von dieser unserer materiellen Welt, von der Einstein sagt:

Das Wirkliche ist uns durchaus nicht unmittelbar gegeben. Gegeben sind nur die Daten unseres Bewußtseins... Es gibt nur einen Weg von den Daten unseres Bewußtseins zur »Wirklichkeit«, nämlich den Weg bewußter oder unbewußter intellektueller Konstruktion, die völlig frei und willkürlich verfährt... Diese Tatsachen können in einem Paradox ausgedrückt werden, nämlich daß »Wirklichkeit«, wie wir sie kennen, ausschließlich aus willkürlichen Vorstellungen zusammengesetzt ist.

Es ist daher ganz unwesentlich, ob wir diese oder eine »jenseitige« Welt für wirklich halten, ob wir an Götter, Dämonen und Geister oder an Naturkräfte glauben oder ob wir von der Wiedergeburt auf Erden oder in Himmeln und Höllen überzeugt sind. Wichtig allein sind unsere *Erfahrungen*, die die Tatsache enthüllen, daß unser Bewußtsein von gewissen Gesetzen beherrscht wird, gewisse grundlegende Formprinzipien enthält und eine definitive Struktur besitzt, die weit über die Grenzen unserer individuellen Erscheinungsform und unserer zeitlichen Existenz hinausgehen.

Wir haben, wie es scheint, die Grenzen unseres materiellen Universums erreicht, wenn wir den neuesten Entdeckungen unserer Physiker Glauben schenken können. Aber wir sind noch weit entfernt von der Entdeckung der Grenzen oder der wahren Natur des Bewußtseins. Moderne Psychologen haben darauf hingewiesen, daß die unbekannten Regionen unseres Bewußtseins weit größer sind als die uns bekannten, und sie haben mit Überraschung festgestellt, daß die neuesten Entdeckungen der Psychoanalyse mit den grundlegenden Tatsachen und Formsymbolen (C. G. Jung nennt sie »Archetypen«) übereinstimmen, wie sie im *Bardo Thödol* beschrieben sind.

So sind wir also endlich im Begriff, die Wahrheit, die von tantrischen Philosophen und Mystikern gelehrt wurde, zu entdecken: daß selbst unsere Illusionen Ausdruck einer Wirklichkeit sind, die wir nur begreifen können, wenn wir die Zeichen des Vergänglichen zu lesen verstehen. Sind sie doch nichts anderes als Buchstaben im Buche der Weisheit, die zwar in sich bedeutungslos sind, im Zusammenhang aber den Sinn offenbaren. Diese Zeichen zu verstehen, ist gleichbedeutend mit der Möglichkeit, unsere bewußten und unterbewußten Kräfte zu beherrschen und in solcher Weise zu entwickeln, daß wir zu Meistern unseres Schicksals und zu Schöpfern einer besseren Zukunft werden.

DRITTER TEIL:

KUNST ALS MEDITATIVE GESTALTUNG

# TIBETS ALTE KULTUR

Tibets große und alte Kultur, die mit ungebrochener Lebenskraft mehr als ein Jahrtausend und bis in unsere Zeit bestand, wurde fast vollständig von den mit modernen Waffen ausgestatteten Armeen eines machthungrigen Nachbarlandes überrannt. Niemand kam Tibet zu Hilfe, und so wurde die große Gelegenheit, das letzte lebende Verbindungsglied mit den ältesten Traditionen der Menschheit zu retten, versäumt.

Die kulturelle und geographische Isolation Tibets hatte sich bis in unser Jahrhundert als ein Schutz überkommener Kulturgüter und althergebrachter Lebensweise erwiesen. Aber das, was bisher ein Schutz war, wurde jetzt zur Gefahr. Tibet wurde zu einem Machtvakuum, das seiner Natur entsprechend neue Kraftströme anzog, besonders da seine Naturschätze bisher unberührt geblieben waren. Das Aufbrechen der Erde, um zu diesen Schätzen zu gelangen, erschien den Tibetern als ein Sakrileg, und ebensowenig wäre es ihnen in den Sinn gekommen, die reinen Gefilde ihrer Schneeberge, deren Gipfel ihnen als die Wohnstätte der Götter erschienen, durch menschlichen Ehrgeiz zu entweihen.

Heute, da es uns möglich ist, aus den erweiterten Perspektiven moderner Wissenschaft und Psychologie die Gesamtheit menschlicher Entwicklung zu übersehen, begreifen wir die Bedeutung Tibets. Wir haben zwar gelernt, die Hindernisse der Natur zu überwinden, nicht aber unsere eigene Natur zu beherrschen. In dieser Hinsicht haben wir noch viel von Tibet zu lernen, insbesondere auf dem Gebiete menschlicher Geistesforschung. Der Westen beschäftigte sich mit der Erforschung der äußeren Natur, insbesondere der physikalischen Wissenschaften, die heutzutage auf der ganzen Welt verbreitet sind. Tibet wählte jedoch einen anderen Weg. Es verzichtete auf die Beherrschung der Naturkräfte (wie auf die Eroberung benachbarter Länder, insbesondere seit Einführung des Buddhismus im 7. Jahrhundert) und widmete sich statt dessen der Pflege und Entwicklung innerer Kräfte, welche die Quelle aller menschlichen Fähigkeiten und aller Vollendung sind. Ist der Mensch nicht imstande, diese psychischen Kräfte zu harmonisieren, zu konzentrieren und letztlich zu integrieren, kann er nicht erwarten, eine glücklichere und einheitlichere menschliche Welt zu schaffen. Von dieser geistigen Grundhaltung aus betrachteten die Tibeter die Probleme einer künftigen Menschheit, Probleme, mit denen wir jetzt im globalen Maßstab konfrontiert werden.

Da Tibet durch hohe Gebirgsketten und durch extreme klimatische Bedingungen geschützt war und keine militärischen Verteidigungsmittel aufgebaut hatte, konzentrierte es seine Energien in erster Linie auf die Entwicklung seines religiösen Lebens und die Notwendigkeiten einer einfachen selbstgenügsamen Ökonomie. Auf diese Weise wurde es eine leichte Beute modern ausgerüsteter Armeen. So endete der Versuch, geistige Werte über materielle Errungenschaften zu stellen, in einer Tragödie, welche die Welt erschütterte, von dieser aber nicht verhindert werden konnte. Doch das Gewissen der Welt wurde aus seinem Schlaf aufgerüttelt.

So beginnen wir, die Bedeutung Tibets zu erkennen wie auch die Rolle, die es in der Geschichte der Menschheit spielte. Diese bestand in dem Versuch, das menschliche Leben einer kosmischen Vision unterzuordnen und es durch die Macht schöpferischer Vorstellung zu verwandeln. Es war eine Vision, die auf der Einheit und Universalität des Bewußtseins aufgebaut war, eine Vision, die das menschliche Dasein mit Sinn und Wert erfüllte und jedes Individuum zur Verwirklichung dieser Vision aufrief. Jede große Kultur der Vergangenheit hat versucht, eine besondere Dimension des menschlichen Geistes zu erforschen oder auszudrücken. Keine von ihnen war vollkommen oder konnte eine Gesamtlösung der menschlichen Probleme erreichen, denn die

Umstände und Bedingungen des Lebens sind dauerndem Wandel unterworfen.

Dennoch stellt jede dieser Kulturen einen wertvollen Schritt auf den Weg zur Lösung dieser Probleme dar und bereichert die Menschheit. Diese Bereicherung hat die Form einer kulturellen Erbschaft, welche die größten und mächtigsten Reiche überlebte. Ihre Triumphe und Eroberungen, ihr Reichtum und Prunk sowie ihr endliches Versagen sind heute gegenstandslos geworden. Was aber im Bewußtsein der Welt geblieben ist und zahllose Generationen inspirierte, sind die zerbrechlichen Werke derer, die weder Macht noch weltlichen Besitz hatten: der Künstler, Seher und Sänger, Dichter und Denker, die im Schatten der Mächtigen, der Könige und der Reichen, der Feldherren und Führer den Träumen der Menschen, sei es in Form religiöser Erwartungen, höchster Erlebnisse, tiefster Empfindungen oder größter Heldentaten Ausdruck zu geben vermochten. Hierin liegt unser gemeinsames Erbe und die Garantie der Kontinuität menschlicher Kultur in jeder Form neuer Zivilisation.

Stehen wir, wie alle Zeichen unserer Zeit anzudeuten scheinen, an der Schwelle einer neuen Welt, so haben wir um so mehr Grund, auf den von uns zurückgelegten Weg zurückzublicken – nicht um die Vergangenheit wiederzubeleben, sondern um unsere gegenwärtige Lage und die Richtung unserer Zukunft zu verstehen. Denn diese kann nur in bezug auf die Vergangenheit, die noch in uns lebt und die uns zu dem, was wir sind, gemacht hat, verstanden werden. Die Vergangenheit enthält unseren Ursprung wie unser Ziel.

Tibet war wohl die letzte Kultur, in der die ältesten Traditionen der Menschheit noch lebendig waren. Die religiöse und intellektuelle Kultur, die in Indien während mehr als einem Millenium buddhistischer Geschichte gereift war, hatte die tibetische Kultur zum höchsten Gipfel der Vollendung erhoben und verwandelt. Tibetische Kunst, von der die westliche Welt erst jetzt Notiz nimmt, bietet mehr als bloß ästhetischen Genuß. Sie ist nicht nur auf ein Pantheon von Göttern und vergöttlichten Heiligen gegründet, sondern auf die Erfahrungen der Meditation und einen Reichtum an archetypischen Symbolen. Diese enthüllen einige der tiefsten Mysterien des menschlichen Geistes und liefern den Schlüssel für viele Probleme der modernen Tiefenpsychologie. Die meisten der in ikonographischen Werken beschriebenen Bildwerke sind nicht als vom Meditierenden getrennt existierende Gottheiten aufzufassen, sondern als bewußte Projektionen meditativer Erfahrung, wie sie in den *Sādhana*-Texten (den Übungsinstruktionen) beschrieben werden.

Keine Ikonographie kann irgendwelchen Wert haben ohne die Kenntnis dieser Texte und ihrer praktischen Anwendung innerhalb der lebenden Tradition, die jedoch bald vergessen sein könnte. Nie hat die Welt etwas Ähnliches gesehen wie dieses plötzliche Verschwinden einer großen und langbestehenden Kultur, und nie hatte sie zu gleicher Zeit eine größere Gelegenheit, deren Erbe zu bewahren und der gesamten Menschheit zugänglich zu machen. Schließlich weilen wenigstens noch einige der Menschen, die noch heute die lebendige Tradition Tibets verkörpern, unter uns, und wir besitzen die technischen Mittel, alle Aspekte des tibetischen Lebens in Kunst und Literatur, in Wort und Bild, in hörbarer und sichtbarer Form zu reproduzieren.

Tibets Kunst, insbesondere seine großen plastischen Bildwerke (in Form von Tempelstatuen und ähnlichen Skulpturen), ist dem Westen bisher weitgehend verschlossen geblieben, und da die meisten dieser Werke inzwischen vernichtet wurden, sind die von Li Gotami Govinda veröffentlichten beiden Bände mit Fotografien aus Tibet von besonderer Bedeutung. Diese Fotos wurden auf einer zweijährigen Expedition nach Zentral- und Westtibet in den Jahren 1947 bis 1949 aufgenommen.

Das Hauptziel unserer damaligen Expedition war die Erforschung der verlassenen Königsstadt Tsaparang, die im 11. Jahrhundert die Hauptstadt der Guge-Dynastie war. Auf einer früheren Reise war ich auf Bildwerke aus der ersten großen Epoche buddhistischer Kunst in Tibet gestoßen. Ich schlug deshalb den Gremien der Universität und dem Museum von Allahabad (Indien), die an den Ergebnissen meiner ersten Forschungsreise interessiert waren, vor, eine Expedition auszurüsten, deren Ziel es sein sollte, die Ruinenstadt Tsaparang zu erforschen. Diese vor Jahrhunderten verlassene ehemalige Hauptstadt des westtibetischen Königreichs Guge mußte nämlich allen tibetischen geschichtlichen Quellen nach eines der frühesten Kulturzentren Tibets gewesen sein. Das allein schon hatte genügt, um mein Interesse wachzurufen, zumal ich mit gutem Grund annehmen konnte, daß in einem Klima wie dem Tibets noch ein beträchtlicher Teil der frühesten Kunstwerke in den Ruinen zu finden wäre und daß es durch die Abgelegenheit und Einsamkeit des Ortes möglich sein müßte, all das zu untersuchen und zu erforschen, was der Zerstörung entgangen war.

In Lhasa war der letzte rechtmäßige König Tibets von Langdarma ermordet worden. Letzterer versuchte, die Macht der vorbuddhistischen *Bönpo*-Religion wiederherzustellen, indem er buddhistische Tempel und Klöster zerstörte, ihre Einwohner tötete und ihre Anhänger verfolgte. Obwohl er selbst im Jahr 842, nach Jahren des Schreckens und der Tyrannei, gestürzt wurde, war der Buddhismus in Zentral-Tibet so gut wie vernichtet. Selbst die Wiederbelebung durch die sechs Männer von Ü und Tsang, welche die Hauptlehren des Buddhismus zurückbrachten, konnte Lhasa seine frühere Bedeutung nicht wiedergeben. Dies geschah erst im 15. Jahrhundert, zur Zeit Tsongkhapas, des Gründers der *Gelugpa*-Schule, welcher Lhasa zum Hauptsitz seiner Reformbewegung machte wie auch zum Sitz der tibetischen Zentralregierung.

In der Zwischenzeit jedoch wurde Westtibet zum Mittelpunkt buddhistischer Kultur. Hier erreichte die tibetische Kunst ihren Höhepunkt, und hier wurden wichtige buddhistische Schriften in klassisches Tibetisch übersetzt. Von hier aus ergoß sich eine neue Welle buddhistischer Gelehrsamkeit und Literatur über Tibet. Unter der Leitung großer Gelehrter Indiens und Tibets und unter der Schutzherrschaft freigebiger und frommer Könige, die im 10. und 11. Jahrhundert ihre Herrschaft über das ganze westliche Tibet ausgedehnt hatten, wurde dieses ein Zeitalter geistigen Aufschwungs und gewaltiger Schöpfungen auf allen Gebieten der Kunst und des Wissens.

Die Wiederherstellung und Belebung des Buddhismus war in den Augen dieser Könige der größten Opfer wert und von größerer Wichtigkeit als politische Macht. So wurde das 11. Jahrhundert das Goldene Zeitalter des tibetischen Buddhismus, ein Zeitalter, in dem viele geistige Bewegungen ihren Ursprung hatten, die der weiteren tibetischen Geschichte Kraft und Nahrung gaben, so daß das religiöse Leben alle Betätigungen des Alltags durchstrahlte. Den Glanzpunkt dieser glorreichen Epoche bildete das große buddhistische Konzil von Thöling, das in dem berühmten Goldenen Tempel von Thöling in der Mitte des 11. Jahrhunderts stattfand. Dies war das Zeitalter von Rinchen-Zangpo, von Atīśa, Konchog Gyalpo, Domtön, Marpa und Milarepa und der von ihnen gegründeten Schulen der *Kadampas*, *Sakyapas* und *Kargyütpas*.

Atīśa, einer der größten Gelehrten des Buddhismus in Indien, wurde nach Thöling eingeladen (vom damals regierenden König), nahm dort seinen Wohnsitz und verweilte für einige Jahre. Er kam von der großen buddhistischen Universität Vikramaśīla und war als die größte religiöse Autorität des Buddhismus in Indien bekannt. Er wurde bald von allen Schulen Tibets anerkannt. Sein Hauptschüler war Domtön, der im Jahre 1002 geboren wurde und die *Kadampa*-Schule gründete, die für ihre strenge monastische Disziplin, ihren Ritualismus und ihre Meditationspraxis berühmt war. Aus dieser Schule entwickelte sich Ende des 14. Jahrhunderts die *Gelugpa*-Schule unter der Leitung von Tsongkhapa (1357–1419).

Rinchen Zangpo war ein ebenso großer Künstler und Architekt wie Gelehrter und Übersetzer buddhistischer Sanskrit-Texte ins klassische Tibetisch. Er gründete nicht nur das berühmte Kloster und den Goldenen Tempel von Thöling, sondern auch die Tempel von Tsaparang und viele andere Klöster und religiöse Monumente in Westtibet und Ladakh. Die Großartigkeit seiner Statuen und Fresken ist in der Geschichte Tibets nie übertroffen worden. Diese Werke schufen jenen klassischen Stil, der die beste Periode tibetischer Kunst ausmacht. Im Gegensatz zu den mehr oder weniger stereotypen Buddhastatuen Chinas und Zentralasiens (wie jene der Tempel von Iwang in Südtibet) vereinen die Statuen von Tsaparang die fast abstrakten Qualitäten großer Skulptur mit einem unvergleichlichen Ausdruck innerer Lebendigkeit.

Daß diese lebendige Qualität in den Fotografien Li Gotamis zum Ausdruck kommt, ist hauptsächlich ihrer geduldigen und ehrfürchtigen Haltung zuzuschreiben, die sie diesen Statuen und Fresken während unseres dreimonatigen Aufenthalts in der verlassenen Ruinenstadt von Tsaparang entgegenbrachte.[26] Während unserer täglichen Arbeit in der Gegenwart dieser ehrfurchterregenden Bildwerke wurden wir uns mehr und mehr ihrer erstaunlichen Vitalität und einer fast magischen Beeinflussungskraft bewußt, wie sie nur Werke besitzen können, die mit unbegrenzter Hingabe und gesteigerter Konzentration oder in meditativer Vision geschaffen wurden. Wir fühlten uns wie in der Gegenwart lebender Wesen, die uns in der Stille und Einsamkeit dieser verlassenen Stadt umgaben. Sie waren wie mächtige Freunde aus einer anderen Welt, die uns Stärke und Mut gaben, selbst unter den schwierigsten Lebensbedingungen unsere Arbeit fortzusetzen.

Obwohl wir keine Ahnung von dem Ausmaß der Katastrophe hatten, die Tibet so bald heimsuchen sollte, waren wir uns der dunklen Wolken wohlbewußt, die über Tibets östlichem Horizont aufstiegen. Wir waren nur darauf bedacht, so viel wie möglich von den Kunstschätzen der verfallenden Tempel und Heiligtümer für die Nachwelt zu retten. Es kam uns jedoch nie in den Sinn, daß nicht nur die Kräfte der Natur und des natürlichen Verfalls, sondern auch die blinde Zerstörungswut des Menschen die Denkmale der Vergangenheit vernichten könnte. Wie schnell dies vonstatten gehen kann, zeigte die sogenannte »Kulturrevolution«, die das gesamte China und schließlich auch Tibet erschütterte.

Wie wir hörten, hat der Kumbum von Gyantse diese Schrekkenszeit glücklicherweise überlebt, seine Statuen und Fresken jedoch wurden schwer beschädigt, zum Teil allerdings restauriert. Kumbum, der pagodenartige »Tempel der Hunderttausend Buddhas«, der sich in neun Stockwerken in der Klosterstadt von Gyantse erhebt und sich in ganz Tibet großer Berühmtheit erfreut, enthält nicht nur Tausende von Buddhastatuen und Fresken, sondern ist die größte tibetische Ikonographie in Werken hervorragender Künstler. Um alle Wunder des Kumbum zu sehen, würden selbst Wochen und Monate nicht genügen; um sie eingehend zu studieren, müßte man Jahre darauf verwenden. Da gibt es nicht weniger als achtzig Kapellen, die stufenförmig wie Zellen in einem Bienenstock um den soliden Kern des Gebäudes gruppiert sind. Und jede dieser Kapellen enthält eine Anzahl von Statuen, die von Lebensgröße bis zu zweistöckigen Riesenstatuen der Hauptbuddhas anwachsen. Einige der besonders schönen Statuen des 14. Jahrhunderts zeigen noch den Einfluß der klassischen Periode Westtibets, obwohl die verlängerten Unterkörper dieser Epoche, die den Statuen von Tsaparang solche Würde gaben (eine Tendenz, die auch bei gotischen Skulpturen zu beobachten ist), nicht mehr zu finden sind. Die Wände der Kapellen sind außerdem von der Decke bis zum Boden mit fein ausgeführten Fresken bedeckt.

Vom architektonischen Standpunkt allein ist der Kumbum eines der bemerkenswertesten Gebäude Tibets. Er vereinigt die Eigentümlichkeiten eines *Chörten* (skt.: *stūpa*) mit denen eines Tempels, in dem die unzähligen Formen von Buddhas, Bodhisattvas, Heiligen und Heroen, von göttlichen und dämonischen Wesen malerisch und plastisch dargestellt sind. Das ganze Bauwerk nimmt so die Gestalt einer neunstöckigen Pagode in Form eines riesigen *Chörten* an, der ursprünglich aus dem indischen Tumulus entstanden ist, in dem die Reliquien eines Buddha oder eines Heiligen aufbewahrt wurden.

Jede der erwähnten achtzig Kapellen ist einem besonderen Aspekt der Buddha- oder Bodhisattvaschaft oder einem der Wege meditativer Praxis gewidmet. Letztere findet ihren symbolischen Ausdruck im *Maṇḍala*, das den konzentrischen Weg zur höchsten Verwirklichung in Form einer göttlichen Gestalt (sei es eines Buddha oder eines *Bodhisattva*) zeigt. Diese ist umgeben von Emanationen und Attributen ihrer geistigen Macht, entsprechend dem Grade der Verwirklichung auf dem Weg zum vorgesteckten Ziel. In den vier großen Kapellen der großen runden Mittelstruktur *(Bumpa)* des Kumbum sind diese *Maṇḍalas* mit Tausenden von Figuren besonders schön dargestellt, so daß jede Form meditativer Erfahrung darin ausgedrückt ist.

*Maṇḍalas* der höchsten Stufe stellen die Ganzheit menschlichen Bewußtseins, ja eine Replik des Universums dar. Das Wort »*Maṇḍala*« bedeutet wörtlich »Kreis«, aber im religiösen Sinne eine konzentrische Anordnung gegenseitig in Beziehung stehender Symbole, die aus den Erfahrungen meditativer oder allgemein-religiöser Praxis gewonnen wurden.

Es gibt rein abstrakte *Maṇḍalas*, die nur aus geometrischen Zeichen oder Diagrammen bestehen oder aus Diagrammen, die entweder nur einen einzigen Buchstaben, eine einzelne Silbe oder aber eine heilige Formel *(Mantra)* enthalten. Jeder dieser Buchstaben, Silben oder Formeln stellt einen besonderen Aspekt psychischer oder geistiger Kraft dar, durch die der Meditierende die Symbole einer höheren Wirklichkeit wachruft.

Eine zweite Art von *Maṇḍalas* besteht aus der Darstellung ritueller Gegenstände, die der Identifikation bestimmter Funktionen oder göttlicher Wesenheiten dienen, wobei zu bemerken ist, daß das, was hier als Wesenheiten vorgestellt wird, verschiedenartige Bewußtseinszustände repräsentiert, die in jedem Menschen latent vorhanden sind.

Die dritte und komplizierteste Art von *Maṇḍalas* enthält bildhafte Darstellungen erleuchteter Wesen wie Buddhas, *Bodhisattvas*, göttliche Schutzherren in menschlichen und übermenschlichen Formen, in verschiedenen Stellungen und Farben sowie unterschiedlichen Gesten, begleitet von ihren Throntieren und umgeben von verschiedenartigen Auren oder Flammen.

Während die bisher beschriebenen *Maṇḍalas* vorwiegend zweidimensional sind, also die Form von Fresken, Rollbildern (*Thangkas*) oder Holzschnitten haben, gibt es auch dreidimensionale *Maṇḍalas* mit plastischen Darstellungen von Buddhas, ihren Emanationen und Begleitpersonen, kurz des gesamten Pantheons von Wesen geistiger Welten. Und endlich gibt es abstrakt-dreidimensionale *Maṇḍalas* in Form monumentaler Architektur, wofür Kumbum ein besonderes Beispiel ist: Jede Kapelle ist nicht nur als ein *Maṇḍala* gedacht, sondern der Gesamtaufbau des Kumbum selbst ist ein monumentales dreidimensionales *Maṇḍala*.

Die architektonischen Grundzüge des Kumbum symbolisieren, wie in allen *Stūpa*-Formen, die Hauptelemente des Universums:

1. den festen (soliden) Zustand, dargestellt durch die kubischen Formen der Grundstruktur, die quadratischen Terrassen;
2. den flüssigen Zustand, dargestellt durch die runde trommelartige Mittelstruktur (die auch als Wassertopf oder Vase, *Bumpa*, bezeichnet wird);
3. den glühenden oder feurigen Zustand, dargestellt durch die Kegelform, die aus der Trommel hervorgeht;
4. den gasförmigen Zustand (Luft), dargestellt durch die schirmförmige Struktur über dem Kegel;
5. den ätherischen oder strahlenden Zustand (welcher Vereinheitlichung oder Integration symbolisiert), dargestellt durch ein flammendes Juwel über dem Schirm.

In anderen Worten, der Kumbum ist wie alle *Chörten* eine Darstellung des Universums in Form der fünf Elemente: Erde, Wasser, Feuer, Luft und Äther. Diese »Elemente« wurden nicht nur als verschiedene Dichtheitsgrade aufgefaßt oder als materielle Aggregatzustände in einem sich dauernd materialisierenden oder dematerialisierenden Universum, sondern auch als Kräfte psychischer Zentren im menschlichen Körper, wo sie sich in geistige Energien verwandeln. In Übereinstimmung hiermit stellt die trommel- oder topfartige Mittelstruktur des *Chörten* nicht nur den flüssigen Aggregatzustand dar, sondern auch sein geistiges Gegenstück, das Gefäß mit dem »Wasser des Lebens« oder dem »Elixier der Unsterblichkeit« (skt.: *amṛta-kalaśa*). Dieses ist das Kennzeichen des Buddha Amitāyus, der die Unendlichkeit des Lebens symbolisiert und der der aktive Reflex des Amitābha, des Buddha des Unendlichen Lichtes ist, als dessen menschliche Manifestation Śākyamuni, der Erleuchtete unseres Zeitalters, gilt.

So nehmen die Buddhas die Hauptplätze des Kumbum ein und bestimmen die Natur oder den Charakter des *Maṇḍala*, so wie das *Bumpa (amṛta-kalaśa)* als zentrale Struktur der Gesamtarchitektur den Charakter des *Chörten* bestimmt. Der auf dem Wege des Buddha Schreitende sollte also dieses riesige *Maṇḍala* als symbolische Darstellung des Universums betrachten oder als eine Sichtbarmachung des heiligen Pfades, welcher nur von dem verwirklicht werden kann, der ihn mit Hingabe und Verständnis beschreitet.

So wie jemand, der auf eine große Reise geht, sich zunächst vorbereitet und alle einschlägigen Karten studiert, um seine Route festzulegen, müssen wir geistig und physisch vorbereitet sein, wenn wir den heiligen Bezirk dieses *Maṇḍala* betreten und von Terrasse zu Terrasse in immer höhere Ebenen des Erlebens vordringen. Mit jedem Schritt werden wir durch die Bildnisse zahlloser erleuchteter Wesen, die diesen Pfad vor uns beschritten haben und deren geistige Gegenwart unsere eigenen Anstrengungen ermutigen, an das Ziel unserer Wanderung erinnert.

So öffnet sich ein Heiligtum nach dem anderen, und jedes von ihnen bildet ein *Maṇḍala* innerhalb des großen *Maṇḍala*, eine Welt innerhalb einer größeren Welt. Mit jedem Stockwerk betritt der Pilger eine höhere Ebene intuitiver Schauung, bis im letzten alle Verschiedenheit verschwindet und man dem großen Mysterium gegenübersteht, in dem Weisheit und Mitgefühl, Erkenntnis und tätige Liebe in der Gestalt des Vajradhāra, des allumfassenden Buddha, in eins verschmelzen. Hier erreichen wir die Quelle, aus der jeder Erleuchtete seine Inspiration schöpft, jene Quelle, die sich in unserer innersten Tiefe öffnet und in der alle Wesen miteinander verbunden sind.

# DIE SIEBEN KOSTBARKEITEN
# EINES WELTENHERRSCHERS

Wohl einer der ältesten Träume der Menschheit ist jenes Idealbild einer *ungeteilten*, von Menschen besiedelten Welt, die auf geistigen und humanitären Gesetzen basiert.

In den frühesten buddhistischen Schriften, in denen sich altindische Traditionen widerspiegeln, finden wir bereits detaillierte Darstellungen der Voraussetzungen und Bedingungen, die zur Verwirklichung dieses Ideals geführt haben sollen. So berichtet das *Mahāsudassana-Sutta* des *Dīgha-Nikāya* (Pāli-Kanon) gemäß den Worten des Buddha, daß dieses Ideal schon einmal in einer weit zurückliegenden Epoche des unserer Zeit vorangegangenen Weltzyklus erreicht wurde.

Nach dieser in das Gewand vergangener Zeitabläufe gekleideten visionären Utopie war der Führer der damals geeinten und vereinigten Menschheit der Buddha selbst in einer seiner vorangegangenen Geburten, in der er noch als *Bodhisattva* auf dem mühevollen Pfad zur vollkommenen Erleuchtung strebte. Die Erinnerung an diese Episode wurde in den letzten Tagen seines Erdenlebens in ihm wach, als er – nun als Buddha Śākyamuni – zum letzten Male die Äonen seines *Bodhisattva*-Daseins überblickte.

Bei seiner letzten Geburt als Prinz Siddhārtha hatte man prophezeit, daß er entweder ein Weltenherrscher oder ein welterlösender Buddha werden würde. Der diese Vorausschau verkündende Ṛṣi aber wußte nicht, daß die Herrschaft über die materielle Welt eine längst vollbrachte Tat des *Bodhisattva* war – eine Tat von nur zeitbedingtem Wert, die ihn nicht mehr anzuziehen vermochte: Sein Ziel konnte nur noch das Erreichen höchster vollkommener Buddhaschaft *(samyak sambodhi)* sein.

Doch selbst nachdem er dieses hohe Ziel erreicht hatte, war seine Liebe zu und sein Mitleid mit dieser unserer unvollkommenen leidenden Welt stärker als die Zufriedenheit mit der erreichten eigenen Vollkommenheit. So wandte er sich dieser Welt wieder zu, die Verantwortung eines wandernden Lehrers auf sich nehmend. Als er dann nach 40 Jahren des Wanderns die Lehre so fest in den Geistern verankert hatte, daß seine Schüler befähigt waren, sie weiterzugeben, hielt er die Zeit für gekommen, sich zurückzuziehen.

Seine Schüler waren über diese Ankündigung bestürzt, und als sie bemerkten, daß sie ihn nicht von seiner Entscheidung abbringen konnten, flehten sie ihn an, doch zumindest einen würdigeren Ort als Kusinārā für ein so wichtiges Ereignis zu wählen. Über diese Zurschaustellung menschlicher Eitelkeit muß der Buddha wohl gelächelt haben. Doch er beruhigte schließlich die Gemüter seiner Jünger, indem er ihnen erzählte, daß Kusinārā einst der Schauplatz eines bedeutenden Ereignisses vergangener Zeiten war, als dort ein *Cakravartin* – ein Weltenherrscher – namens Mahāsudassana regierte.

## Das flammende Rad

Einst, an einem heiligen Vollmondtag, saß König Mahāsudassana auf dem Dach seines Palastes auf seinem Lieblingssitz, als am Himmel ein flammendes Rad mit tausend Speichen erschien. Der König erinnerte sich, daß dies nur das »heilige Rad des Gesetzes« – das *Dharmacakra* – sein konnte, von dem die Weisen ihm als dem Zeichen eines Weltenherrschers berichtet hatten. Sich von seinem Sitz erhebend, erwies er dem himmlischen Rad seine Verehrung, und während er Wasser aus einem goldenen Gefäß versprengte, äußerte er feierlich den Wunsch: »Möge das edle Rad siegreich bis zu den Enden der Welt rollen.«

Das edle Rad rollte nach Osten, und König Mahāsudassana folgte ihm mit seiner ganzen Armee. Und an welchem Orte das edle Rad auch anhielt, da verweilte ebenfalls der König und lagerte mit seinem Gefolge. Alle früher feindlichen Könige des Ostens näherten sich König Mahāsudassana mit Ehrfurcht, hießen ihn willkommen und legten ihm ihre Länder zu Füßen.

König Mahāsudassana sagte darauf: »Kein lebendes Wesen sollte getötet werden; nichts, was nicht (freiwillig) gegeben wurde, sollte genommen werden; unmoralisches Leben sollte vermieden werden; keine berauschenden Getränke oder Drogen sollten genommen werden. Aber alles, was gut und heilsam ist, dessen soll man sich erfreuen.« So wurden alle Könige des Ostens seine Anhänger und ebenso die Könige des Westens, des Südens und des Nordens.

Nachdem das edle Rad des guten Gesetzes die Erde erobert hatte, kehrte es zur Hauptstadt des Königs Mahāsudassana zurück, die sich an der Stelle des heutigen Kusinārā befand, wo der Buddha in das *Parinirvāṇa* einging. Und wie bei dieser Gelegenheit der Salbaum-Hain von dem Leuchten des Buddha erfüllt war, so erfüllte damals das Leuchten des edlen Rades des Königs Mahāsudassana Hauptstadt mit Licht und Glanz, weil er die unumschränkte Weltherrschaft nicht durch physische Kraft und Gewalt, sondern durch Rechtschaffenheit und Gewaltlosigkeit erreicht hatte.

Aber König Mahāsudassanas Weltherrschaft war nicht nur auf die Anwesenheit des edlen Rades begründet, sondern auch auf den Besitz von sechs weiteren unschätzbaren Kostbarkeiten:

Die erste davon war der vorzüglichste aller Edelsteine: *Maṇi* oder *Ratna* (tib.: *Nor-bu*), auch *Cintamaṇi* oder *lapis philosophorum* (Stein der Weisen) genannt – die Verkörperung der Wahrheit.

Die zweite der Kostbarkeiten war die ideale Gattin (*strī*, tib.: *Btsun-mo*), die Verkörperung der Liebe und des Mitleids sowie aller weiblichen Tugenden.

Die dritte Kostbarkeit war der beste aller Berater (*mantri*, tib.: *Blon-po*), die Verkörperung der tätigen Weisheit und Gerechtigkeit.

Die vierte Kostbarkeit war der ideale Staatsbürger oder Hausvater (*gṛhapati*), in Tibet dargestellt als vorbildlicher Krieger oder General (*dMag-dPon rimpo-che*), der Verkörperung von Energie, Mut und Treue.

Die fünfte Kostbarkeit war der beste aller Elefanten (*hasti*, tib.: *gLang-po-che*): Verkörperung von Stärke, Standhaftigkeit und Wohlstand.

Die sechste der Kostbarkeiten war das ideale Pferd (*aśva*, tib.: *rTa-mchog*), die Verkörperung der Schnelligkeit und das Symbol der Freiheit – der endgültigen Befreiung.

König Mahāsudassana hatte – nach der Überlieferung – alle Eigenschaften eines idealen Herrschers, aber nichts von der brutalen Macht und Strenge eines Diktators. Seine vier Qualitäten waren: Schönheit, Langlebigkeit, Gesundheit und Glück. Das *Mahāsudassana-Sutta* beschreibt ihn in rührend menschlicher Weise: Er liebt seine Untertanen wie die eigenen Kinder, und seine Untertanen sehen in Liebe und Verehrung zu ihm auf wie zu einem Vater. Seine körperliche Schönheit ist derart, daß, wann immer er ausfährt, das Volk ihn bittet, langsam zu fahren, damit es sich so lange wie möglich an seinem Anblick erfreuen kann.

Nach buddhistischer Vorstellung sind solche Qualitäten keine Produkte des Zufalls, sondern werden durch langes geduldiges Üben der Tugenden erworben. Eines Tages, in kontemplativer Stimmung, erwog König Mahāsudassana folgenden Gedanken: »Was sind die Ursachen meines Gewinns an Reichtum und Macht?« Und er erkannte: »Sie sind zurückzuführen auf die dreifache Ausübung von Mildtätigkeit, Mäßigkeit und Entsagung.«

So schlußfolgernd, sah er plötzlich seinen zukünftigen Weg klar vor Augen. Da gab es für ihn kein Streben nach Macht, Reichtum und nichtigem Besitz mehr, kein Klammern an Vergnügungen und Leidenschaften des Lebens. »Je mehr wir gieren, desto erbärmlicher wird es uns im Tode ergehen, während der ohne Anhangen und Gieren Sterbende diese Welt glücklich verläßt.« Mit diesen Gedanken entsagte der König ruhig allen Wünschen und »wie ein Mann, der nach dem Genuß eines herzhaften Mahles zufrieden in Schlaf versinkt«, verschied er friedlich nach kurzer Zeit, um nun konsequent seinen Weg mit dem Hochziel der Buddhaschaft zu gehen.

Für den Buddhisten ist diese Geschichte nicht bloß eine Sage aus vergangener Zeit, sondern ein Wegweiser in die Zukunft, entsprechend dem rhythmischen Fluß des Geschehens, den wir die universellen Naturgesetze nennen, die teilweise als evolutionäre, teilweise als desintegrierende Kräfte erscheinen. Entsprechend müssen sich Dinge, die sich in einem früheren Weltzyklus zugetragen haben, in ihren wesentlichen Merkmalen auch in gegenwärtigen und zukünftigen Weltzyklen wiederholen.

Nach buddhistischer Tradition wird daher angenommen, daß vor dem Erscheinen des nächsten Buddha auf Erden dieser als *Bodhisattva* und *Cakravartin* die Kräfte des Bösen, die die Menschheit in dauerndem Schrecken halten, überwinden und eine Herrschaft des Friedens und der Gerechtigkeit begründen wird. Deshalb haben die sieben Kostbarkeiten oder besser gesagt die sieben Ideale eines Weltenherrschers in der buddhistischen Geschichte und Ikonographie prophetische Bedeutung und wurden zu Idealen buddhistischen Lebens ganz allgemein.

Wie entscheidend diese Symbole die buddhistische Kunst beeinflußt haben, erkennt man schon daran, daß sie die häufigsten dekorativen Elemente in Fresken, Reliefs, Schnitzereien, Druckstöcken, Holzschnitten und *Thangkas* sind, sie werden ebenso in verwickelten *Maṇḍala*-Darstellungen und als modellierter und gemalter Altarschmuck verwendet, den man in öffentlichen Tempeln und an privaten Heiligtümern sowie in Klöstern und Heimen aller Länder des nördlichen Buddhismus finden kann. Manchmal werden zwei dieser Symbole kombiniert; so trägt zum Beispiel das Pferd das flammende Juwel im Sattel und der Elefant das edle Rad *(dharmacakra)*.

Die Bedeutung des besten Elefanten und des besten Pferdes kann nur voll verstanden werden, wenn man die vielfachen Assoziationen zu diesen symbolischen Tieren kennt. Schon in vorbuddhistischer Zeit wurde der Elefant mit der dem Lande Leben und Wohlstand spendenden Regenwolke in Verbindung gebracht. Aus diesem Grund betrachtet man ihn als das Tragtier Indras, des alten Regengottes, des Gottes des Donners und des Blitzes (letzteres symbolisiert durch den *Vajra*, tib.: *rDo-rje*). Der Besitz eines weißen Elefanten galt als Garantie für den Wohlstand eines Landes. Dies erklärt die Bedeutung, die dem weißen Elefanten in Burma und Siam bis in die heutige Zeit aufgrund einer aus dem alten Indien stammenden Tradition beigemessen wird, die im *Vessantārā Jātaka* bezeugt wird: Der Prinz, der großmütig den weißen Elefanten an das Nachbarland fortgab, wird dafür zur Strafe ins Exil geschickt.

Die wichtigste Ursache dieser hervorragenden Stellung des weißen Elefanten in buddhistischen Symbolen und buddhistischer Kunst ist folgende: Nach der alten Tradition der *Jātakas*, den Geschichten über die früheren Geburten des Buddha, begann dieser seine aufopferungsvolle Laufbahn in ferner Vergangenheit in Gestalt eines sechszahnigen weißen Elefanten, um dann, wiederum in der gleichen Form, der Königin Māyā im Traum zu erscheinen, als er, zu Beginn seines letzten Erdenlebens, in ihren Leib einging.

Der Elefant wurde daher zum Symbol der Geburt eines Buddha und seiner unerschütterlichen Entschlossenheit und Ausdauer in Erfüllung seiner edlen Mission. In späterer Zeit wurde der weiße Elefant Sinnbild und Reittier *(vāhana)* des *Dhyāni*-Buddha Akṣobhya, des »Unerschütterlichen«, dessen räumliche Position der Osten ist. Das ihm zugehörige Element ist Wasser, was zeigt, daß das ursprüngliche Symbol des weißen Elefanten noch nicht vergessen war. Der Osten hat hier doppelte Bedeutung: Er kennzeichnet nicht nur eine kosmologische Position oder eine Stellung im Raum, sondern ebenso eine Position der Zeit, weil im Osten die Sonne ihren Lauf beginnt – wie der weiße Elefant den Beginn der Laufbahn des Buddha kennzeichnet. Und wie die Sonne täglich im Osten wiedergeboren wird, ging auch der Buddha (als *Bodhisattva*) durch unzählige Wiedergeburten.

Das Pferd ist ursprünglich ein Sonnensymbol. Man glaubte, daß es den Sonnenwagen ziehe. Ebenso bestätigte seine feurige Natur die Verbindung zur Sonne. Für den Buddhisten jedoch ist es zunächst und vor allem das Symbol des feurigen unabhängigen Geistes, das Symbol der schnellen Befreiung von den Fesseln des *Saṃsāra*, dem nichtendenden Kreislauf von Geburt und Tod – so wie der Buddha in der entscheidenden Stunde, als er sein Heim verließ und seine fürstliche Position mit der eines heimatlosen Bettlers vertauschte, um die Wahrheit zu suchen, von seinem treuen Pferd Kaṇṭhaka in die neugewonnene Freiheit getragen wurde.

Während der Elefant also den Beginn der irdischen Laufbahn des Buddha charakterisiert, wird durch das Pferd das Ende seines weltlichen und der nahe Zenit seines geistigen Lebens dargestellt. In späterer Zeit wurde daher der *Dhyāni*-Buddha Ratnasambhava – dessen Position der Süden ist, wo die Sonne ihren höchsten Stand erreicht – mit dem Sinnbild des Pferdes ebenso assoziiert wie mit dem des Edelsteines, der häufig auf dem Pferderücken liegend dargestellt wird. Der Elefant als das Tragtier des *Dharmacakra* wurde schon auf den Steintoren *(torana)* des berühmten *Stūpa* in Sānchi abgebildet. Es ist evident, daß das *Dharmacakra* ein weiteres Sonnensymbol ist. Aber während das Pferd eine *sekundäre* Eigenschaft der Sonne versinnbildlicht, nämlich ihr feuriges Wesen, ist das *Dharmacakra* ein *primäres* Sonnensymbol und repräsentiert ihre Strahlkraft. Bezeugt wird der solare Ursprung in der Beschreibung des flammenden strahlenden Rades, das mit seinen tausend Speichen am Himmel erscheint, wenn ein tugendhafter Fürst seine Herrschaft durch Rechtschaffenheit entfaltet und die geistige Macht erlangt hat, die ihn berechtigt und befähigt, die dem Wohle aller dienende Herrschaft des »guten Gesetzes« *(dharma)* über die ganze Welt auszudehnen. Dementsprechend wurde das »Drehen des Rades des Gesetzes« *(dharmacakra-pravartana,* tib.: *chos-hkhor-bskor),* der Ursprung des tibetischen Gebetsrades *(ma-ni chos-hkhor),* zum Synonym für die erstmalige Verkündigung der Lehre des Buddha, mit der das tausendspeichige Sonnenrad des *Dharma* in Bewegung gesetzt wurde, so daß sein Licht die ganze Welt durchstrahlte.

So wurde der Buddha wiederum ein »Weltenherrscher«, wenn auch nicht in des Wortes gewöhnlicher Bedeutung – vielmehr als einer, der die Welt eroberte durch Selbstüberwindung und durch Verwirklichung der höchsten Möglichkeiten seines Wesens im »tausendblättrigen *Cakra«* *(sahasrāra-cakra)* seines erleuchteten Geistes.

Das *Cakra* hat – wie jedes Symbol – eine Anzahl unterschiedlichster Bedeutungen, entsprechend dem Grad der Einsicht und der Bewußtseinsebene, zu der es in Beziehung gesetzt wird. So kann es das »universelle Gesetz« bedeuten oder aber dessen Abglanz auf der menschlichen Ebene in den Gesetzen der Ethik; es steht auch für die universelle Kraft wie für deren lokalisierte Form: der geistigen Kraft menschlichen Bewußtseins; es symbolisiert schließlich die »All-Sonne« und das »Innere Licht«, das uns zur Erleuchtung oder Buddhaschaft führt.

Wie der legendäre *Cakravartin* einst über die physische Welt herrschte, so ist ein vollkommen erleuchteter Buddha höchster Herrscher in der Welt des Geistes. Sein *Dharmacakra* leuchtet über dem ganzen Universum, und die Gesetze dieses heiligen

Rades werden nicht mit Gewalt durchgesetzt, sondern erweisen sich als Essenz alles Lebendigen.

Diese Gesetze zu kennen, heißt frei und unabhängig sein – sie nicht begreifen bedeutet, von ihnen versklavt zu werden. Die Souveränität eines Buddha stützt sich daher nicht auf Weltherrschaft, sondern auf sein Erkennen der Welt, wodurch er frei von ihr ist und durch dieses sein Wissen auch andere befreien kann.

Die Symbolik des Rades *(cakra)* wäre unvollständig interpretiert, wenn wir nicht die Symbole seiner Teile miteinbeziehen würden: die der Felge, der Speichen und der Nabe. Die *Felge* bildet einen Kreis: das Symbol des Unendlichen, der Welt als Ganzheit. Darüber hinaus ist die Felge in Bewegung, während die Nabe unbeweglich bleibt. Die Felge stellt darum nicht nur die Unendlichkeit dar, sondern auch die unendliche Bewegung: den unendlichen Kreislauf von Geburt und Tod – das nichtendende *Saṃsāra.* Jedoch jeder Punkt des *Saṃsāra* steht durch die Speichen in Beziehung zur ruhenden Mitte – zur Nabe.

Die *Nabe* ihrerseits symbolisiert Befreiung, Erleuchtung, *Nirvāṇa,* wo alle Begierden zur Ruhe kommen. Die *Speichen* indes stellen die Wege dar, die von der rastlosen Bewegtheit des *Saṃsāra* zur Verwirklichung jenes Friedens führen, der *Nirvāṇa* ist.

In diesem Zusammenhang erscheint es wichtig festzustellen, daß es nicht nur *einen* Weg zur Verwirklichung gibt, sondern viele: Von jedem Punkt der samsarischen Welt gibt es einen gangbaren Pfad zum Zentrum, zur Befreiung und Erleuchtung! Denn wenn auch für alle das Ziel das gleiche ist, so sind der Wege dorthin doch viele. Diese Konzeption ist die Grundlage buddhistischer Toleranz. So repräsentiert das *Dharmacakra* nicht nur das Gesetz oder die Souveränität, sondern auch die Toleranz. Es vereinigt beide Aspekte der Wirklichkeit: den universellen und den individuellen, das in sich Ruhende und die Bewegung, *Nirvāṇa* und *Saṃsāra.*

Die Anzahl der Speichen an einem Rad kann verschieden sein. Doch um die fundamentalen Prinzipien des Buddha-*Dharma* zum Ausdruck zu bringen, hat das buddhistische *Dharmacakra* entweder acht Speichen oder ein Vielfaches von acht. Es wird damit die Wichtigkeit des Edlen Achtfachen Pfades *(ārya aṣṭāṅgika mārga)* betont, der zur Befreiung führt durch: vollkommene Anschauung *(samyag-dṛṣṭi),* vollkommenen Entschluß *(samyak-*

*saṃkalpa)*, vollkommene Rede *(samyag-vāk)*, vollkommenes Handeln *(samyak-karmānta)*, vollkommene Lebensführung *(samyag-ājīva)*, vollkommene Anstrengung *(samyag-vyāyāma)*, vollkommene Achtsamkeit *(samyak-smṛti)* und vollkommene innere Einswerdung *(samyak-samādhi)*.[27]

Schließlich symbolisiert das *Cakra* auch die geistigen Fähigkeiten des Menschen. In diesem Fall sind die Speichen des Rades als Ausstrahlungen jener psychischen beziehungsweise geistigen Energie anzusehen, die von den verschiedenen Bewußtseinszentren im menschlichen Körper emaniert werden. Diese Ausstrahlungen steigen senkrecht von der Basis der Wirbelsäule zum Scheitelpunkt des Kopfes auf, wobei die Strahlung zunehmend an Kraft und Qualität gewinnt. Symbolisiert wird dieses Faktum durch die ständig zunehmende Anzahl von Speichen oder Blütenblättern, die den einzelnen *Cakras* (hier oft als Lotusblüten dargestellt) zugeteilt werden und deren höchstes Zentrum, das *Sahasrāra-cakra*, als tausendspeichiges Rad dargestellt wird. Die latenten Kräfte dieser Zentren psychischer Energie können nicht durch das gewöhnliche unentwickelte Bewußtsein realisiert werden, sondern bedürfen der Erweckung und Aktivierung durch Meditation oder durch die Übung des Yoga.

Der, der das höchste Zentrum erreicht hat, beherrscht alle *Cakras* und die zugeordneten geistigen und psychischen Energien. Er wurde im wahrsten Sinne ein *Cakravartin*. Unter diesem Gesichtspunkt bekommen die »sieben Kostbarkeiten« eines Weltenherrschers tiefere Bedeutung und lassen einen verborgenen Zusammenhang mit den sieben psychischen Zentren erkennen. Wir beginnen die tiefe Wahrheit der Worte Buddha zu verstehen, wenn er erklärte, daß die ganze Welt in unserem sechs Fuß hohen Körper enthalten sei.

Der Mensch, dem es gelingt, jene verborgenen Kräfte von Körper und Geist, in denen sich alle Kräfte des Universums widerspiegeln, unter seine Kontrolle zu bringen, hat es in der Hand, entweder ein Herrscher über die Menschen zu werden oder ein Weltenlehrer – ein vollkommen Erleuchteter wie Buddha Śākyamuni.

Die Beziehungen zwischen den Wesenseigentümlichkeiten der psycho-physischen Zentren *(cakras)* des menschlichen Körpers und den »sieben Kostbarkeiten« eines *Cakravartin* lassen sich wie folgt darstellen:

1. Der beste aller Elefanten, als Verkörperung von Unerschütterlichkeit und Stärke, ist das Symbol des Wurzelzentrums, des *Mūlādhāra-cakra.*
2. Der beste aller Bürger (konzipiert sowohl als einer, der um das Wohl anderer bemüht ist – *Gṛhapati* = Hausvater –, als auch als Beschützer anderer – *Senapati* = Feldherr) entspricht dem *Svādhiṣṭāna-cakra* im *Plexus hypogastricus.* Es repräsentiert damit die dem Haushalt unseres Organismus zugrundeliegenden Funktionen sowohl der Assimilation (d. h. der Bereitstellung und Verarbeitung der zur Erhaltung des Körpers notwendigen Stoffe) als auch der Elimination (d. h. der Ausscheidung alles Schädlichen).
3. Das kostbare Juwel oder »der flammende Edelstein« – auch *Maṇi* (tib.: *Nor-bu*) oder *Cintamaṇi* (tib.: *Nor-bu dgob-hdod dpungs-hjom*) genannt – entspricht dem *Maṇipūra-cakra,* dem *Plexus solaris* oder Nabelzentrum, in dem das »innere Feuer« – *Tapas* (tib.: *gTum-mo*) – der Yoga-Integration entfacht wird.
4. Die ideale Gattin *(strī )*, die Verkörperung von Liebe und Mitempfinden, entspricht dem *Anāhata-cakra,* dem *Plexus cardiacus* oder Herzzentrum.
5. Der beste aller Ratgeber entspricht dem *Viśuddha-cakra,* dem Sitz der Sprache, dem *Plexus cervicus* oder dem Kehlkopfzentrum.
6. Das beste aller Pferde, Symbol der Freiheit und der schnellen Befreiung, entspricht dem *Ājñā-cakra,* dem Sitz geistiger Schau, dargestellt als »Drittes Auge«.
7. Das tausendspeichige Rad schließlich entspricht dem *Sahasrāra-padma-cakra,* dem Scheitelzentrum oder Sitz des tausendblättrigen Lotus.

So repräsentieren die sieben Kostbarkeiten eines *Cakravartin* nicht nur die Ideale buddhistischer Lebensführung, sondern auch die Möglichkeiten des menschlichen Geistes und seiner zugeordneten psychischen Qualitäten auf allen Ebenen des bewußten und unbewußten Lebens, die durch geistiges Training *(sādhana),*

Yoga und schöpferische Meditation *(bhāvanā)* verwirklicht werden können und die schließlich zur Befreiung und Erleuchtung führen.

# REGENBOGEN, HEILIGENSCHEIN
# UND AURA

Der Regenbogen – obwohl ganz offensichtlich eine nicht-materielle Erscheinung – kann keineswegs als »Halluzination« angesprochen werden, sondern ist eine objektive Gegebenheit. Er kann von allen mit Sehvermögen Begabten wahrgenommen werden, kann fotografisch festgehalten werden, und sein Zustandekommen durch Beugung und Brechung der Sonnenstrahlen an den Wassertröpfchen einer Regenwolke unterliegt berechenbaren Gesetzen. Die Millionen und Abermillionen sich ständig wandelnder Regentropfen erzeugen ein Phänomen, das über eine beträchtliche Dauer wie greifbar vor uns steht. So ist es auch mit unserem psychophysischen Organismus, der, obgleich aus einer unendlichen Zahl von sich ständig wandelnden Partikeln bestehend, uns dennoch für einen beträchtlichen Zeitabschnitt materiell dauerhaft erscheint.

Wollen wir jedoch genau sein, so müssen wir sagen, daß wir »Materie« ebensowenig berühren und fassen können wie einen Regenbogen. Was wir als »Materie« bezeichnen, ist nichts als ein Begriff, der durch Kombination von Sinneseindrücken als Abstraktion in unserem Gehirn entsteht, hervorgerufen durch die über das Sehen wahrgenommene Erscheinung einer zusammenhängenden Oberfläche, von Widerstand (Härte oder Weichheit), zeitlicher Dauer und so weiter. Durch Koordination und Abstraktion dieser Sinneseindrücke kommen wir zur Vorstellung von der Existenz dessen, was wir »Materie« nennen. Diese so in Abhängigkeit entstehende Wahrnehmung materieller Existenz würde für Kräfte, die ohne Widerstand durch sie hindurchwirken könnten, nicht existent sein. Und dennoch ist Materie keine bloße Fiktion unseres Geistes, sondern ebenso wirklich wie der Geist, der sie erfährt und der die Gesetzmäßigkeiten erkennt, in deren bedingter Abhängigkeit sie wahrnehmbar wird.

So ist der Regenbogen ein Symbol für die flüchtige Schönheit der Menschenwelt, in deren Vergänglichkeit sich ewige Gesetze manifestieren, die immer erneut das Wunder des Daseins erschaffen. Mit anderen Worten: Der Regenbogen wird zum Symbol des nichtfaßbaren Wesens der Wirklichkeit – einer Wirklichkeit, die uns in unserer Welt der scheinbar festen Dinge und harten Fakten entgeht. Er ist ein Phänomen, das immer wieder tiefe Gefühle in uns wachruft, selbst wenn wir es schon tausendmal gesehen haben. Es ergreift uns mit Staunen und erfüllt uns mit Freude und Bewunderung, wenn nicht sogar mit religiöser Ehrfurcht, oder es wird uns zu einem Omen von tiefster Bedeutung.

Gleichzeitig aber ist der Regenbogen eine Brücke zwischen dem Wirklichen und dem Unwirklichen, dem Faßbaren und Unfaßbaren, dem Sichtbaren und Unsichtbaren, wie auch eine Tür, die in die Welt der Mysterien führt – ein Tor in die Welt der Imagination und Märchen. So ist der Regenbogen eines der bedeutendsten archetypischen Symbole, das so alt ist wie die Menschheit selbst – ein Symbol, das überall da auftaucht und geschätzt wird, wo menschliche Wesen in Gedanken und Rede, in Kunst und Religion, in Gesang und Dichtung nach Ausdruck suchen.

Im Alten Testament ist der Regenbogen das Symbol des Bundes zwischen Gott und Mensch, zwischen Himmel und Erde, zwischen dem Unendlichen und dem Endlichen, zwischen dem universellen Gesetz und dem moralischen Gesetz des Menschen. Er ist das Symbol der Beständigkeit des Gesetzes, das sich in einer Welt unaufhörlichen Wandels offenbart. In seiner Schönheit und Farbstrahlung aber macht er auch deutlich, daß dieses Gesetz kein Gesetz des Zwanges, sondern der Harmonie ist, die unsere Alltagswelt verklärt, so daß selbst deren gewöhnlichste Seiten tiefste Bedeutung gewinnen.

Auf dem Felde religiöser – und speziell meditativer – Erfahrung wurden die Regenbogenfarben zu Emanationen der geistigen Aktivität des menschlichen Individuums. Dies war die ursprüngliche Konzeption vom Heiligenschein, der der religiösen Kunst des Christentums und der vieler anderer Religionen gemeinsam ist. Doch während das Christentum mit dem Heiligenschein meist nur den Kopf seiner Heiligen umgibt, teilt der Buddhismus eine ähnliche Erscheinungsform dem ganzen Körper in Form einer Körperaura zu, die sich von dem Heiligenschein, der das Haupt umgibt, unterscheidet. Der Grund ist augenfällig: Das Bewußtsein oder die Psyche des Menschen ist nicht nur im Kopfbereich lokalisiert, sondern zugleich auch in der Ganzheit des körperlichen Bereiches. Während der Westen einseitig das Gehirn als alleiniges Zentrum des Bewußtseins und der geistigen Aktivität betonte, kennt der Osten mindestens sieben psychische Hauptzentren und viele Nebenzentren, die über den ganzen menschlichen Körper verteilt sind. Sie werden *Cakras* (Räder) genannt, weil ihre Energien nach allen Seiten vom Zentrum ausstrahlen, wie die Speichen eines Rades von dessen Nabe ausgehen. Jedes dieser Zentren stellt eine bestimmte Ebene des Bewußtseins mit ihrer spezifischen Aktivität dar, wobei in diesen Zentren, von unten nach oben aufsteigend, zunächst physiologische, dann emotionale, später intellektuelle Funktionen vorherrschen.

Im erwachten oder geistig fortgeschrittenen und entwickelten menschlichen Wesen sind alle diese Zentren aktiviert und ihre Energien sind in geistige, das heißt integrierte und harmonisierte bewußte Kräfte transformiert, deren Tätigkeitsfeld nicht mehr auf die engen Grenzen des physischen Körpers beschränkt ist, sondern die – entsprechend ihrem Intensitätsgrad – in einem sich ständig erweiternden Umkreis erstrahlen. Daher heißt es, daß die Aura eines vollkommen Erleuchteten, eines Buddha, das ganze Universum enthalte – oder anders ausgedrückt: daß das ganze Universum der »Körper« (oder *Dharma-kāya*) des Buddha geworden sei.

Buddhaghoṣa[28] beschreibt in der einführenden Abhandlung seines *Atthasālinī* (das, nach Visuddhi-Magga, eines der wichtigsten Bücher der *Theravāda*-Schule ist) die vielfarbige Strahlung, die dem Körper des Buddha entströmt, mit folgenden Worten:

Strahlen von sechs verschiedenen Farben – Indigo, Gold, Rot, Weiß, Ocker und ein in allen Farben schillernder blendender Glanz – gingen vom Körper des Lehrers aus, als er in seiner Allwissenheit das subtile und tiefgründige Gesetz kontemplierte.

Die Indigostrahlen gingen von seinem Haar und der Iris seiner Augen aus. Demzufolge erschien die Oberfläche des Himmels wie mit Collyriumpulver bestreut oder bedeckt mit blauen Flachs- und Lotusblüten oder wie ein weitausgespanntes dunkelblaues Tuch oder wie ein hin und her schwingender juwelenbesetzter Fächer.

Die goldenen Strahlen gingen von seiner Haut und den goldfarbenen Partien seiner Augen aus. Demzufolge erschienen die verschiedenen Weltviertel, wie wenn sie mit einer goldenen Flüssigkeit bespritzt wären oder bedeckt mit goldenen Platten oder bestreut mit Safranpulver und Bauhiniablüten.

Die roten Strahlen gingen von seinem Fleisch und Blut und von den roten Partien seiner Augen aus. Demzufolge erschienen die vier Weltrichtungen, als ob sie mit rotem Zinnoberpulver bemalt wären.

Die weißen Strahlen gingen von seinen Knochen, Zähnen und den weißen Partien in seinen Augen aus. Demzufolge wurden die vier Himmelsrichtungen so hell, als ob sie von Milchströmen überflossen seien, die aus silbernen Töpfen gegossen wurden oder als ob sie von einem Baldachin aus Silberplatten überwölbt wären.

Die ockerfarbenen und die in allen Farben schillernden Strahlen gingen von verschiedenen Teilen seines Körpers aus. In dieser Weise brachen die sechsfarbigen Strahlen hervor und erfüllten das ganze Erdenrund.

Es folgt dann eine wunderbare Beschreibung, wie die Erde, das Wasser, die Luft und der jenseitige Raum sowie alle himmlischen Regionen wie Millionen von Milchstraßensystemen vom goldenen Licht des Buddha durchdrungen werden. Die Beschreibung endet mit den eindrucksvollen Worten (hinweisend auf die Transformation ober Sublimation des physischen Körpers):

Doch das Blut des Herrn der Welten wurde klar und rein, als er ein so feines und schwer verständliches Gesetz betrachtete, und in gleicher Weise geschah dies mit der körperlichen Grundlage seines Denkens und seiner Erscheinungsform. Das Element der Farbe, hervorgerufen durch das Wärmegesetz, geboren aus dem Geiste, breitete sich unveränderlich in einem Umkreis von achtzig Ellen aus.

Abgesehen von der etwas scholastischen Sprache des berühmten Kommentators kommt die fundamentale Idee von dem strahlenden Wesen eines Erleuchteten und dessen weitreichendem Einfluß deutlich zum Ausdruck und zeigt, daß die transzendenten Eigenschaften eines Buddha ebenso von den Anhängern der *Hīnayāna*-Schulen anerkannt wurden wie von denen des *Mahāyāna*.

Im *Mahāyāna* und speziell im *Vajrayāna* und dessen tantrischen *Sādhanas* wurden die Visualisationstechniken der Meditation besonders betont, wobei Farbe und mantrische Schwingung eine hervorstechende Rolle spielten. Der Beobachtung und Darstellung der verschiedenen Farben und Eigenschaften der Körperauren und Heiligenscheine wurde hier noch weitaus mehr Bedeutung zugemessen. Diese wurden klar definiert, wie wir im Fall tibetischer *Thangkas* und Tempelfresken sehen können. Hier ist die Farbgebung nicht mehr an die Hautfarbe oder die materiellen Eigentümlichkeiten des menschlichen Körpers gebunden, sondern sie gibt die ganze Skala elementarer und geistiger Eigenschaften wider, wie sie durch den Regenbogen selbst dargestellt ist, der häufig den äußeren Aurarand der Heiligen und Buddhas wie der unzählbaren Formen ihrer transzendenten Emanationen (*Bodhisattvas* und anderer göttlicher und halbgöttlicher Wesen) bildet.

Hier ist »Farbe das wirkliche Gewand spiritueller Wesen, deren äußere Bekleidung der physische menschliche Körper ist. *Farbe ist das sichtbare Element, durch das sich das Unsichtbare selbst offenbart.* Das hat seine Gültigkeit in der ganzen physischen Welt ... Geist, in Materie erstrahlend, benutzt Farbe als seine subtilste und intimste Offenbarung ... Farbe ist im geistigen Leben das, was Nahrung, Luft und Wasser für das physische Leben sind. Wie diese unseren Körper ernähren, so ernährt die Farbe die Seele und den Geist.« (Gladis Mayer in: *Farbe und die menschliche Seele.*)

Wenn eine Religion alt wird und stirbt, verliert sie mehr und mehr an Farbe – im wörtlichen wie im übertragenen Sinn. Sie wird düster und zunehmend abstrakter und intellektueller. Schließlich stirbt sie in den Armen nüchternen Verstandes, scholastischer Forschung und wissenschaftlicher Argumentation, durch die die Stimme schöpferischer Imagination erstickt wird. Die Mysterien sind dann wegerklärt worden, und der Regenbogen ist verschwunden!

# VAJRAYANA FÜR ANFÄNGER[29]

Das »zehnfache machtvolle *Mantra« (Namchuwangdan)* ist sowohl ein Abbild des Individuums wie des Kosmos. In sechs Farben sind zehn mantrische Zeichen in so kunstvoller Verschlingung angeordnet, daß – wenn man den kompakten Block von unten nach oben liest – der menschliche Körper von der Fußsohle bis zum Scheitel dargestellt ist.

In ihrer kosmischen Bedeutung stehen die gleichen Zeichen für die Prinzipien oder Aggregatzustände, die als Wind, Feuer, Wasser und Erde bezeichnet sind, wozu noch als Zentrum der Weltberg Meru, ferner die Welt der Form und die der Nicht-Form kommen. Darüber schweben die Zeichen für Mond, Sonne und eine Flamme. Diese werden, auf das Individuum bezogen, als die drei »Adern der Lebenskraft« gedeutet. Das *Mantra* symbolisiert also die Durchdringung wie die Identität der Elemente des Körpers und des Universums, wobei der Parallelismus zwischen dem Individuum und dem Universum klar ersichtlich wird.

Natürlich sprechen wir hier nicht von Elementen im Sinne der Wissenschaft, sondern von Elementen im Sinne von »Einheiten«. Diese Elemente Erde, Wasser, Feuer, Luft und Äther sind keine Elemente im Sinne der Physik (wie wir das Wort oft gebrauchen), sondern sind Elemente im Sinne von Aggregatzuständen. Sie stehen daher für den festen, den flüssigen, den feurigen, den gasförmigen und schließlich für den kosmisch-ätherischen Zustand. All diese Aggregatzustände nehmen – entsprechend Druck, Hitze und anderen Bedingungen – For-

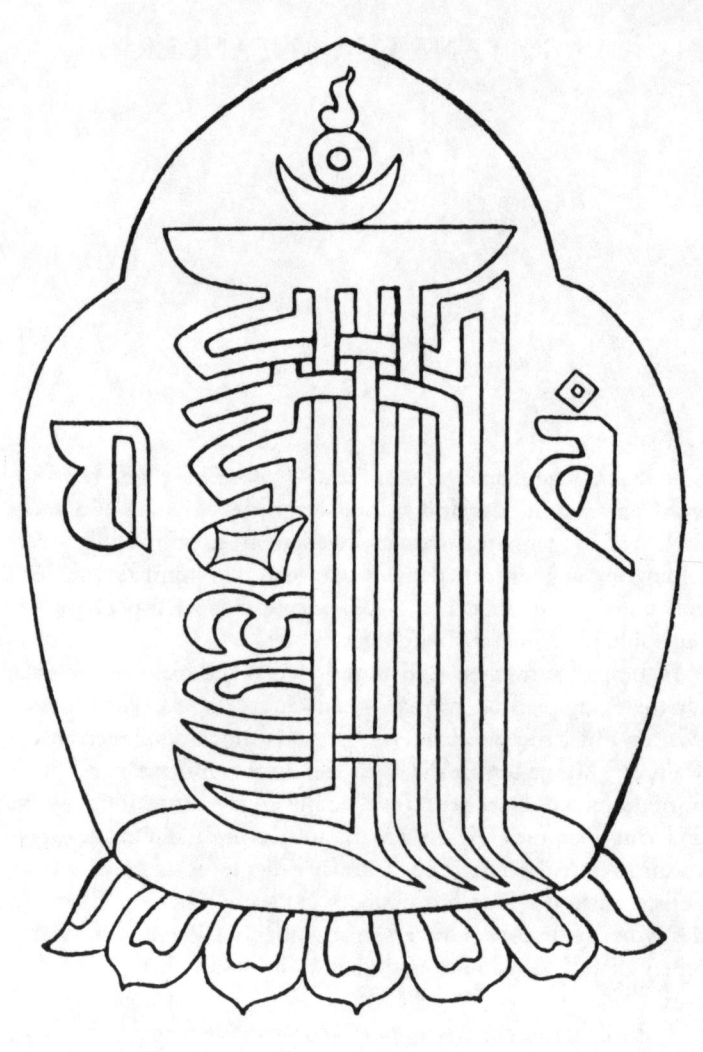

*E – Vaṃ Oṃ Haṃsamālāvaraya*

men an, die wir sehen und erfahren können. Sie werden – speziell im Buddhismus – als die »Elemente« beziehungsweise »Formen« der Aggregationen bezeichnet. Einer jeden von ihnen entspricht ein bestimmtes *Cakra* im menschlichen Körper. »*Cakra*« bedeutet wörtlich ein »Rad«, man könnte es jedoch auch einen Lotus nennen. Diese *Cakras* nun haben verschiedene Farben, und das ist so besonders wichtig, weil diese Farben von den frühesten Zeiten her festgelegt sind; durch die ganze Geschichte des Buddhismus hindurch werden diese Farben in *Maṇḍalas* und *Mantras* gleichbleibend dargestellt. Ohne sie zu kennen, würden wir nicht wissen, womit wir es zu tun haben.

Das unterste *Cakra* ist das *Mūlādhāra-Cakra*. Es befindet sich am unteren Ende der Wirbelsäule. Es folgt das *Svādhiṣṭhāna-Cakra*, das für die Verdauungsfunktionen steht. Darüber liegt dann der Solarplexus, den wir alle kennen; dann kommt das Herz-Zentrum, das Kehlkopf-Zentrum und schließlich das Scheitel-Zentrum oder der *Sahasrāra-Padma* – der tausendfältige Lotus. Stellt man nun die Cakras als Lotus dar, dann hat der eine Lotus vier, der andere sechs und ein dritter zwölf Blütenblätter und so weiter. Die Zahl der Blütenblätter nimmt zu, je höher das Cakra liegt, so daß schließlich das *Sahasrāra-Cakra* als ein Lotus mit tausend Blütenblättern erscheint. Das, was wir mit Blütenblättern bezeichnen, sind in Wirklichkeit die Eigenschaften dieser *Cakras*. Das unterste *Cakra* ist das einfachste, es hat nur vier Blütenblätter und entspricht unserer organisch-stofflichen Grundlage. Die darüber gelegenen *Cakras* werden immer feiner und feiner mit der Zahl zunehmender Funktionen, die als Blütenblätter dargestellt werden. So sind diese Blütenblätter keinesfalls eine Art dichterischer Phantasie. Je größer die Anzahl der Blütenblätter, um so mehr Funktionen sind mit dem betreffenden *Cakra* verknüpft.

Das *Sahasrāra-Cakra* ist nun keineswegs identisch mit unserem Gehirn, sondern ist in Wirklichkeit etwas, was über unser Gehirn hinausgeht. So hat zum Beispiel jemand, der hellsichtig ist, offensichtlich einen Sinn, der über die Funktionen des Gehirns hinausgeht. Doch ist das Gehirn im allgemeinen das *Cakra*, in dem die westliche Welt lebt. Wir assoziieren unseren Denkvorgang im allgemeinen mit unserem Gehirn, aber im Osten tut man es nicht. Weder in Japan noch in China noch in Indien, noch in

Tibet würde irgendwer glauben, daß wir mit dem Gehirn denken: Man denkt mit dem Herzen. Im Westen halten wir das Herz viel mehr für den Sitz unserer Gefühle als für den unseres Denkens. Natürlich meinen wir dabei nicht das Herz selbst, sondern das Zentrum oder *Cakra*, das mit dem Herzen verbunden ist. Der Osten denkt aber mehr mit seinen Gefühlen, ist intuitiver, das heißt: Er denkt, aber es ist nicht ein bloßes Denken, sondern steht im Gegensatz zum Hirndenken, das lediglich die Fähigkeit des Denkens in Worten und Begriffen besitzt. Die westliche Haltung gründet sich mehr auf begriffliches Denken, während die des Ostens mehr intuitiv ist. Und darin liegt der Unterschied zwischen den beiden Kulturen. Ost und West haben sich lange Zeit gegenseitig nicht verstanden. Warum? Weil sie in verschiedenen Zentren lebten, und das ist ein ganz wesentlicher Punkt.

Im Westen sind wir so einseitig, daß wir in gewissem Grad nur unseren Denkapparat, unser Gehirn, entwickelt haben. Was wir wirklich brauchen, ist die Bewußtwerdung all unserer verschiedenen Zentren; denn nur wenn wir uns ihrer aller bewußt sind, werden wir *ganze* Menschen werden. Lebt man nur in einem Zentrum, so schließt man andere aus beziehungsweise ist sich der anderen nicht bewußt. Und wir können keinen wie auch gearteten Zustand der Verwirklichung erreichen, wenn wir nur eine spezielle Fähigkeit entwickeln, die an sich im menschlichen Körper nicht vorherrschen sollte.

Nach buddhistischer Anschauung ist der Körper in Wirklichkeit der Tempel des Geistes. Man sollte den Körper also weder mißachten noch ihn als ein Provisorium oder als etwas betrachten, das man abtun muß. Der Körper ist die Wohnstätte unseres Geistes; er beherbergt unser Gemüt und sollte daher hinsichtlich seiner Bedürfnisse wie seiner Fähigkeiten geachtet werden. Daher ist die Grundidee des *Tantra* hinsichtlich der Körperbetrachtung viel umfassender, da sie den Körper nicht nur im materiellen Sinne als Träger von Wahrnehmungsorganen und Empfindungen betrachtet, sondern als eine Ganzheit, als einen heiligen Ort, der unserem Geist während unseres Lebens Zuflucht bietet. Natürlich müssen wir diesen Tempel verlassen, wenn er ausgedient hat, aber solange er lebt, müssen wir ihn achten und dürfen ihn nicht mißbrauchen. In diesem Sinne hat der Osten den Körper immer höher eingeschätzt als der Westen und ihm eine größere Bedeutung zuerkannt.

Die verschiedenen *Cakras* oder Bewußtseinszentren werden nun symbolisch durch verschiedene Farben dargestellt. Betrachtet man verschiedene *Maṇḍalas*, so stellt man fest, daß jedes *Maṇḍala* mit verschiedenen Farben assoziiert ist. Gewöhnlich sieht man Weiß, Gelb, Rot, Grün und Blau. Man könnte denken, es sei eine sehr schöne Farbkomposition, unseren Augen gefällig, sehr dekorativ. Und die meisten Leute betrachten ein *Maṇḍala* ja auch als eine Art Wandschmuck. Aber *Maṇḍalas* sind ebensowenig Dekorationsstücke wie eine gewöhnliche Landkarte. Natürlich kann man sie als Wandschmuck benutzen, doch ist das nicht ihr eigentlicher Zweck. Dieser besteht darin, daß man sich daran orientiert, daß sie uns helfen, unsere Richtung zu finden. Die Farben des *Maṇḍala* sollen dem Betrachter helfen, die Bedeutung des *Maṇḍala* zu erschließen, und ihm ein tieferes Verständnis vermitteln. Die meisten Menschen wissen nicht, daß ein *Maṇḍala*, das als *Thangka* an der Wand hängt, nicht im ursprünglichen Sinn gebraucht wird. Eigentlich ist ein *Maṇḍala* so geschaffen, daß es auf dem Erdboden liegen müßte. Der Betrachter sitzt davor.

Das *Maṇḍala* selbst wurde ursprünglich mit verschieden gefärbtem Sand ausgelegt – vergleichbar den kultischen Sandbildern der nordamerikanischen Indianer. Nun steht auf der »Landkarte« des *Maṇḍala* keineswegs »oben« für »Norden« und »unten« für »Süden«. Vielmehr sitzt man am Eingang, dem Osten, der somit der untere Teil des *Maṇḍala* ist, und bewegt sich mit dem Sonnenlauf nach Süden (links), Westen (oben) und Norden (rechts vom Betrachter). Zweifellos können wir die Sonne um Mitternacht – in der Nordposition – nicht sehen, da sie auf der uns abgekehrten Seite der Erde steht. So erscheinen die verschiedenen Abschnitte des *Maṇḍala* in einer gewissen räumlichen und zeitlichen Reihenfolge, die dem Sonnenlauf von Ost über Süd und West nach Nord folgt. Hängen wir ein *Maṇḍala* an die Wand, so ist der Eingang unten. Wird diese Grundstruktur des räumlichen und zeitlichen Ablaufes nicht verstanden, so wird man das *Maṇḍala* als eine Landkarte unseres Bewußtseins ebensowenig benützen können, wie wenn man die räumliche Gliederung und die geographischen Symbole einer Landkarte nicht kennt.

Im unteren uns zugekehrten Teil des *Maṇḍala* finden wir meist

(z. B. im *Bardo Thödol*) einen weißen Sektor, der den Osten darstellt; denn wenn – noch vor Sonnenaufgang – zu Beginn des Tages das Licht im Osten aufleuchtet, erscheint die Erde wie in weißes Licht getaucht. Deshalb stellt Weiß den Anfang dar. Die Sonne wandert dann zum Mittagspunkt, und da dies ihr höchster Punkt ist, wird das Sonnenlicht jetzt durch die gelbe Farbe dargestellt. Der Sonnenuntergang ist rot, und so wird der Westen durch einen roten Sektor dargestellt. Der Norden hingegen erscheint in der geheimnisvollen Farbe, die zwischen Grün und Blau liegt. Sie ruft ein mystisches Gefühl hervor, weil sie nicht einfach jenes Grün zeigt, das wir von den Blättern der Bäume kennen. Sie setzt sich aus Gelb und Blau zusammen und beinhaltet somit ein positives wie auch ein negatives Element, da die Nacht wie in einem keimhaften Zustand schlummert. Jedes Ding nimmt hier seinen Anfang. Jedes Ding ist hier unseren Augen noch verborgen und enthält doch die geheimnisvollen Keime all dessen, was später folgt.

Doch es gibt noch einen fünften Sektor: die Mitte. Diese wird im allgemeinen blau dargestellt. Allerdings hat es mit diesem Zentrum eine besondere Bewandtnis. Erscheinen im *Maṇḍala* Figuren, so sehen wir eine blaue Gestalt im weißen Feld des Ostens und eine weiße Gestalt gegen den blauen Hintergrund des Zentrums. Dieses Weiß und dieses Blau bilden immer einen Kontrast, erscheinen aber nicht nur als Gegensätze, sondern stehen zugleich in enger Beziehung zueinander. Es gibt verschiedene Schulen des Buddhismus in Tibet. Einige dieser Schulen ziehen einen blauen Hintergrund im Osten vor, während bei anderen der Osten weiß erscheint. So sind diese beiden Farben Blau und Weiß austauschbar. Der Schlüssel für diese Anordnung liegt in der Vorstellung der *Śūnyatā*, der Leerheit. Der Weltenraum kann durch »Blau« dargestellt werden oder aber durch Farblosigkeit. Wird er weiß dargestellt, dann wird die positive Eigenschaft des Universums in Form von Licht aufgezeigt. Erscheint er aber in dunkelblauer Farbe, so deutet dies auf die Potentialität des noch nicht in Erscheinung Getretenen hin, das jedoch – obwohl es zur Zeit noch wie ein Keim oder etwas dem Blau Innewohnendes ist – zur Manifestation drängt.

Geht man nun von den fünf Elementen aus, so hat jedes von ihnen ebenfalls seine Farbe. So ist das Erdelement durch die gelbe

Farbe charakterisiert und erscheint im Süden des *Maṇḍala*. Erde ist aber etwas, auf das man nicht herabschauen sollte; denn Materie ist eine sehr, sehr seltene Erscheinungsform im Weltall. Materie ist so selten, daß ich sagen möchte, daß das Verhältnis zwischen dem, was wir leeren Raum, und dem, was wir Materie nennen, derart ist, daß es unendlich mehr leeren Raum gibt und nur ganz selten Materie. Materie ist gestaltgewordene Energie, so wie der höchste Sonnenstand die höchste Entfaltung aller Daseinsformen darstellt. Materie besteht aus der Gesamtheit der fünf Elemente, die alle notwendig sind, damit Materie mit unseren Sinnen in Berührung kommen kann. Und so bietet Materie Widerstand, besitzt die Fähigkeit der Kohärenz, hat eine Oberfläche, läßt sich berühren, weist Temperaturen auf, sichtbare Formen und so weiter.

, Ohne Form würden wir nie wissen, was Materie ist. Sie ruft eine bestimmte Empfindung hervor, und dennoch können wir, wenn wir der buddhistischen Psychologie folgen, Materie niemals berühren. Was wir wirklich fühlen, ist die Empfindung des Widerstandes von etwas, oder man sieht eine gewisse Form, fühlt eine gewisse Temperatur – doch all das sind nur Sinneseindrücke. Wir kombinieren all diese verschiedenen Sinneseindrücke in unserem Geist und kommen so zu der Vorstellung, daß wir es hier mit Materie zu tun haben. Aber in Wirklichkeit können wir nicht sagen, daß hier Materie wäre, sondern bestenfalls, daß hier eine Kombination aller Elemente vorliegt. Deshalb aber nenne ich Materie die Fähigkeit zur Kohärenz.

Das nächste Element ist das Element Wasser. Wasser aber steht für den Zustand, in dem die Moleküle und Atome weniger kohärent sind, wodurch ein flüssiger Aggregatzustand in Erscheinung tritt. Wasser ist ein flüssiges Element. Wann immer uns ein flüssiger Aggregatzustand begegnet, sprechen wir von »wäßrig«, obwohl diese Flüssigkeit nicht unbedingt aus $H_2O$ bestehen muß: Erhitzen wir beispielsweise ein Metall, so wird es flüssig. Erhitzt man etwas Flüssiges weiter, so geht es in einen gasförmigen Zustand über, was auch für Metalle gilt, die man verdampfen kann. Am bekanntesten ist das Beispiel der Quecksilberverdampfung. Diesen Zustand nennen wir den gasförmigen Aggregatzustand.

Der feinste Aggregatzustand ist Strahlung. Wir kennen Strahlungen verschiedenster Art, und wir sind uns der gewaltigen

Mengen von Strahlung, die uns umgibt, erst in diesem Jahrhundert bewußt geworden. Durch uns hindurch gehen in jedem Augenblick verschiedenste Arten von Wellen und wirken auf uns. Hat man ein Radio- oder Fernsehgerät, so kann man verschiedenste Arten von Bildern, Ideen, Worten, Formen und so weiter empfangen, die alle nur Energiestrahlungen sind, welche durch den Apparat in Töne, Farben und Formen umgesetzt werden. So befinden wir uns tatsächlich in einem Feld, das, selbst wenn es luftleer wäre, von einer ungeheuren Anzahl von Energiestrahlungen hervorgerufen wird. Aber auch unser eigenes Bewußtsein ist eine Art Generator, der fortdauernd Energie ausstrahlt. So verstehen wir uns nicht nur deshalb, weil wir dieselbe Sprache sprechen, sondern vor allem deshalb, weil jeder intuitiv in sich selbst an einem gemeinsamen Bewußtseinsfeld teilhat. So ist es zweifellos wichtig, eine Sprache zu beherrschen, aber die Sprachkenntnis allein ist unzureichend. Ebenso wichtig ist unsere eigene Reaktionsfähigkeit, die zwar auf der Kenntnis einer gewissen Sprache basiert, die aber die Wirkung unserer eigenen Gedankenwellen mit den Schallwellen und den sichtbaren Gesten kombiniert – und im Bruchteil einer Sekunde versteht man den anderen. Das ist wirklich ein großes Wunder. Diejenigen, die eine fremde Sprache erlernt haben, wissen, wie schwierig es ist, Sätze zu bilden und andere Leute zu verstehen, die diese Sprache sprechen, nur weil man noch nicht auf diese Sprache eingestellt ist. Es erfordert wirklich eine Art gegenseitigen Einspielens aufeinander, eine Art gegenseitigen Verstehens und gegenseitigen Bewußtseinsaustausches. Nur so ist es möglich, sprachlich zu kommunizieren.

Betrachtet man nun die verschiedenen Elemente und versucht sie sich in verschiedenen Farben vorzustellen, so erscheint das Erdelement gelb, das Wasserelement weiß, das Feuerelement rot, das Luftelement grün und das Element, das wir Äther nennen, blau. Jedoch dürfen wir dabei keinesfalls das Element Äther mit unserer wissenschaftlichen Konzeption des Äthers gleichsetzen. Mit Äther ist das gemeint, was strahlt. Aber wir wissen nicht, was strahlt. Wir sprechen von Elektrizität, Magnetismus, Schallwellen, Radiowellen und wissen in Wirklichkeit sehr wenig darüber.

Wir besitzen in der Physik Theorien über Wellen und Partikeln, doch kann uns kein Physiker sagen, ob es wirklich Wellen oder Partikeln gibt, weil sich die Partikeln wie Wellen verhalten und die Wellen wie Partikeln. So wird unsere ganze Logik und unser gesunder Menschenverstand völlig verwirrt. Wir können selbst mit unserer modernen Logik nicht das darstellen, was sich wirklich abspielt. Wir können zwar die Bewegungen jener Partikel fotografieren, können aber dennoch nicht sagen, wo sie sind. Niemand hat sie je gesehen. Und je mehr wir über diese Dinge wissen, desto rätselhafter werden sie. Denn alles, was wir wissen, ist, daß wir diese Dinge nicht verstehen können, daß wir sie einfach als Fakten akzeptieren müssen: Unsere Vorstellung erfaßt sie nicht, und wir können sie auch nicht erklären. Je mehr wir wissen, desto mehr wissen wir, wie wenig wir wissen.

Daher versuchten die Buddhisten, die Welt mittels des Wortes »Śūnyatā« zu erfassen. »Śūnyatā« ist einer der seltsamsten Ausdrücke, die in der Philosophie geschaffen wurden. Oberflächlich betrachtet bedeutet Śūnyatā »Leere«. Einige Leute übersetzten sie auch mit »Nichtsheit«. Aber es gibt nichts, was man »Nichtsheit« nennen könnte, weil das, was man »Nichts« nennen würde, zunächst einmal die Klärung der Frage erforderlich machte: Nichts wovon? Das gleiche gilt auch für den Begriff der »Leere«. Stellt man diese Frage nicht, bleibt die ganze Sache im Sinnlosen. Denn man kann nicht sagen: »Dort ist nichts«, oder: »Dort ist Leerheit.« Man kann nur sagen: »Dort sind keine Dinge, dort sind keine Menschen, dort ist keine Luft.« So benötigt man Qualifikationen, die besagen, was man unter »Nichts« oder »Leere« versteht, was fehlt. Wir müssen fragen: Leer wovon?

Im Buddhismus ist Śūnyatā das, was jenseits des Vorstellbaren ist. Das Wort »Śūnyatā« umschreibt keine Eigenschaft, sondern umfaßt alles, was existieren oder in Erscheinung treten könnte. Es ist die Leerheit, welche die Fülle möglich macht. Sie ist die Vorbedingung aller Fülle und zugleich alles, das nicht gesehen, gehört und berührt werden kann. So ist das, was wir Śūnyatā nennen, jenes Element der Potentialität, das die ganze Welt in sich birgt, so wie ohne den leeren Raum weder Planeten noch Materie noch irgendwelche anderen Funktionen möglich wären. Daher ist das Wort »Śūnyatā« kein negativer Begriff, wie die Indologen zunächst meinten, als sie ihn übersetzten.

Die Philosophie der Śūnyatā wurde im Buddhismus eine grundlegende Konzeption, und ohne das Verständnis dieses Begriffes und seiner vollen Bedeutung bleibt der Buddhismus unverständlich. Wir können über alles reden, aber in Wirklichkeit kennen wir nur einen kleinen Teil der Welt. Wir können nur über das sprechen, was unseren Sinnen zugänglich ist. Unsere Sinne jedoch sind so beschaffen, daß sie nur die Dinge registrieren, die wir dringend für unser Leben benötigen. Was darüber hinausgeht, verstehen wir nicht und müssen es als solches akzeptieren.

Blicken wir auf ein *Maṇḍala*, so haben wir hier Symbole und Farben, die uns eine Vorstellung von der Bewegung des Bewußtseins in der Zeit und von der örtlichen Lage im Innenraum geben. So kommen wir schließlich zu einer zeitlichen Aufeinanderfolge und einer örtlichen Bestimmung im Raum. Die Farben, die man im *Maṇḍala* sieht, haben jedoch noch eine dritte Bedeutung. Man sieht einige Buddhas dargestellt als gelbe Figuren, andere in Weiß, Blau, Rot und Grün. Was verbirgt sich nun hinter dieser Vorstellung, Buddhas in verschiedenen Hautfarben darzustellen? Was bedeutet es, daß man die Buddhas in Farben darstellt, die für menschliche Wesen unnatürlich sind? Durch die Farbe der Figur weiß man um ihren Platz im *Maṇḍala*. So muß ein gelber Buddha dem gelben Sektor des *Maṇḍala* zugeordnet werden, ein roter Buddha dem Abschnitt des *Maṇḍala*, dessen Hintergrund rot ist. Nur im Falle von Weiß und Blau erfordert ein blauer Hintergrund eine weiße Figur und ein weißer Hintergrund eine blaue Figur. Durch die Farben ist aber in jedem Falle genau zu erkennen, welcher Buddha hier dargestellt wurde.

Ist hier vom Buddha die Rede, so ist nicht der historische Buddha gemeint: Er hat mit diesen Darstellungen nichts zu tun und wird in seiner natürlichen Hautfarbe dargestellt, die einen leicht gelblichen Ton aufweist. Hier geht es um die sogenannten *Dhyāni*-Buddhas, Buddhas, die wir uns in der Meditation vorstellen oder erschauen. Worüber wir meditieren, muß nicht notwendigerweise der historische Buddha sein, sondern sollte vielmehr das sein, was wir sein *möchten*, was wir *werden* wollen. Diese unsere Entwicklungsmöglichkeiten werden als *Dhyāni*-Buddhas symbolisiert. Dazu sei bemerkt, daß wir den Begriff »*Dhyāni*-Buddhas« weder in den Sanskrit- noch in den tibetischen Schriften finden. Dort werden sie als die *Jinas* oder mit anderen Namen bezeichnet. Doch gibt uns der Begriff *Dhyāni*-Buddha, der vor etwa hundert Jahren geprägt wurde, eine klare

Vorstellung dessen, was diese bedeuten, nämlich einen Buddha, der in der Meditation von uns selbst erfahren wird. Würde man nur an den historischen Buddha denken, so würde das Gefühl von irgend etwas entstehen, das weit in der Vergangenheit zurückliegt, das lange vergangen ist. Man könnte unter Umständen darüber erstaunt sein, wie man etwas in sein Denken einbezieht, was sich Tausende von Jahren zuvor ereignete. Erfährt man aber Buddhaschaft in einem bestimmten Aspekt in sich selbst, so weiß man, daß diese Form wirklich eine Erfahrung in der Gegenwart ist, und allein dieser Buddha ist es, der immer mit uns ist.

Jede der Farben stellt einen besonderen Aspekt der Buddhaschaft dar, und es gibt fünf verschiedene Farben. Wenn man vier dieser Farben (weiß ausgenommen) zusammennimmt oder wenn man das ganze Farbspektrum zusammenfaßt, so entsteht Weiß, das keine Farbe ist. Deshalb wird der zentrale Buddha als weiße Figur dargestellt. Es ist der *Dhyāni*-Buddha Vairocana, dessen weiße Farbe andeutet, daß er alle die verschiedenen Aspekte der Buddhaschaft, die im *Maṇḍala* um ihn herum gruppiert sind, in einer Person vereinigt. So taucht die Frage auf, warum wir alle die anderen Buddhas überhaupt brauchen. Wir brauchen sie, weil wir als menschliche Wesen uns nicht die Ganzheit und Fülle der Buddhaschaft vorstellen, die Eigenschaften eines Buddha nicht unmittelbar erkennen können. Wir müssen uns verschiedene Eigenschaften vorstellen, damit wir verstehen, was ihr Sinn ist. So können wir uns den Buddha als einen liebenden oder als einen weisen oder als einen universellen Menschen vorstellen. Wir können ihn uns als aktiv oder passiv vorstellen. Es gibt viele Eigenschaften, aber wir können uns jeweils nur einen besonderen Aspekt vorstellen. Da wir noch keine Buddhas sind, können wir nicht alle Aspekte gleichzeitig erkennen, und eben dafür haben wir das *Maṇḍala*, dessen verschiedene Aspekte wir einen nach dem anderen in Zeit und Raum durchschreiten, bis wir alle im Zentrum vereinen können. Dies ist dann die letzte Erfahrung.

Das *Maṇḍala* ist daher weitaus mehr als ein bloß ästhetisches Bild, das wir für dekorative Zwecke benutzen. Es ist tatsächlich eine Landkarte unseres eigenen Bewußtseins. Was wir im *Maṇḍala* erschauen, ist der menschliche Geist in seiner Ganzheit, mit all seinen Eigenschaften, all seinen Grundelementen sowie all seinen Bestrebungen und Sehnsüchten. Doch das, was man im

*Maṇḍala* erschaut, ist mehr als die Grundelemente, weil es uns die geistige Entsprechung vermittelt. Die verschiedenen Farben erscheinen hier, weil diese Farben in Verbindung stehen zu jenen Buddha-Bildnissen, die in uns realisierbar sind. Doch wie gesagt, man kann nicht alles zur gleichen Zeit realisieren, man muß Schritt für Schritt vorangehen, so wie die Sonne ihr Licht von verschiedenen Positionen in den Morgenstunden, am Mittag, am Nachmittag, am Abend und schließlich in der Nacht verstrahlt.

Die ganze *Maṇḍala*technik ist so kompliziert und gleichzeitig so festgelegt, daß es unmöglich ist, ein *Maṇḍala* zu erfinden. Es hat Tausende von Jahren gebraucht, um all die Meditationserfahrungen zu sammeln, sie bildhaft darzustellen und die Symbole zu schaffen, die diese Meditationserfahrungen darstellen. Wollte jemand ein Bild seiner eigenen meditativen Erfahrungen malen, so würde dies ein ganz persönliches Ding werden. Ein anderer Mensch würde es ganz anders ausdrücken. Hier aber in der *Maṇḍala*technik haben wir einen Kanon von Farben und Formen, der durch tausendjährige Erfahrungen gebildet wurde, und Abertausende von Wesen, die die verschiedenen Stufen erfahren haben, sind schließlich dahin gekommen, sie in symbolischen Formen darzustellen, die von jedermann verstanden werden können. Wenn man auf ein *Maṇḍala* blickt, dann muß man wissen, daß man hier den ganzen Inhalt des menschlichen Bewußtseins in all seinen Formen vor sich hat. Es gibt Tausende von Details in jedem *Maṇḍala*, und wenn man all diese Details studieren würde, würde man ein ganzes Menschenleben brauchen, um sie zu erfassen.

VIERTER TEIL:

OST UND WEST IN DER BEGEGNUNG

# DIE WELTANSCHAUUNG
# TEILHARD DE CHARDINS IM SPIEGEL
# ÖSTLICHEN DENKENS[30]

Teilhard de Chardin dürfte der erste Exponent des heutigen Europa gewesen sein, der das aussprach, was dem Osten jahrtausendelang als Wahrheit gegolten hat, nämlich, daß alles Lebendige, und vor allem alles bewußte Leben, nicht nur ein Produkt unendlicher Kombinationen, Permutationen und Transformationen blinder Kräfte und Elemente ist, sondern eine sinnvolle Evolution, eine kontinuierliche Entfaltung und Bewußtwerdung, in der Differenzierung und Integrierung, Individualität und Universalität einander bedingen und vollenden. Was der Osten aus dem Erlebnis heraus in Form mythischer oder rein geistiger Symbole, in Form dichterischer Gleichnisse oder metaphysischer Intuitionen gebar, gewann in Teilhard de Chardin die Gestalt klaren, wissenschaftlich begründeten Denkens. Eine erlebnismäßige Formulierung muß sich natürlich anderer Ausdrucksmittel bedienen als die streng umgrenzte, von Deduktion und Definition abhängige Methodik der Wissenschaft. Das bedeutet aber nicht, daß zwischen Wissenschaft und Erlebnis notwendigerweise ein Widerspruch oder ein Zwiespalt besteht; es bedeutet nur, daß wir es mit zwei verschiedenen Ausdrucksformen der menschlichen Erfahrung zu tun haben.

Was ist es nun, das Teilhard de Chardin so groß, ja ich möchte sagen, weltumspannend macht? Zunächst wohl, daß er zugleich ein tiefreligiöser Mensch und ein großer Wissenschaftler ist. Sodann aber, daß er die Wissenschaft auf das Niveau einer metaphysischen Erkenntnis erhob und die Religion zu einer Wissenschaft vom Menschen, das heißt von einer im Menschen sich vollziehenden Bewußtseinsentfaltung, in der nicht nur das Individuum, sondern das, was das Universum bewegt und belebt, sich seiner selbst bewußt wird. In der Sprache der Religion: das Erwachen des göttlichen Bewußtseins im Menschen; in der Sprache der Wissenschaft: das Erwachen des menschlichen Bewußtseins zur Wahrnehmung des Universums und zur Verwirklichung seiner essentiellen Universalität und Ganzheit. Teilhard de Chardin erhebt sich somit über den Dogmatismus der Wissenschaft wie über den einer einzelnen religiösen Tradition.

Für den Buddhisten (und das trifft für die meisten Religionen Indiens und des Fernen Ostens zu) ist die Idee einer ausschließlichen oder alleinseligmachenden Religion oder Philosophie oder einer absoluten Wissenschaft nicht annehmbar. Wir glauben, daß nicht nur viele Wege zur Erkenntnis der Wirklichkeit führen, sondern auch, daß in jeder Weltepoche, in jedem Zeitalter und in jeder Kultur dieselbe Wahrheit einen neuen Ausdruck, eine neue Form finden muß. Dadurch aber, daß verschiedene Formen der gleichen Wahrheit Ausdruck verleihen können, dürfen wir uns nicht dazu verleiten lassen, willkürlich die Ausdrucksformen des einen Kulturkreises oder einer bestimmten Zeitepoche mit denen einer anderen Kultur oder Zeit zu vertauschen, gleichzusetzen oder zu vermischen. Dieses würde zu einem unfruchtbaren, flachen Synkretismus führen, nicht aber zu einem tieferen Verständnis, das sich nur erschließen kann, wenn wir jede Form streng im Rahmen ihrer jeweiligen Beziehungen, Assoziationen, ihrer gedanklichen und organischen, historischen und traditionellen Zusammenhänge betrachten.

In einer solchen Betrachtungsweise werden wir einen tieferen Parallelismus und eine wesentlichere Übereinstimmung von Ideen, Strebungen und grundlegenden Erfahrungen entdecken, als in äußerlich übereinstimmenden Formen, Worten oder Symbolen, denen zu verschiedenen Zeiten oder an verschiedenen Orten oft ein gänzlich anderer Sinn zugrunde liegt, während umgekehrt scheinbar sich widersprechende Ausdrucksformen Ähnliches oder gar Gleiches aussagen mögen. Stoßen wir uns also nicht an der Verschiedenheit wissenschaftlicher und religiöser Aussagen oder an den sich scheinbar ausschließenden Formulierungen verschiedener Konfessionen, sondern versuchen wir die tieferen Gründe und organischen Zusammenhänge aufzufinden, aus denen sie wuchsen.

In Teilhard de Chardin werden das religiöse Erlebnis und die wissenschaftliche Erkenntnis überbrückt durch eine gewaltige kosmische Schau, durch ein intuitives Erfassen der Zusammenhänge, wie sie der Osten auf dem Wege meditativer Schauung und in der Erforschung der menschlichen Psyche gefunden hat.

Ich denke hier weniger an die Philosophie des modernen indischen Denkers Aurobindo Ghosh – in dessen Schriften man eine Verwandtschaft mit den Ideen Teilhard de Chardins zu entdekken glaubt und der, infolge seiner in England genossenen europäischen Erziehung, mit dem modernen Evolutionsgedanken vertraut war – als an die von allen westlichen Einflüssen freie, rein indische, das heißt ursprünglich indische, Evolutionsidee des Buddhismus, die in mythischer Form bereits in den *Jātakas*, den Vorgeburtsgeschichten des Buddha, zur Darstellung kam und im späteren Hinduismus durch die zehn Inkarnationen des Vishnu, in denen das Göttliche von den niederen Formen tierischer oder halbtierischer Wesen bis zum vollendeten Menschtum, wie es sich in der erleuchteten Gestalt eines Buddha ausdrückt, aufsteigt.

Ich möchte hier kurz für diejenigen, denen die *Jātakas* nicht bekannt sind, erwähnen, daß es eine große Sammlung von etwa 400 Erzählungen gibt, in denen der Aufstieg zur Erleuchtung durch alle Reiche der Verkörperung dargestellt wird und in denen der Gedanke ausgesprochen ist, daß von den niedersten bis zu den höchsten Lebensformen sich eine geistige Evolution vollzieht und daß – und hierin liegt der grundlegende Unterschied zwischen der Darwinschen Idee und der indischen Auffassung desselben Tatbestandes – die richtunggebende Kraft des Bewußtseins auf ein immanentes Ziel höchstmöglicher Vollendung und allumfassender Universalität (die wir in der Sprache der Religion als die Verwirklichung des Göttlichen oder den Zustand der Erleuchtung bezeichnen) sich bereits in den geringsten Lebensformen ausdrückt, ja selbst in den Gesetzen oder dem Verhalten der sogenannten anorganischen Materie.

Es mag die Frage auftauchen, wie man von einer neuen Emergenz sprechen kann, wenn das Leben zum ersten Mal in organischer Form auftritt, obwohl doch der ganze Kosmos lebendig ist, da selbst in der sogenannten Materie, das heißt in der anorganischen Welt, das Leben bereits inhärent ist. Ich glaube, wir haben recht verstanden, worum es sich hier handelt, wenn wir sagen, daß das ganz und gar Neue an dieser Emergenz die Emergenz einer neuen Dimension des Lebens war, die Emergenz des Bewußtseins als einer formenden, sich selbst Dauer gebenden und individualisierenden Potenz.

Und wie schon Bewußtsein selbst in seiner primitivsten Form eine neue Lebensdimension darstellt, so schreitet das Bewußtsein in seiner Entfaltung von einer Dimension zur anderen, so daß wir von verschiedenen Bewußtseinsdimensionen sprechen können. Zum Beispiel könnte man sich vorstellen, daß die allereinfachsten Lebewesen der ersten Dimension angehören, die eine einzige Richtungsmöglichkeit, also nur eine Art lineares Bewußtsein ohne Weite oder »Breitenausdehnung« mit gebundener Marschroute (also vorwiegend kausal determiniert) besitzt. Weiterhin könnten die fortgeschrittenen Lebewesen der zweiten Dimension angehören·und eine Art Flächenbewußtsein haben mit vielerlei Richtungsmöglichkeiten und entsprechend größerer Freiheit. In der dritten Dimension, wie wir sie kennen, könnte sich das menschliche Raumbewußtsein äußern, und da endlich, wie wir jetzt fühlen, unser dreidimensionales Raumbewußtsein nicht mehr für die Entdeckungen unserer Zeit ausreicht, könnten wir davon ausgehen, daß wir schon jetzt eine vierte Dimension postulieren müssen und uns deshalb nicht der Möglichkeit noch höherer Dimensionen verschließen können.

Nun scheint es, als ob immer, bevor eine neue Dimension vollkommen bewußt wird, eine Vorahnung auftaucht, für die es noch keine rechte Benennung gibt. So kommt es, daß wir uns mit dem Problem der Zeit beschäftigen, weil wir fühlen, daß hier eine neue Dimension vorliegt, die wir zwar empfinden, die wir aber noch nicht genau definieren können. Also könnte es wohl sein, daß das, was wir heute Zeit nennen, sich in einem höheren Bewußtsein als etwas ganz anderes herausstellen wird, nämlich als eine neue Art der Bewegung. Der Begriff der Dimension enthält die Idee der Ausdehnung, der Bewegung und der Richtung. Eine Bewegung in einer einzigen Richtung würde demnach der niedrigsten Dimension entsprechen, während mit jeder neuen Richtungs- oder Ausdehnungsmöglichkeit eine höhere Dimension verwirklicht wird.

Wenn wir nun an die vierte Dimension denken, oder wenn wir sie zunächst nur dunkel empfinden in dem seltsamen Gefühl, daß Zeit eben doch mehr als bloße »Uhrzeit« ist und daß es überhaupt innerhalb dessen, was wir Zeit nennen, schon wieder eine große Anzahl von Kategorien gibt, dann können wir vielleicht nur noch sagen, daß Zeit eine bestimmte Form der Bewegung ist. Und da wir die Bewegungsmöglichkeiten im dreidimensionalen Raum erschöpft haben, ergibt sich für uns nur noch eine andere Form der Bewegung, nämlich nicht mehr die Bewegung im Außenraum oder vom Zentrum unseres Bewußtseins nach außen, sondern eine Bewegung in umgekehrter Richtung aufs Zentrum, das heißt von außen nach innen. Dies erschließt eine Dimension, in der die Zeit wieder zum Raum wird, zum Innenraum. In diesem Innenraum sind nicht nur die Dinge der Vergangenheit bewahrt und die Keime der Zukunft gegenwärtig, sondern es besteht die Möglichkeit, Vergangenes in die Gegenwart zu heben und die Keime der Zukunft zu erkennen und zu leiten. Und wie im Außenraum unterscheiden wir auch in den Gegenständen der Vergangenheit Nahes und Fernes und bewegen uns zwischen Oberfläche und Tiefe. Je weiter wir aber in die Tiefe vorstoßen, desto umfassender wird der Blick, denn wir haben das ganze Universum zur Basis; unser Zentrum ist das allen Wesen und allen Welten gemeinsame Fundament, in dem Leben und Bewußtsein ihre Wurzel haben.

Heutzutage versucht die Menschheit – aus dem verzweifelten Gefühl heraus, daß wir an der Schwelle von etwas Neuem stehen, ohne zu wissen, wohin es uns führt –, den Weltraum nach außen hin zu erobern. Ich frage mich, ob dies nicht ein Suchen in falscher Richtung ist, ein methodologischer Irrtum, da das, was wir eigentlich suchen, im Innenraum unseres Tiefenbewußtseins liegt, in dem dieser ganze Weltraum tatsächlich beschlossen ist. Ist es nicht vielleicht so, daß wir unseren uneingestandenen Wunsch, ein aus innerer Notwendigkeit aufsteigendes Verlangen, die ungeheuren Möglichkeiten jenes Innenraumes zu erforschen, nach außen projizieren und uns demzufolge in einen unendlichen »Weltraum« hinaus stürzen, in dem wir natürlich nie zu einem Ziel oder Zentrum kommen können, sondern uns nur im Unendlichen verlieren. Nichts Wirkliches wird je auf diesem Wege erreicht werden.

Es wird also der Augenblick kommen, in dem die Menschheit wieder eine neue Richtung einschlagen wird, und es scheint mir, daß dieser Zeitpunkt nicht mehr sehr fern ist. Der Mensch wird nämlich durch die Unmöglichkeit, den äußeren Raum zu erobern, dazu gezwungen, sich dem Innenraum zuzuwenden, in dem alles, was er außen gesucht hat, bereits vorhanden ist. In den erwähnten Vorgeburtserzählungen des Buddha wird bereits das Prinzip des divergierenden Lebens und Bewußtseins aufgezeigt, das dennoch in allen Verkörperungsformen seine Zielstrebigkeit und seine Tendenz zur Verwirklichung höherer Bewußtseinsdimensionen in sich trägt, bis jener Punkt der Konvergenz erreicht ist, wo der Weg sich nach innen wendet und die bereits potentiell vorhandene Universalität des inneren Zentrums im Bewußtsein der Erleuchtung verwirklicht wird.

In der Beschreibung seines Erleuchtungsvorganges verfolgt der Buddha seinen äonenlangen Entwicklungsweg zurück bis zum kosmischen Ursprung alles Lebens und zur Vergegenwärtigung des Universums in allen Phasen des Entstehens und Vergehens, des Aufblühens und Verwelkens, in Schönheit und Schrekken, in gewaltigen Evolutionen und Revolutionen, die wie Systole und Diastole einander folgen oder wie der göttliche Atem unendlichen Lebens, das seine Krönung findet in jenem zeitlosen Augenblick der Konvergenz, der bewußten Integration, in dem die Ströme aller Zeiten zusammenfließen in das Weltmeer einer alles umfassenden Gegenwart.

Aus einem solchen Erleben schöpfte der Buddha seine Lehre vom »Mittleren Weg«, die weder den Wert der Individualität, der Selbstverantwortung und Entscheidung, des freien Willens und der wirkenden Tat leugnete, noch auch die potentielle Universalität des menschlichen Wesens und die Solidarität allen Lebens.

Während der östliche Mensch (und vor allem der Inder) dazu neigt, über der Universalität seines Ursprungs und seelischen Zentrums den Sinn und die Bedeutung der Individualität zu vergessen oder zu leugnen, um den leidvollen Konsequenzen der Selbstverantwortung und ihrer Problematik zu entgehen, neigt der westliche Mensch dazu, seine Individualität zu überschätzen und vergißt darüber seinen universellen Ursprung, der dieser

Individualität erst Sinn verleihen kann. Beide Extreme sind einseitig und irreführend. Das erste führt zu einem vegetativen Dämmerzustand und einem Zurücksinken in Unbewußtheit (womit zwar alles Leiden eliminiert ist, aber auch jeglicher Sinn des Daseins), was ja im altindischen Ideal des Tiefschlafzustandes bereits zum Ausdruck kommt. Das letztgenannte Extrem führt zu einer Verhaftung an das Materielle bis zur Selbstidentifizierung mit dem Körper und damit mit der Vergänglichkeit: mit Tod und Vernichtung.

Der Buddha scheint der erste gewesen zu sein, der dem Tiefschlafideal des alten Indien das Ideal des Erwachens, der vollkommenen Bewußtwerdung innerhalb des individuellen Lebens (und nicht nur als ein nebelhaftes und rein negatives *Nirvāṇa*) entgegensetzte und es demonstrierte. Und eben deshalb erkannte er die Notwendigkeit und den Sinn der Wiedergeburt, das heißt der seelischen Kontinuität bis zur völligen Reife des Bewußtseins, das seine höchste Intensität und Vollendung im individuellen Erlebnis der Universalität verwirklicht.

Die ungeheure Spannweite zwischen dem Individuellen und dem Universellen, dem Einmaligen und dem Ewigen, der innerlichsten Konzentration und der allumfassenden Schau ist überbrückt in jener »geistgeprägten Form«, die – wie Goethe sagt – »lebend sich entwickelt« und die keine Macht der Welt »zerstückeln« kann, wenn sie einmal geschaffen und zu bewußter Wirklichkeit geworden ist. Von hier aus gesehen enthüllt sich uns der Sinn der Schaubildentfaltung der tibetischen Meditation, in der das zu Erstrebende im schöpferischen Symbol geistig Gestalt gewinnt, so daß an Stelle einer totgeborenen intellektuellen Abstraktion die Inspiration des unmittelbaren Erlebens tritt.

Das Prinzip der wirkenden Form ist jene Kraft, die sich bereits auf der materiell-organischen Stufe biologischer Entwicklung beobachten läßt: ein sinnvoll ordnendes Prinzip, das aus dem elementaren, noch ungeformten Material sich selbst erhaltende und perpetuierende Organismen schafft. Mit anderen Worten: Es ist eine schöpferische Kraft, die, unbeschadet der ständig wechselnden Bestandteile des von ihr erschaffenen Organismus, eine ihr innewohnende »Idee« (Bild, Form, *eidos*) wieder und wieder verkörpert, bis es ihr gelingt, derselben so vollständige Gestalt zu verleihen, daß sie ihrer selbst bewußt wird.

Von diesem Augenblick an wird der Organismus zum bewußten Individuum, das heißt zu einem selbsttätigen Bewußtseinszentrum, das nun kraft seiner eigenen Ausstrahlung sich nicht nur anderen Organismen mitteilen, sondern seine eigene Kontinuität aufrechterhalten und in ständigem Wachstum zur Vollendung reifen kann. Aus einem dunklen Verlangen wird nun ein bewußtes Streben nach Vollendung, Ganzwerdung im erlebenden Geiste, der die Ganzheit im Brennpunkt des individuellen Bewußtseins zur höchsten Intensität konzentriert. Die Wandlung von dunklem Verlangen, unbewußten Trieben und instinkthaftem Handeln zum reflektierenden Bewußtsein und zum klaren, nicht mehr triebbeherrschten Denken ist, wie C. G. Jung treffend sagt, »eine zweite Kosmogonie«.

Ebenso wichtig aber wie das reflektierende Bewußtsein, in dem der Mensch zum ersten Mal sich und der Welt bewußt wird (und dadurch aus dem animalisch-kollektiven Bewußtsein ererbter biologischer Instinkte zur Individualität wird und in den Bereich der Selbstverantwortlichkeit und Entscheidung tritt), ist das schöpferische Bewußtsein geistiger Schauung, das sich nicht nur mit einer gegebenen Welt auseinandersetzt, sondern – dem genialen Künstler gleich – das gegebene Material im Feuer des eigenen Erlebens verwandelt und neu gestaltet zum sinnvollen Kosmos, in dem das Individuelle sich zum ständig bewußter und klarer werdenden Ausdruck des Universellen kristallisiert.

Auf der Stufe der vollständigen Individuation wird das Bewußtsein zum wirkenden, sich selbst perpetuierenden Zentrum; aber erst auf der Stufe der schöpferischen Schauung wird jene Geistesform geprägt, die nicht nur eine Kontinuität über die jeweilige körperliche Basis (Verkörperung) hinaus verbürgt, sondern ihr Sinn und Richtung gibt. Nur ein so gestaltetes Bewußtsein ist das, was wir »Geist« nennen. Alle Menschen haben die Gabe des Bewußtseins, aber nicht alle Menschen besitzen »Geist« oder können als geistige Menschen bezeichnet werden. Bewußtsein ist zwar die Vorbedingung und Grundlage des Geistes, ist aber nicht identisch mit ihm. Erst wenn das Bewußtsein schöpferisch wird, ist es »Geist«, und als solcher ist es zugleich »ge-prägte« und ihrerseits »prägende« Form, das heißt eine Form, die dem Samenkorn gleich die Fähigkeit der Verwandlung und des lebendigen Wachstums in sich trägt.

Es ist interessant, daß das Gleichnis vom Samenkorn zeigt, wie die gleichen Bilder, die gleichen archetypischen Symbole in allen religiösen Ausdrucksformen auftauchen und wie, im Grunde genommen, diese Formen uns mehr sagen als jeder rein wissenschaftliche oder mathematische Ausdruck, der eine Sache zwar präzisiert und »fest«-stellt, aber dadurch gerade das Wesentliche wegläßt, nämlich das inkommensurable Moment des Dynamischen, der Verwandlung, das allem Lebendigen eigen ist. Diese Eigenschaft teilt der Geist mit dem Symbol, und darum ist letzteres das Mittel, dessen sich das Bewußtsein bedient, um in den Bereich des Geistes vorzudringen und selbst zum lebendigen und unvergänglichen Geist zu werden, der durch alle Wandlungen und Verwandlungen hindurch, durch alle Verkörperungen und Entkörperungen der Vollendung entgegenreift. Im Akte meditativer Schauung aber geschieht die Formung des Geistes, der alle Wandlungen überlebt und ihren Ablauf, ihre Richtung bestimmt, der Vergangenheit und Zukunft überbrückt und sie zum zeitlosen Körper einer das Ganze umfassenden Gegenwart macht.

Eine solche Schauung wurde Teilhard de Chardin in der Ordos-Wüste zuteil, in der ihm die Messe zu einem Erlebnis kosmischen Ausmaßes wurde. Die Beschreibung jener Messe war nicht nur das erste, was ich von Teilhard de Chardin im Original las, sondern das, was mich unmittelbar davon überzeugte, daß Teilhard de Chardin wie kein anderer Denker unserer Zeit die Zukunft der Menschheit voraussah und den Weg, der zur Verwirklichung dieser Zukunft führt, klar aufzeichnete.

Es ist sonderbar, aber vielleicht ist es tief bedeutsam, daß ihm dieses Erlebnis in der Ordos-Wüste zuteil wurde, im Kulturraum der Mongolei, in dem bis zum Vordringen des Kommunismus der tibetische Buddhismus herrschte. Es handelte sich hier also um einen Bewußtseinsbereich, in dem die eucharistische Idee in einer Form lebte, wie sie im Westen kaum bekannt ist, einer Form, die der des eucharistischen Christentums so ähnlich ist, daß man nur staunen kann, wie an zwei ganz verschiedenen Punkten der Erde, aus ganz verschiedenen Voraussetzungen heraus, eine solche gleichartige Idee entstehen konnte. Man hat sogar früher, als die Entwicklungsgeschichte des Buddhismus in Tibet noch unbekannt war, einmal angenommen, daß es sich hier vielleicht um frühe christliche Einflüsse gehandelt habe, und diese Idee wurde bestärkt durch die Eindrücke der ersten Jesuiten, die im Jahre 1750 nach Lhasa kamen und überrascht waren von der Ähnlichkeit gewisser buddhistischer Riten und Ideen mit der christlichen Eucharistie.

Nun wissen wir natürlich aus den Schriften und der ganzen Geschichte des tibetischen Buddhismus, daß das Christentum keinerlei Einfluß auf die Entwicklung des Buddhismus gehabt hat. Die Idee der Transsubstantiation der Materie und die geistige Verwandlung des Menschen und der Welt im Akte religiöser Hingabe bestand vielmehr bereits lange vor dem Kontakt mit dem Christentum und war mit einem Ritual verbunden, das demjenigen des Christentums in der Tat sehr ähnlich sah. Dies beweist nur, daß wir es mit Wirklichkeiten im Bereiche des Geistes zu tun haben, die zu allen Zeiten und von allen, die in diesen Bereich vordringen, entdeckt und erfahren werden können.

Von der mantrischen Formel OṂ MAṆI PADME HŪṂ haben wir bereits öfter gesprochen. Sie wird im allgemeinen in einer sehr oberflächlichen Form interpretiert, wie zum Beispiel als »Tautropfen im Lotus«, was sehr poetisch klingt, aber sehr wenig mit der wirklichen Bedeutung dieses *Mantra* zu tun hat. Was ist nun seine tiefere Bedeutung, soweit sich diese in einfachen Worten ausdrücken läßt? Sie ist, daß das Juwel *(maṇi)* der göttlichen Wirklichkeit im Lotuskelch *(padma)* unseres eigenen Herzens verwirklicht werden muß.

Teilhard de Chardin sagt in ähnlicher Weise:

Mein Kelch und meine Patene sind die Tiefen einer Seele, die allen Kräften weit geöffnet ist, die in einem Augenblick sich von allen Punkten des Erdenkreises erheben und zum Geist konvergieren werden.

Was in diesen wenigen Worten ausgedrückt ist, ist so wundervoll, daß für mein Empfinden so etwas nur von einem Menschen gesagt werden konnte, der durch ein Erlebnis tiefster Schauung und Geistesklarheit gegangen ist. Hier haben wir auch die Definition, daß nämlich das Bewußtsein zum Geist konvergiert, wenn alle Kräfte und Eigenschaften des Individuums und seiner Umwelt in ihm zur Ganzheit konvergieren. Hier zeigt sich, was überhaupt »Geist« bedeutet. Heutzutage wird so viel von Geist und Geistigem geredet, daß wir fast die eigentliche Bedeutung dieses Wortes aus den Augen verloren haben. Geist kann erst da im Bewußtsein entstehen, wo eine schöpferische Kraft alle Faktoren des Da-Seins und Bewußt-Seins zu einer höheren Einheit zusammenfaßt.

Was mir nun so außerordentlich erscheint, ist, daß diese Messe über alle gewohnten theologischen Vorstellungen hinaus zu einem Lobgesang des Alles wird und daß in dieser Messe die Gesamtheit des Universums, wie es sich im Erleben des Zelebrierenden darstellt, als Opfer dargebracht wird:

Alles, was im Laufe dieses Tages in der Welt zunehmen, was abnehmen und auch alles, was sterben wird – siehe, Herr, ich bemühe mich, es in mir zu versammeln, um es Dir darzureichen, siehe, das ist die Materie meines Opfers, des einzigen, das Du begehrst ... Empfange, Herr, diese totale Hostie, die die von Deiner Anziehung bewegte Schöpfung Dir im neuen Sonnenaufgang darbietet.

Teilhard de Chardin nennt dies »die Darbringung der im Herzen gesammelten Totalität alles irdischen Bemühens«.

Es könnte nicht vollendeter ausgedrückt werden! Und hier möchte ich nun eine Parallele zitieren, die ein buddhistischer Dichter und Heiliger des 7. Jahrhunderts unserer Zeitrechnung geschrieben hat. Sein Name ist Śāntideva, und der Passus stammt aus seinem berühmten Werk »Der Wandel zur Erleuchtung« (Bodhicaryāvatāra). Auch er spricht von dem Opfer und von der Hingabe, und er faßt seine Gedanken in diesem schönen Gebet zusammen:

Um von der Perle des erleuchteten Geistes Besitz zu ergreifen, verehre ich die Vollendeten und das fleckenlose Juwel der Lehre wie auch die geistigen Söhne der Erleuchteten, der Ozeane der Tugenden. Was es auch in dieser Welt an Blumen, Früchten, Kräutern und lebenspendenden Wassern geben mag als auch an Bergen voll kostbarer Edelsteine, an Waldeinsamkeiten zur Meditation, an Lianen mit wohlduftenden, leuchtenden Blüten, an Bäumen, deren Zweige unter der Last köstlicher Früchte gebeugt sind, an lieblichen Lotusteichen, die vom Gesang der Schwäne widerhallen, kurz alles, was als

Opfer dienen kann, und alles, was in der Unendlichkeit des Weltraumes enthalten und niemandes Eigentum ist – ich sammle es in meinem Geiste und lege es den Erhabenen und ihren geistigen Söhnen zu Füßen. – Ich bin ohne Verdienst und darum arm; ich habe nichts anderes, womit ich sie verehren könnte. Mögen daher die Vollendeten, die keinen anderen Gedanken haben als die Wohlfahrt anderer, mögen sie diese Gaben um meinetwillen annehmen.

Kehren wir wieder zu Teilhard de Chardin zurück, der fortfahrend sagte:

Jetzt, Herr, gewinnt durch die Konsekration der Welt der im Universum schwebende Schein und Duft für mich Leib und Gesicht in Dir.

Wenn ich diese Worte lese, dann steigt in mir die Erinnerung an ein sehr schönes japanisches Rollbild im Geiste auf, das den kosmischen Buddha Amitābha darstellt, der in riesenhafter Gestalt sich über den Horizont einer weiten Landschaft erhebt. Auch hier wieder die kosmische Darstellung eines inneren Erlebnisses. Würde man diese Dinge nur als Ausflüsse dichterischer Phantasie betrachten, so ginge man am wirklichen Sinn solcher Darstellungen vorbei. Hier handelt es sich nämlich nicht nur um Dichterisches oder Ästhetisches, sondern um etwas, das tief erlebt ist und mit dem gesamten Vorstellungskreis östlicher Religiosität zusammenhängt.

Und nun kommt, über das von Śāntideva Gesagte hinaus, das letzte und größte Opfer: Nachdem sich der Betende den Erleuchteten geöffnet und sich ihnen zum Werkzeug dargeboten hat – ähnlich wie der heilige Franziskus, der sagte: »Herr, mache mich zum Werkzeug Deiner Gnade« –, verzichtet er nun auf die Früchte aller von ihm gewirkten guten Werke und gelobt, statt um das eigene Heil besorgt zu sein, sich dem Heil aller lebenden Wesen zu widmen. Mit anderen Worten: Er will lieber die Leiden seiner Mitwesen teilen, um anteilnehmend mitzuwirken an ihrer Befreiung, als sich im Genusse seiner eigenen Seligkeit auf dem Piedestal seiner Tugendverdienste auszuruhen. Und so gelobt er: »Was ich auch an Verdiensten erworben habe, möge ich hierdurch ein Linderer der Leiden aller Wesen werden.«

Auch Teilhard de Chardin spricht, wie wir gehört haben, von einer »Darbringung der im Herzen gesammelten Totalität alles irdischen Bemühens«. Hier haben wir die genaue Parallele zu Śāntidevas Gedanken. Teilhard de Chardin sagt dann weiter:

> Was mein Herz in einem unwahrscheinlichen Verlangen forderte, gibst Du immer großartig, daß nämlich die Geschöpfe nicht nur derart untereinander solidarisch seien, daß keines existieren könnte ohne alle die anderen, die es umgeben, daß sie vielmehr derart von einem und demselben Zentrum abhängen, daß ein wahrhaftes Leben, dem sie gemeinsam unterworfen sind, ihnen endgültig ihre Konsistenz und ihre Vereinigung gibt.

Auch hier wird somit das Verlangen nach Erlösung das Verlangen nach Erlösung aller.

Was ist nun dieses Zentrum, von dem alle Wesen abhängen? – Bekanntlich hat der Buddha nicht die Gottheit definiert. Es wurde oft gesagt, es sei sonderbar, daß der Buddha nach seiner Erleuchtung nicht von Gott gesprochen habe. Ich fasse das so auf, daß derjenige, der das Höchste erfahren, also, in unserer Sprache ausgedrückt, Gott erlebt hat, nicht mehr davon sprechen kann, denn das Erlebnis übersteigt alle Worte. Solange wir noch definieren, solange noch das Wort eine unterscheidende Vorstellung bedeutet, solange nehmen wir etwas weg von dem, was über alle Begriffe hinausgeht und was darum im Wortlosen allein beschlossen sein kann. Das Schweigen des Buddha war beredter als alle Worte. Es war das Schweigen, das aus der Ehrfurcht vor dem letzten, unsagbaren Mysterium geboren ist, einem Mysterium, das allen offensteht, das aber jeder einzelne für sich selbst durchschreiten und erfahren muß. Es ist das Mysterium jenes Zentrums, das jedem menschlichen Wesen eignet und in dem das ganze Universum enthalten ist.

Dieses allumfassende Tiefenbewußtsein, in dem die Summe aller Erfahrung und aller Lebensformen des anfang- und endlosen Kreislaufes des Weltgeschehens aufgespeichert ist, wird in der buddhistischen Terminologie »Bewußtseins-Schatzkammer« oder »Speicherbewußtsein« *(ālaya-vijñāna)* genannt, und in diesem Zentrum ist die Solidarität aller Wesen beschlossen. Es ist der Quell aller schöpferischen Kräfte. Ohne dieses Zentrum zu erreichen, können wir keine Befreiung finden. Darum aber, weil in diesem Zentrum die Solidarität aller Wesen beschlossen ist, können wir uns nicht selbst erlösen, ohne alle Wesen an dieser Erlösung teilhaben zu lassen, wie dies ja, glaube ich, Christus bereits der Menschheit vorgelebt hat. Das Licht Gottes würde also das sein, was wir im Buddhismus das Erleuchtungsbewußtsein (*bodhicitta*) nennen, das in der individuellen Bewußtwerdung jenes universellen Zentrums besteht. Universalität wird somit zugleich die Vollendung der Individualität.

Hören wir wiederum, was Teilhard de Chardin in diesem Zusammenhang zu sagen hat:

> Beladen mit dem Saft der Welt steige ich auf zum Geist, der mir, in den konkreten Glanz des Universums gekleidet, jenseits aller Eroberung zulächelt. Und in das Geheimnis des göttlichen Fleisches verloren, vermag ich nicht zu sagen, welche dieser beiden Seligkeiten strahlender ist: das Wort gefunden zu haben, um die Materie zu beherrschen, oder die Materie zu besitzen, um das Licht Gottes zu erreichen und zu erfahren.

Was er hier sagt, hat wiederum eine tiefe Parallele, speziell im tantrischen Buddhismus des in Tibet vorherrschenden *Vajrayāna* (des »demantenen Fahrzeugs«). »Das Geheimnis des göttlichen Fleisches« ist das, was in der Terminologie des Buddhismus der *Nirmāṇakāya*, der Körper der Verwandlung ist. Und dieser *Nirmāṇakāya* ist wiederum eine Emanation des inspirationellen Geistkörpers (*Sambhogakāya*) und des *Dharmakāya*, des universellen Leibes, der im Grunde genommen unser aller Leib ist. Die schöpferische und inspirationelle Geisteskraft des *Sambhogakāya* aber ist die Quelle des mantrischen Wortes. »Das Wort gefunden zu haben«, ist gleichbedeutend mit der Entdeckung des mantrischen Weges, durch den wir Herr werden über das Gewordene (die Materie) und es verwandeln und auflösen im göttlichen Licht des Ursprungs.

Das »Wort«, von dem hier die Rede ist, ist nicht das mitteilende Wort, es hat nichts zu tun mit Kybernetik, es hat nichts zu tun mit Kommunikation oder Begrifflichkeit oder dem, was wir philologisch unter einem »Wort« verstehen. Es hat zu tun mit dem schöpferischen Wort, das im Johannes-Evangelium mit *logos* bezeichnet wird, obwohl ich befürchte, daß wir heutzutage unter »Logos« schon etwas anderes verstehen, als ursprünglich damit gemeint war. Wenn wir heute von Logos sprechen, assoziieren wir diesen Begriff mit Operationen des diskursiven Denkens und des Intellekts, während der Logos, von dem das Neue Testament spricht, wenn ich es recht verstehe, eben jenes Wort der Macht darstellt, das schöpferische Wort, das – ich möchte sagen – »unaussprechliche« Wort. Es ist ein Wort, das nur noch erlebt werden kann im Inneren, das sich in reinen Lautsymbolen ausdrückt und wie jedes Symbol unendlich vielfältig ist, das auf jeder Ebene des Bewußtseins eine neue Bedeutung bekommt und das sich darum nicht mehr definieren oder einschränken läßt – kurz, das Wort als der Urlaut, aus dem alles hervorgeht. Dieser mantrische Weg ist ja leider dem Westen weitgehend verloren gegangen, und ich glaube, daß hier der Osten dem Westen wieder zu Hilfe kommen könnte, um den Wert des mantrischen Wortes wiederherzustellen.

Ich hörte von den Bestrebungen, die katholische Liturgie in die verschiedenen Landessprachen zu übersetzen. Ich muß gestehen, daß mich dieser Gedanke einigermaßen entsetzt hat, denn wie kann man so blind oder taub geworden sein für die mantrische Bedeutung der Liturgie, in der sich durch fast zwei Jahrtausende der Geist des Christentums kristallisiert hat, daß man glaubt, sie durch eine sachlich-philologische Übersetzung säkularisieren zu können ohne den geringsten geistigen Verlust. Abgesehen davon besteht auch die Einheit der christlichen Kultur weitgehend in der Gemeinsamkeit der sakralen Sprache, so wie zum Beispiel in Indien der Hinduismus und der Buddhismus im Sanskrit ihre gemeinsame rituelle Sprache haben. Sogar in einem Lande wie Tibet, wo Sanskrit sonst nicht bekannt ist und die heiligen Schriften des Buddhismus sämtlich ins Tibetische übersetzt wurden, sind alle mantrischen Formeln, insbesondere in der Liturgie, im Sanskrit, in der Urform, belassen worden.

Um noch einmal zurückzukommen auf das »Geheimnis des göttlichen Fleisches«: Dies ist wiederum ein sehr tiefes Symbol, das in mir unmittelbar die Erinnerung an ein Gedicht von Rainer Maria Rilke zurückrief. Es trägt den Titel: »Buddha in der Glorie« und ist in seiner Bildhaftigkeit und Symbolik nicht nur eine tiefempfundene Wiedergabe der buddhistisch-tantrischen Weltauffassung, sondern zeigt auch eine erstaunliche Übereinstimmung mit Teilhard de Chardins erwähntem Ausspruch. Hier das Gedicht:

> Mitte aller Mitten, Kern der Kerne,
> Mandel, die sich einschließt und versüßt –
> Dieses alles bis an alle Sterne
> Ist dein Fruchtfleisch: sei gegrüßt!
>
> Sieh, du fühlst, wie nichts mehr an dir hängt;
> Im Unendlichen ist deine Schale,
> Und dort steht der starke Saft und drängt.
> Und von außen hilft ihm ein Gestrahle.
>
> Denn ganz oben werden deine Sonnen
> Voll und glühend umgedreht.
> Doch in dir ist schon begonnen,
> Was die Sonnen übersteht.

Ich weiß nicht, ob Teilhard de Chardin dieses Gedicht kannte. Wenn nicht, so ist die Koinzidenz seiner Ausdrucksweise sehr erstaunlich, wenn er sagt: »Beladen mit dem Saft der Welt steige ich auf zum Geist, der mir, in den konkreten Glanz des Universums gekleidet, jenseits aller Eroberung zulächelt.« Sollte er dieses Gedicht gekannt haben, so ist dies ein weiterer Beleg für den tiefen Parallelismus, der zwischen seiner Weltanschauung und der des tantrischen Buddhismus bestand, nämlich das Universum als Fruchtfleisch jenes Göttlichen aufzufassen, das in unserer innersten Mitte, die »alle Sonnen überdauert«, uns zum Bewußtsein kommt. Diese »Mitte aller Mitten« ist nichts anderes als das buddhistische *Ālaya-vijñāna*, das kosmische beziehungsweise universelle Tiefenbewußtsein, das potentiell in jedem Wesen vorhanden ist, aber erst ins Licht der vollen Erkenntnis gehoben werden muß, um im Individuum verwirklicht zu werden. In diesem Licht geschieht, wie Teilhard de Chardin so schön sagt, »die wunderbare ›Diaphanie‹, die objektiv in der Tiefe alles Tuns und jedes Elements die leuchtende Wärme ein und desselben Lebens durchscheinen läßt«. – Das Bewußtwerden dieser Diaphanie im Vorgang des letzten, höchsten Erlebnisses der Universalität und Ganzheit des Göttlichen wird auch von einem anderen Denker unserer Zeit in den Mittelpunkt seiner Weltanschauung gestellt. Ich meine Jean Gebser in seinem monumentalen Werk *Ursprung und Gegenwart*, aus dem ich hier nur folgende Sätze anführen möchte:

> Der ungeteilte, der ichfreie Mensch, der nicht mehr Teile sieht, sondern das »Sich« realisiert, die geistige Form des Mensch- und Weltseins, nimmt das Ganze wahr, das »vor« allem Ursprung liegende Diaphainon, das alles durchscheint.

Und an einer anderen Stelle heißt es:

> Einst waren es nur die Jünger Christi, die Christi Verklärung wahrzunehmen vermochten. Diese einmal im irdischen vollzogene Diaphanierung der Welt, diese Einmalige Manifestation der Kraft des geistigen Prinzips ist kein vergangener Vorgang.

In der Tat, diese Bewußtwerdung und Durchsichtigwerdung des Ganzen wird in den heiligen Schriften des Buddhismus (insbesondere des *Mahāyāna* und des *Vajrayāna*) des öfteren erwähnt, wie zum Beispiel in der Verklärung des Milarepa, des größten tibetischen Heiligen und Yogi, der im gleichen Jahrhundert lebte wie der heilige Franziskus, oder im *Śūraṅgama Sūtra* und anderen bekannten Texten.

Deutlicher aber als alles dieses zeigen die Meditationsbeschreibungen der *Tantras* die Universalisierung des Bewußtseins und die Vergeistigung und Heiligung der Welt. Im *Demchog Tantra* heißt es, daß man sich selbst und alles Sichtbare als göttliche *Maṇḍala* betrachten soll, jeden hörbaren Laut als *Mantra* und jeden im Geist erscheinenden Gedanken als magische Entfaltung der großen göttlichen Weisheit. In anderen Worten: Der Meditierende muß sich selbst im Mittelpunkt des *Maṇḍala* als göttliche Gestalt vollendeter Buddhaschaft vorstellen, deren Verwirklichung er anstrebt. Hiermit verschwinden alle Zufälligkeiten; es gibt nichts mehr, das nebensächlich oder willkürlich wäre. Die Dinge der Außenwelt schließen sich zum geweihten Kreis zusammen, in dessen Zentrum der Körper zum Tempel wird. Und die bloße Tatsache des Bewußt-Seins und der geistigen Schöpferkraft wird zum unaussprechlichen Wunder. Das Sichtbare wird zum Symbol tieferer Wirklichkeiten, das Hörbare wird zum *Mantra*, das Stoffliche zur Verdichtung elementarer Kräfte.

Aus einem ähnlichen Erleben heraus segnet Teilhard de Chardin die Materie, welche die Dimensionen des Göttlichen offenbart und ohne welche wir träge, stillstehend, unwissend um uns selbst und um Gott – weil ohne den nötigen Widerstand – dahinleben würden. So sagt er denn:

Ich segne dich, Materie, und ich grüße dich, nicht so, wie dich die hohen Herren der Wissenschaft und die Tugendprediger verkürzt oder entstellt beschreiben – eine Zusammenhäufung, so sagen sie, brutaler Kräfte oder niedriger Neigungen –, sondern so, wie du mir heute erscheinst, in deiner Totalität und in deiner Wahrheit.

Um aber die Materie und das Universum in ihrer Totalität und in ihrem wahren Wesen zu erleben, müssen wir zur Quelle allen Bewußtseins hinabsteigen, uns in den Urquell göttlichen Seins und Werdens versenken, was nur in der Meditation, in der Nachinnenkehr, der Umkehr unserer Blickrichtung geschehen kann. So heißt es dann weiter:

Ich will, mein Gott, daß durch eine Umkehr der Kräfte des Bewußtseins, deren Urheber Du allein sein kannst, der Schrecken, der mich angesichts der namenlosen Änderungen ergreift, die sich bereit machen, mein Sein zu erneuern, in eine überströmende Freude umschlägt, in Dich verwandelt zu werden.

In gleicher Weise ist es das Ziel des *Mahāyāna*-Buddhisten, in einen Erleuchteten verwandelt zu werden, das heißt ein Vollkommener, ein Ganzer zu werden, indem er den Weg des vor 2500 Jahren lebenden historischen Buddha selbst nachgeht und in sich verwirklicht, statt ihn nur als eine einmalige, vor so und so langer Zeit auf Erden wandelnde Persönlichkeit zu verehren. Und sonderbarerweise, auch dieses spiegelt sich in der Christus-Auffassung von Teilhard de Chardin wieder, wenn er sagt:

> Solange ich in Dir, Jesus, nur den Mann von vor 2000 Jahren und erhabenen Sittenlehrer, den Freund und Bruder zu sehen vermochte oder wagte, ist meine Liebe zaghaft und gehemmt geblieben.

Der Buddha, dem Verehrung bezeugt wird, ist also nicht die historische Persönlichkeit des Menschen Siddhārtha Gautama, sondern es sind die göttlichen Qualitäten, die in jedem Wesen schlummern und in Gautama wie in unzähligen anderen Erleuchteten zum Ausdruck kamen und kommen werden. Selbst der Buddha der Pāli-Texte verschmähte es nicht, die Ausübung höchster Qualitäten wie Liebe, Mitleid, Mitfreude, Gleichmut – im Zustande der Versenkung – als ein Verweilen in Gott *(brahma-vihāra)* oder im göttlichen Zustande zu bezeichnen. Das Göttliche ist eine lebendige Richtungskraft, die sich im Bereich des Individuellen manifestiert und zur Form der Persönlichkeit wird. Aber sie geht über das individuelle Bewußtsein hinaus, da sie ihren Ursprung im universellen Tiefenbewußtsein des Geistes hat. Sie nimmt den Charakter der Persönlichkeit an, da sie im menschlichen Bewußtsein vergegenwärtigt wird. Wäre sie nur eine abstrakte Idee, so würde sie keinen Einfluß auf das Leben haben; und wäre sie eine unbewußte Lebenskraft, so würde sie keinen geistigen Wert repräsentieren, das heißt keinen formenden Einfluß auf den Geist haben. Die richtunggebende Kraft, die unserem Bewußtsein und augenscheinlich der gesamten Entwicklung organischen Lebens zugrunde liegt, ist einer der grundlegenden Gedanken des Buddhismus wie auch Teilhard de Chardins, nach dem alles auf ein Ziel zustrebt, den Punkt Omega oder, wie im Falle des Buddhismus, den Zustand der Erleuchtung und Ganzwerdung.

Diese Zielstrebigkeit unterscheidet sich, wie wir bereits andeuteten, grundlegend von Darwins Evolutionstheorie und den ihr mehr oder weniger folgenden Naturwissenschaften, die sich auf die Gesetze der Kausalität stützen. Andererseits tritt für sie dort, wo infolge der unvorhersehbaren Überschneidungen vieler untereinander nicht kausal zusammenhängender Kausalitätsreihen (deren Zusammentreffen mit einer uns unbekannten inneren Struktur des gesamten Weltorganismus zusammenhängt, in der unsere Begriffe von »Zeit« und »Kausalität« ihren Sinn verlieren) ein neuer Faktor in Erscheinung, für den die materialistische Wissenschaft des vorigen Jahrhunderts augenscheinlich keinen besseren Ausdruck finden konnte als das Wort »Zufall«. Hiermit wird das Weltgeschehen weitgehend (wenn nicht gar grundsätzlich) als sinnlos abgestempelt, da danach selbst die hier und da vorhandenen Inseln gesetzmäßiger Entwicklung ein Produkt des Zufalls sind. Der bekannte amerikanische Biologe Edmund Sinnott sagt in seinem Buch *The Biology of the Spirit:*

> Der härteste Schlag, den Darwin dem Glauben versetzte, war nicht der Beweis, daß der Mensch von den Tieren abstamme, sondern die Annahme, daß der ganze Evolutionsvorgang letzten Endes von Variationen abhängt, die aus dem Zufall entstehen. Ein lebendiger Organismus ist jedoch nicht eine Zufallsschöpfung, sondern ein wohlgeordnetes System. Es nimmt ungeordneten Stoff in sich auf und erfüllt ihn mit Ordnung und Zielstrebigkeit *(directedness)* ... Die bloße Existenz geistiger Qualitäten im Menschen legt die Vermutung nahe, daß sie Manifestationen von etwas Ähnlichem, im äußeren Universum Wirkenden sind.

Die Zufallstheorie Darwins ist zweifellos der schwächste Punkt seiner sonst so genialen Idee. Das Wort »chance« hat zwar im Englischen eine doppelte Bedeutung, nämlich nicht nur die eines »Zufalls«, sondern auch die einer »Gelegenheit«. Um aber eine Gelegenheit nützen zu können, bedarf es eines zielstrebigen Impulses, einer schöpferischen Idee, eines urteilenden Geistes oder einer fortwirkenden Form- und Richtungstendenz. Diese Tendenz scheint allem Lebenden eingeboren: Es ist die Tendenz oder der Impuls zur vollkommenen Entfaltung aller in einer Lebensform enthaltenen Potenzen. Da aber jede Lebensform auf einer anfanglosen Vergangenheit beruht und somit die Gesamtheit des Universums zur Basis hat, kann das vollkommenste Ziel aller Entfaltung nur die Verwirklichung und Bewußtwerdung der universellen Ganzheit sein. Entwicklung stellt sich somit nicht als ein »Fortschritt« *ad infinitum* dar (der von jeder Stufe auf die vorangegangenen als minderwertig herabblickt), sondern als ein Vorgang der Entfaltung immanenter Fähigkeiten, wie im Wachstum einer Pflanze vom Samen bis zur Blüte, in dessen Verlauf jeder Zustand seine eigene Berechtigung und Schönheit hat. Im bewußten Wesen wird das potentiell Vorhandene, die im Dunkel der Bewußtseinstiefe schlummernde Universalität zur erlebten Wirklichkeit. Im Menschen wird sich das Universum seiner selbst bewußt; theologisch ausgedrückt: Es ist das Erwachen Gottes im Individuum oder das Erwachen des Individuums zu Gott, zur Ganzheit.

Um nun noch einmal über die richtunggebende Kraft zu sprechen: Wohin richten wir uns? Ich hatte schon angedeutet, daß wir aus den drei Dimensionen des Außenraumes in eine neue Dimension vorzustoßen versuchen und daß, da wir keine neue Dimension im Außenraum erreichen oder finden können, uns nur als letzte andere Möglichkeit die Dimension des Innenraumes offensteht, eine Dimension, die wir nur durch Umkehrung unserer Richtung auf das innere Zentrum verwirklichen können. Auch die westliche Psychologie hat ja neuerdings die Entdeckung gemacht, daß das menschliche Bewußtsein mehr ist als das, was wir gewöhnlich als unseren Intellekt, unser Denken und so weiter bezeichnen. Unglückseligerweise hat aber der moderne Mensch das allumfassende Tiefenbewußtsein zum »Unbewußten« degradiert und es somit zum Feind aller Vernunft, zur dunklen Quelle unkontrollierbarer Triebe abgestempelt. Um so mehr hat er sich dem begrenzten Oberflächenbewußtsein des Intellekts verschrieben, der sich in den flüchtigen Interessen seiner momentanen Existenz erschöpft und so den Zusammenhang mit der lebendigen Tiefe, der Mitte aller Mitten, dem Quell aller göttlichen Kräfte verliert.

Bei allen Verdiensten, die C. G. Jung sich um die Erforschung des Tiefenbewußtseins erworben hat (und für diese können wir ihm nicht dankbar genug sein), hat er leider nicht gewagt, von der negativen Formulierung Freuds zur positiven Wertung des Tiefenbewußtseins auch in der Terminologie fortzuschreiten und sich auf diese Weise aus der Zwitterstellung zu befreien, in die ihn die Beibehaltung einseitiger Freudscher Grundbegriffe gebracht hat. Obwohl ich schon oft hierauf als auf ein Hindernis der heutigen Psychologie hingewiesen habe (auch bei Vorträgen im Jung-Institut in Zürich), möchte ich noch einmal, insbesondere im Zusammenhang mit Teilhard de Chardins Weltanschauung, darauf zurückkommen.

Es sind hier und da schon Stimmen der Kritik aufgetaucht, und ich will hier nur einige Urteile aus ganz verschiedenen Richtungen anführen, die darauf hinweisen, daß wir uns heute bereits bewußt werden, woran es der modernen Psychologie augenscheinlich fehlt. So sagt zum Beispiel der Züricher Psychiater Medard Boss:

> Schon lange ist es kein Geheimnis mehr, daß der ehrwürdige Stammbegriff der neuzeitlichen Psychologie, »das Unbewußte«, eine recht unkritische und dunkle Vorstellung ist. Obendrein objektivieren wir durch diesen Begriff ganz unbedacht und von vornherein ein wesentliches Teilphänomen des Menschenwesens zu einem vagen, es-haften, dämonisch-anonymen, schichthaften Ding und geben eine bloß gedankliche, hypostasierte Konstruktion für einen wirklich vorhandenen Gegenstand aus.

In ähnlich kritischer Weise drückt sich Jean Gebser aus, wenn er sagt:

> Die heutige psychologische Terminologie, die im Gegensatz zum Bewußtsein ein Unbewußtes postuliert, macht sich damit einer Verfälschung urgegebener psychosomatischer Tatbestände schuldig. Diese Terminologie und die durch sie falsch strukturierten Phänomene sind ein Schulbeispiel für die Fehlschlüsse, welche einem radikal angewandten Dualismus entspringen. Es gibt kein sogenanntes Unbewußtsein. Es gibt nur verschiedene Arten des Bewußtseins.

Und nun die Aussage eines englischen Psychologen, A. W. Watts:

> Das moderne Denken leidet unter dem seltsamen Vorurteil, daß Bewußtsein ein bloß oberflächlicher Auswuchs der Wirklichkeit ist, und daß, je fundamentaler die Macht, das Prinzip

oder die Substanz wird, sie desto blinder und unbewußter sein muß … Die moderne Psychologie des Unbewußten könnte in der Tat das erste schwache Morgengrauen vor dem Erwachen sein, und es ist möglich, daß wir in den Werken C. G. Jungs bereits einen Strahl der Sonne erblickt haben. Schon der bloße Gebrauch des Ausdrucks »das Unbewußte« zeigt, wie wenig der westliche Mensch davon weiß, was in Wirklichkeit sein zentrales Bewußtsein ist.

Es bedurfte wahrlich eines Teilhard de Chardin, wieder auf die grundlegende Rolle des Bewußtseins, der Bewußtheit und, mehr noch, auf den bewußten Kosmos zurückzukommen: nämlich auf die Idee, daß selbst das, was wir Materie nennen, nur eine andere Dimension des Lebendigen ist, eine Dimension, die uns als Materie erscheint, weil wir Widerstand, Form, Sichtbarkeit und dergleichen einfach als Materie definieren – denn worin sonst besteht Materie als in unserer Vorstellung. In Wirklichkeit können wir die »Materie« nicht berühren; wir können nur Widerstände fühlen, die Formen sehen, die Tastempfindungen beschreiben, Gerüche wahrnehmen oder Geschmack registrieren; aber das ist noch keine »Materie«, sondern eine Anzahl von Sinneswahrnehmungen, aus denen wir den Begriff der Materie konstruieren.

Wir können also von einem materiellen Universum nur in einem sehr relativen, auf unsere eng begrenzten Sinneswahrnehmungen bezogenen Sinne reden. Mit dieser Erkenntnis ist bereits ein wesentlicher Unterschied zwischen den Gegebenheiten des inneren und des äußeren Raumes weggefallen, und nachdem uns sozusagen der solide Boden der Außenwelt unter den Füßen weggezogen worden ist, dürfen wir uns um so zuversichtlicher der inneren, uns so viel näheren Welt zuwenden. Leider werden deren Inhalte von der heutigen Psychologie nur im Spiegel unterbewußter, das heißt passiv akzeptierter, funktioneller Effekte betrachtet, die in Träumen und archetypischen Symbolen bestehen und als Auswirkung zwingender Triebe, denen das Individuum ausgeliefert ist, angesehen werden.

Die Trieb-Psychologie ist ein typisches Produkt der auf Kausalität eingeschworenen Wissenschaft, die zwar auf dem Gebiet der Mechanik ihre Berechtigung hat, aber auf dem Gebiete des Seelischen weitgehend versagt. Selbst vom biologischen Standpunkt aus scheint die Triebtheorie ins Wanken zu kommen, wie die folgenden Bemerkungen Sinnotts zeigen:

> Vom Standpunkt der allgemeinen Erfahrung erscheint die Idee, daß wir von solchen inneren Trieben hin und her geworfen werden, unmöglich und künstlich. Welchen Sinn kann es haben, sagen wir, für Menschen, deren Leben der Wissensbereicherung oder der Schöpfung des Schönen oder dem Dienst am Mitmenschen gewidmet ist? Wo ist in einer solchen Idee Raum für Hingabe und Opfer und jenes endlose Streben nach Wahrheit und menschlicher Vervollkommnung, die von je den Menschen in seinen besten Eigenschaften ausgezeichnet haben? ... Es hat nicht den Anschein, als ob die Menschen in die besten Dinge, die sie tun, hineingestoßen würden, sondern eher, als ob sie einem dringenden Ruf folgten, der sie trotz Entbehrungen, Ungewißheit und Entmutigung zur Verwirklichung eines hohen Wunsches heranzieht ... Diese Auffassung hat den Vorteil gegenüber der heutigen psychologischen Orthodoxie, daß sie vorwärts gerichtet ist, auf ein zu erreichendes Ziel hin, und nicht rückwärts auf den Anstoß und Trieb der Umstände. Es ist somit eine Auffassung, die mit dem allgemeinen Verdikt der Erfahrung übereinstimmt.

Das Ziel aber ist die Ganzwerdung, an der das individuelle Bewußtsein des Menschen ebenso teilhat wie sein überindividuelles Tiefenbewußtsein und in der Intuition und Urteilskraft vereint sind, so daß die Hinwendung zu jener verborgenen Schatzkammer universeller Erfahrung nicht ein blindes, zielloses Ergreifen oder Ergriffenwerden von zufällig oder zwangsweise aufwallenden Erfahrungsinhalten ist, sondern ein integrales Erlebnis, in dem unser individuelles Dasein seine universale Erfüllung findet.

Statt uns damit zu begnügen, fragmentarische Eindrücke von unwesentlichen Einzelheiten tiefenbewußter Inhalte in das grelle Licht des Intellektes zu heben und sie einer tödlichen, sezierenden Analyse zu unterziehen, müssen wir unseren bewußten Geist nach innen wenden, um die potentiellen Kräfte der Tiefe in aktive zu verwandeln. In anderen Worten: Statt die archetypischen Symbole und Visionen der Tiefe an die Oberfläche des Bewußtseins zu heben und sie begrifflichem Denken oder den

Trivialitäten zeitlicher Zwecke und Ziele zu unterwerfen, sollten wir den Brennpunkt unseres individualisierten Bewußtseins auf seine universelle Quelle richten, in der wir zum größeren Leben und zur Synthese des Geistes erwachen.

Der Weg zu diesem endgültigen Erwachen, zur vollkommenen Erleuchtung, ist nicht in Lebensaltern zu messen; er umfaßt Weltzeitalter und weltumfassende Perspektiven, wie sie nur ein Forscher vom Range Teilhard de Chardins visualisieren und konzipieren konnte. Aus dieser Geistesperspektive heraus konnte er sagen:

> Für jene aber, die sehen, wie die Synthese des Geistes auf der Erde sich über ihr kurzes Dasein hinaus verlängert, erweist sich jedes Tun, jedes Ereignis als mit Bedeutung und Verheißung geladen.

Dieser Synthese des Geistes auf der Achse der Zeit entspricht die Synthese auf der Achse räumlicher Ausdehnung in der Erkenntnis, daß jedes individuelle Bewußtsein nicht in sich selbst geschlossen und abgegrenzt ist, sondern andere, ähnliche Bewußtseinszentren durchdringt und seinerseits von den Auswirkungen anderer Bewußtseinszentren durchdrungen wird. So werden Zeit und Raum Ausdehnungsformen (das heißt Dimensionen) des Bewußtseins. Teilhard de Chardin sagt dazu:

> Darum hat die bestürzende Gewalt des Kosmos nichts Erschreckendes mehr, weil die unbestimmten Schichten von Raum und Zeit keineswegs die unbelebte Wüste sind, in der wir uns verloren glaubten, sondern sich als der Schoß enthüllen, der die Teilchen eines großen Bewußtseins sammelt, das dabei ist, zu emergieren ... Daß wir uns nach und nach unserer physischen Beziehungen mit allen Teilen des Universums bewußt werden, stellt ein wirkliches Größerwerden unserer Personalität dar. Diese Bewußtwerdung ist wirklich eine fortschreitende Beseelung der Gesamtheit der jeden von uns umgebenden Dinge. Sie bedeutet, daß im Bereich außerhalb unseres Fleisches unser wirklicher und totaler Leib sich weitergestaltet.

Dies entspricht genau der tantrischen Idee vom Universum als unserem geistigen Leib. Solange wir das Universum als etwas uns Fremdes, uns objekthaft Gegenüberstehendes empfinden, sind wir ein Spielzeug seiner Mächte und werden hilflos im Kreislauf des Werdens und Vergehens umhergetrieben. Wir erleben das Universum als *Saṃsāra*. In dem Augenblick aber, in dem wir das Universum als unseren »totalen Leib« erkennen und geistig durchdringen, erleben wir die große Verwandlung: Wir haben die Befreiung errungen, den Zustand des *Nirvāṇa*.

Der tibetische Buddhismus spricht von den drei Mysterien des Körpers, der Psyche und des Geistes. Die Persönlichkeit eines geistig unentwickelten Menschen beschränkt sich auf seine materielle Erscheinungsform, seinen physischen Körper. Die Persönlichkeit eines geistig fortgeschrittenen Menschen umfaßt nicht nur das Materielle seiner Erscheinungsform, sondern auch seine geistigen und seelischen Funktionen, seinen »Bewußtseinskörper«, der weit über die Grenzen seines physischen Körpers hinausreicht. Dieser Bewußtseinskörper erweitert sich bei dem im Ideellen lebenden Menschen über den Bereich individueller Interessen und Erfahrungen hinaus in den Bereich allgemeingültiger Wahrheiten, Gesetze und lebendiger Beziehungen – in den Bereich des Schönen, der schöpferischen Gestaltung, des ästhetischen Genusses und des intuitiven Erlebens. Der erleuchtete Mensch aber, dessen Bewußtsein das Universum umfaßt, hat das Universum zum Körper, während sein physischer Körper zur Manifestation des universellen Geistes wird, seine Schauung zum Ausdruck höchster Wirklichkeit und seine Rede zum mantrischen Machtwort und heiliger Verkündung. Hier vollendet sich das Mysterium des Körpers, der Psyche und des Geistes und offenbart sich in seiner wahren Natur als die drei Ebenen des Wirkens, auf denen sich alles geistige Geschehen abspielt.

Teilhard de Chardin sieht diesen Vorgang der Vollendung in der Synthese dieser drei Wirkensbereiche und in einer Konvergenz alle kosmischen Entwicklungstendenzen auf den Brennpunkt eines höheren Bewußtseins, der mehr ist als die bloße Summe aller Bewußtheit. Er ist vielmehr sein Integral, seine höchste Potenz, die ultimale Dimension des Bewußtseins, »die weit jenseits und hoch über einem einfachen, perfektionierten menschlichen Kollektiv gesucht werden muß. Um fähig zu sein, die in die Welt verlängerten Fasern in sich zu verknüpfen, kann die Spitze des Kegels, in dem wir uns bewegen, nur als ultra-bewußt, ultra-personal, ultra-wirklich aufgefaßt werden. Sie muß uns nicht nur mittelbar über das universale Netz der physischen Synthesen erreichen und auf uns wirken, sondern auch und noch mehr unmittelbar von Zentrum zu Zentrum (das heißt von Bewußtsein zu Bewußtsein) dank der Begegnung mit der feinsten Spitze unserer selbst.«

Von dieser Warte gesehen, verstehen wir Teilhard de Chardins tiefe Überzeugung, »daß es das große Anliegen der modernen Menschheit ist, sich einen Weg nach vorn zu bahnen, indem sie eine Schwelle zu größerem Bewußtsein durchbricht. Christen und Nichtchristen – die von dieser besonderen Überzeugung beseelten Menschen bilden eine homogene Kategorie.« Und dieses ist es, womit es sich erweist, daß Teilhard de Chardin uns alle umfaßt, seien wir Christen oder Nichtchristen. Jedem Menschen, dem dieses große Anliegen am Herzen liegt, jedem Menschen, der nach der höchsten Verwirklichung des Geistes strebt, hat Teilhard de Chardin einen unsterblichen Dienst erwiesen.

# DURCHBRUCH ZUR TRANSZENDENZ[31]

Was verstehen wir unter Transzendenz?

Im christlich-theologischen Sinne: das jenseits aller Erfahrung Liegende, im Sinne einer außerweltlichen Wirklichkeit, wie die eines überweltlichen oder außerweltlichen Gottes, dessen transzendente Natur in seiner Unerreichbarkeit und Jenseitigkeit besteht.

Im Sinne fernöstlicher Weltanschauung, wie sie sowohl vom Buddhismus wie vom Taoismus vertreten wird, ist Transzendenz nicht ein theologischer Begriff oder ein metaphysisches Prinzip, sondern ein psychologisches. Transzendent in diesem Sinne ist alles das, was die bloße Sinneswahrnehmung unseres physischen Organismus und die daraus abgeleiteten Begriffe und Schlußfolgerungen unseres Intellektes überschreitet. Es handelt sich also um eine Transzendierung des normal-menschlichen raumzeitlichen Bewußtseins.

Von einer solchen Transzendierung kann man natürlich nur reden, wenn man von der Überzeugung ausgeht (oder von der Erfahrung), daß das menschliche Bewußtsein die Fähigkeit hat, sich in verschiedenen Dimensionen zu bewegen, das heißt, daß es seiner Natur nach vieldimensional ist, aber infolge unseres unvollkommenen oder spezialisierten Gebrauches nur auf einen streng umschriebenen Kreis beschränkt ist.

Die Geschichte der Menschheitsentwicklung hat deutlich gemacht, daß das menschliche Bewußtsein in der Tat keine konstante Größe ist, sondern der Ausdehnung in verschiedenen Richtungen oder Dimensionen fähig ist – ja, mehr noch: nicht nur fähig ist, sondern, einem inneren Gesetz folgend, notwendig von einer Dimension zur anderen sich entfaltet.

Dies wird deutlich an der langsam sich verändernden Raum-Auffassung des Menschen, derzufolge beim Menschen der Frühzeit die Unterscheidung von psychischem Innenraum und konkretem Außenraum, von Seelischem und Materiellem, belebter und unbelebter Natur noch nicht vorhanden ist. Beim Menschen des mythischen Zeitalters hingegen wird der Zwiespalt der Welt in Innen- und Außenwelt, der Dualismus zwischen Dämonischem und Göttlichem, der Gegensatz von Gut und Böse bewußt. Beim intellektuellen Menschen des naturwissenschaftlichen, rationalen Zeitalters schließlich gelangt das Bewußtsein des dreidimensionalen Raumes so weit zur Vorherrschaft, daß der seelische Innenraum zur Illusion und der Außenraum zur einzigen Wirklichkeit wird. Unter dem Eindruck dieser Raumwirklichkeit entwickelt sich die Perspektive in der bildenden Kunst und die nach außen gewandte Blickrichtung im Denken, das nun den Begriff des beobachtenden Subjektes von dem des beobachteten, gegenständlichen Objektes loslöst und so die Welt in den unversöhnlichen Gegensatz von »Ich« und »Nicht-Ich«, Geist und Materie, Eigenstand und Gegenstand zerreißt.

Der »Eigenstand« aber erweist sich als bloßer Zustand in der Zeit, und der Gegenstand verliert seine Solidität in der zunehmenden Erkenntnis seines zusammengesetzten, atomaren, momentanen und dynamischen Charakters. So verflüchtigt sich die so solide erscheinende Welt materieller Gegebenheiten zu einem metaphysischen System transzendenter, das heißt jenseits unserer Sinneswahrnehmung liegender Kräfte, die sich in nichts von den in der Tiefe unseres eigenen Seins wirkenden Kräften unterscheiden, deren wir im Bewußtsein unserer selbst dunkel inne werden.

Der Unterschied zwischen Innen- und Außenwelt ist somit undefinierbar geworden. So scheint es, als ob wir in unserer Entwicklung einen vollen Kreis beschrieben hätten – einen Kreis, der sich schließen würde, wenn nicht unser Intellekt seine Vorrangstellung zu behaupten versuchte und dadurch den Durchbruch zu einer höheren Dimension verhinderte.

Das Wesen des Intellektes ist seine Fähigkeit zu messen, zu

zählen, zu verdinglichen und somit sich und die verdinglichte Welt vom lebendigen Fluß des tieferen Seins abzuschneiden. Hierdurch tritt das Element der Beharrung, der Ichheit, des Festhaltenwollens in Gegensatz zum Lebendigen und beschwört damit die Illusion der Vergänglichkeit, des Todes, der sinnlosen Vernichtung herauf.

Das Resultat dieses Willens »zu dauern« ist eine Verhärtung, ein Mangel an Durchlässigkeit, an dem das wahre Leben erstickt.[32]

Das Wunder der Verwandlung, in dem das wahre Wesen des Lebens besteht, wird so zum negativen Begriff der Vergänglichkeit, in dem sich nur das Ressentiment des sich selbst behauptenden Ich ausdrückt, das sich weigert, über seine eigene Beschränktheit – über sich selbst – hinauszuwachsen.

Der Intellekt ist also derjenige Teil unseres Bewußtseins, der den Interessen unseres augenblicklichen individuellen Daseins dient und zufolge seines objektivierenden Charakters der verdinglichten und vergänglichen Außenwelt den Gegenpol eines scheinbar beharrenden Subjektes entgegensetzt. Er ist das regulierende, ordnende und stabilisierende Prinzip unseres peripheren Bewußtseins, das, solange es nach außen gerichtet ist, eine entsprechend regulierte, gesetzmäßige Welt und ein in sich selbst gleichbleibendes Ich konzipiert.

Sofern aber dieser gleiche Intellekt nach innen gerichtet oder reflexiv auf sich selbst gerichtet wird, erkennt er die relative Natur seiner eigenen Funktionen und die illusorische Natur dessen, was er bisher sein »Ich« nannte. Statt dessen eröffnet sich in dem Maße, in dem er sich von der Vorstellung dieses illusorischen Ich befreit, die Fülle eines tieferen Bewußtseins, das einen wahrhaft allumfassenden, universalen Charakter hat und in dem das scheinbar Vergangene wieder zum Gegenwärtigen wird und die unendliche Wechselbeziehung aller Erscheinungen und Ereignisse, aller Formen und Wesen offenbar wird.

Dieses universelle Tiefenbewußtsein wird im Buddhismus als *Ālayavijñāna*, als die »Schatzkammer des Bewußtseins« bezeichnet, ein Begriff, der in der modernen Psychologie versuchsweise und unter ängstlicher Vermeidung eines wertbetonenden, positi-

ven oder gar metaphysisch zu verstehenden Ausdrucks, als das
»Unbewußte« bezeichnet wurde. Jedoch selbst wenn wir uns
seiner Inhalte im allgemeinen nicht bewußt sind, bildet es den bei
weitem größten Teil unserer Bewußtseinsfakultät, also jener Eigenschaft, durch die wir uns von einem Stein oder einem Stück
Holz oder einem sonstigen »Ding« unterscheiden. Um so erfreu-
licher ist es, wenn Psychologen vom Range Karlfried Graf
Dürckheims auf den divinen, den göttlichen Charakter des Tiefenbewußtseins aufmerksam machen – als den Urquell allen
Seins, ohne den der Intellekt nur zerstörend wirken kann.

Durch einseitige Betonung unseres intellektuellen Oberflächenbewußtseins bewegen wir uns in einem selbstgeschaffenen
Kreis, aus dem wir mit den Mitteln des diskursiven Denkens,
wissenschaftlicher Analyse, philosophischer Schlußfolgerungen,
mathematischer Formeln oder physikalischer Erkenntnisse nicht
herauskommen können. Mit anderen Worten: Wenn »der
Mensch seine Höherentwicklung nur als fortschreitende Bewußtwerdung im rationalen Sinne ansieht«, bleibt er in einer
Sackgasse hängen, »weil als Wirklichkeit hier nur das wahrgenommen wird, was das Ich zuläßt und begreift. Für den ichzentrierten Wertrationalismus bedeutet die Triebnatur einen wert-
widrigen Gegensatz. Das Fixieren dieses Gegensatzes aber richtet Barrieren auf gegen das aus dem Unbewußten hochdrängende
Leben und verhindert die Totalität des menschlichen Entwick-
lungsganges.«[33]

Sobald wir uns aber der einschränkenden und streng umrissenen Natur des ichzentrierten Oberflächenbewußtseins bewußt
geworden sind, erwacht in uns der Drang zum Überschreiten der
uns beengenden Grenzen. Dies bewirkt schließlich jenen Durchbruch zur Transzendenz, der im Osten als ein Sprung in die Tiefe
des größeren, allumfassenden Bewußtseins betrachtet wird.
Während der westliche Mensch geneigt ist, diese Transzendenz
außer sich oder über sich, in einem Bereich körperloser Geistigkeit oder reiner Abstraktion zu suchen und sich damit immer
mehr vom Urquell des Seins entfernt, betont der Osten die sozusagen rückläufige Bewegung, »die aus der Verstiegenheit des auf
der Leiter seiner Vorstellungen und Begriffe nach oben streben-
den und oben sich festhaltenden Ich zurückführt, hinab in die
alles wieder einschmelzende Tiefe des Ursprungs«.[34] Graf

Dürckheim spricht in diesem Sinne von einer Transzendenz »nach unten«, im Gegensatz zu jenem Streben des objektivierenden und abstrakten Denkens, das die Transzendenz immer nur »oben« sucht, jenseits der »nur stofflich verstandenen Natur«, die in der Skala der Werte zuunterst steht und als niedrig verachtet wird.

Aus dieser Gesinnung ist die verhängnisvolle Spaltung der Welt in »Geist« und »Materie« entstanden, in der der Geist dem Leben entfremdet und die Materie zum toten, geist- und seelenlosen Stoff wurde. Das hatte auf der einen Seite zur Folge, daß der geistige Mensch sein Ideal in abstrakten Spekulationen oder in einer von negativen und lebensfeindlichen Tugenden beherrschten Heiligkeit sah und daß der »Weltmensch« sich einer seelenlosen Welt ausgeliefert fühlte, in der keine anderen Werte als die der Nützlichkeit und des materiellen Wohlseins zu finden waren, in der jedoch der Sinn des irdischen Daseins und die Heiligkeit des Irdischen verlorengegangen waren.

Es ist darum heute das wichtigste Anliegen unserer Zeit, »den in der Hypertrophie seines rationalen Geistes gefangenen Menschen im vollsten Sinne des Wortes wieder zu *»erden«*, wie Graf Dürckheim so treffend sagt.

Genau dies war das Anliegen der tantrischen Lehren und Praktiken im buddhistischen *Vajrayāna* (des »Demantenen Fahrzeugs«), das im 8. Jahrhundert n. Chr. nach Tibet kam und dort seine höchste Blüte fand. Die *Tantras* waren die Reaktion auf die einseitige »Vergeistigung« und den immer weltfremder werdenden abstrakten Idealismus gewisser *Mahāyāna*-Schulen, der durch die geistige Revolution der *Siddhas*, der Meister des mystischen Pfades, wieder »geerdet« und mit neuem Blut gefüllt wurde. Statt einer Entmaterialisierung des Geistigen wurde die Vergeistigung der materiellen Welt und die Verwandlung des Körpers in einen Tempel des Geistes angestrebt. *Saṃsāra* und *Nirvāṇa* waren nun nicht mehr unversöhnliche Gegensätze, sondern Anschauungsformen derselben Wirklichkeit. Es galt nicht mehr, dem Körper oder der Welt zu entfliehen, sondern sie zu verwandeln.

Das Mittel zu dieser Verwandlung ist der Weg nach innen, der im tibetischen *Vajrayāna* als der geheime oder direkte Weg des Vajrasattva, des »Demantenen Wesens« genannt wird. Vajrasattva ist das Symbol des reinen, unzerstörbaren, transparenten Geistesbewußtseins, in dem alle Dinge und Wesen in ihrer innersten Natur, nämlich als Manifestationen einer ursprünglichen Einheit und eines organischen Geschehens auf der Ebene einer höheren Wirklichkeit erkannt werden. Dann werden alle Formen und Farben und alle sonstigen Phänomene, in denen die Welt sich uns offenbart, zu Symbolen einer überweltlichen Ordnung und geistigen Gesetzmäßigkeit – dann werden der menschliche Körper und seine Organe zum Abbild des Universums und der menschliche Geist zum Exponenten eines allumfassenden schöpferischen Prinzips, so daß selbst die Formen menschlicher Vorstellungskraft zu wirklichkeitsschaffenden, weltgestaltenden Faktoren werden. Sobald aber dieses erkannt wird, begreifen wir, daß die Welt, wie wir sie erleben, eine Projektion der uns innewohnenden Gestaltungskraft ist, die, obwohl sie universellen Gesetzen unterliegt, dennoch vom individuellen Erkennen gelenkt wird.

So wie die Kenntnis der Naturgesetze es dem Menschen ermöglicht, von den Kräften der Natur Gebrauch zu machen, so ermöglicht es die Kenntnis und aktive Anerkennung der universellen Natur und Gesetzmäßigkeit des Geistes dem Individuum, von den Kräften des Tiefenbewußtseins Gebrauch zu machen. Wie die Kenntnis der Naturgesetze jedoch nur durch lange Beobachtung und geistige Verarbeitung des in der äußeren Welt Wahrgenommenen erworben werden kann, so kann die Kenntnis geistiger Gesetze nur durch die unvoreingenommene Beobachtung innerer Vorgänge, des eigenen Bewußtseins erworben werden. Das Bewußtsein muß sich also auf seine eigene Quelle zurückwenden.

Während aber die Beobachtung äußerer Objekte eine Gegenüberstellung von Subjekt und Objekt erfordert, also ein Geschiedensein von Beobachter und Beobachtetem, vollzieht sich die Wahrnehmung innerer Vorgänge als ein Ineinandersein von Subjekt und Objekt, als Erlebnis, als unmittelbare Erfahrung.

Die Verschiedenheit der Wahrnehmungs- oder Beobachtungsweise bringt notwendigerweise eine Verschiedenheit der Verarbeitungsmethode mit sich. Während die Subjekt-Objekt-Beziehung einen dreidimensionalen Raum, eine zweidimensionale dualistische Logik und eine eindimensionale (nicht umkehrbare)

Bewegung in der Zeit voraussetzt – ein Nebeneinander im Raum, ein Nacheinander in der Zeit und ein Entweder-Oder in der Logik –, setzt die Wahrnehmung und Verarbeitung innerer Vorgänge und Erfahrungen einen mehrdimensionalen seelischen »Raum« voraus, in dem weder die Aristotelische Logik noch die eindimensionale Bewegung der Zeit Gültigkeit hat.

Erkennen wir dieses, so wird verständlich, warum wir mit Logik, intellektuellem Wissen und diskursivem Denken keine Wirkung auf die seelischen Vorgänge unterhalb der Schwelle des peripheren Wachbewußtseins ausüben können und warum das Verständnis und der Zugang zu den Kräften und Inhalten des Tiefenbewußtseins gänzlich anderer Mittel und Methoden bedarf. Diese sind in jahrtausendelanger Erfahrung meditativer Praxis herausgearbeitet und in den tantrischen Texten des *Vajrayāna* niedergelegt worden. Infolge ihres dem intellektuellen Denken nicht zugänglichen Inhaltes und ihrer dem Außenstehenden nicht verständlichen Symbolsprache (die einer Übersetzung in andere Sprachen als ein weiteres Hindernis im Wege steht), blieben sie zum größten Teil unverständlich und unbeachtet oder mißverstanden und mißbraucht.

Worin besteht nun die Methode der tantrischen Versenkungs- oder Meditationspraktiken? – Zunächst in der Überwindung des Begrifflichen durch Anschauliches, durch Überwinden der Vor- oder Gegenüberstellung durch die Ineinssetzung des Schauenden mit dem Geschauten im *Erlebnis* der Schauung; denn nur das Erlebte verwandelt den Schauenden, weil es in den Strom des inneren Lebens eintritt und in ihm als bildende Kraft weiterwirkt wie das Samenkorn in der Erde.

Zweitens: in der Pflege dieses Erlebnisses durch regelmäßige Konzentration und wiederholte Einswerdung mit dem erlebten Schaubild.

Drittens: durch Inbeziehungsetzung der im Schaubild enthaltenen archetypischen Symbole zu allen Funktionen und Elementen der eigenen geistigen, körperlichen und seelischen Struktur und der sie umgebenden Welt.

Und viertens: durch Wiedereinschmelzung und völlige Integrierung aller dieser Elemente im rückläufigen Vorgang ihrer Entstehungsfolge bis zum zeit- und raumlosen Nullpunkt ihres Ursprungs, jener inkommensurablen metaphysischen Leere (*śūnya-*

*tā)*, in der die Fülle aller Schöpfungskraft beschlossen liegt. Dies ist der Durchbruch zur Transzendenz, der Durchbruch zur Ganzheit des größeren Lebens und zur Souveränität des schöpferischen Geistes, in dem Entfaltung und Einschmelzung, Fülle und Leere, Vielheit und Einheit sich wie der kosmische Odem in Ein- und Ausatmung manifestieren.

Die Vollkommenheit der Verwandlung eines blinden weltgebärenden Dranges in die Transparenz geistiger Gestaltung und Erkenntnis hängt ab von der Vollkommenheit und Universalität der Schauung. Um diese zu erreichen, müssen wir herabsteigen ins Reich der Urbilder, der Archetypen, die in der Tiefe unseres Bewußtseins schlummern, denn nur sie haben die Kraft lebendiger Keime. Sie zu erwecken, ist die Aufgabe der Meditation und aller religiösen Symbolik, die in einer Region verankert ist, die lange vor aller Lehrmeinung und Dogmatik existierte.

Indem wir in der Schauung uns der Welt und jener Kräfte, welche diese Welt schaffen, bewußt werden, werden wir ihrer Herr. Solange aber diese Kräfte unerkannt in uns schlummern, haben wir keinen Zugang zu ihnen. Sie müssen also als Schaubilder ins Bereich des Sichtbaren projiziert werden. Schauung hier ist somit nicht ein passiv-pathologischer Vorgang halluzinatorischer Visionen, sondern ein klar bewußter Vorgang geistiger Schöpfung, dem der gleiche Wirklichkeitswert zukommt wie dem gestalteten Werk eines Künstlers, das sich im sichtbaren Kunstwerk materialisiert und objektive Existenz annimmt. Aber so wie der Künstler mit *wirklichem*, das heißt nicht nur »gedachtem« Material sein Kunstwerk gestaltet, so muß das Schaubild aus wirklichen, das heißt *wirkenden Elementen* urtümlicher Archetypen aufgebaut sein, die sich von den willkürlichen Wunschbildern individueller Phantasie grundsätzlich unterscheiden.

Jedem, der sich mit echt-religiöser Kunst (also nicht naturalistischen Darstellungen religiöser Themen) befaßt hat, muß dieser Unterschied klar sein, denn in solcher Kunst gibt es bei aller Freiheit künstlerischer Gestaltung keine Willkür in der Darstellung wesentlicher Symbolformen, die das Kunstwerk aus der Sphäre des bloß Naturhaft-Sinnlichen in den Bereich einer übersinnlichen Wirklichkeit erhebt. Diese Symbolformen sind der Niederschlag seelischer Erfahrungen ungezählter Generationen und von tiefgehenden ideellen und emotionellen Assoziationen erfüllt.

So sind die Buddhafiguren nicht Darstellungen einer einmaligen menschlichen Persönlichkeit, sondern die ideale Darstellung des in seiner Ganzheit ruhenden vollendeten Menschen, dessen Verwirklichung das Ziel jedes Buddhisten ist und mit dem der Meditierende sich im Zustand der Versenkung identifiziert. In noch höherem Maße aber offenbart sich der transzendente Charakter der buddhistischen Kunst in den tibetischen Rollbildern (*Thangka*), die nicht nur Meditationsprodukte, sondern geradezu Vorbilder der Schaubildentfaltung sind und in denen jedes Detail, inklusive der Wolken, Berge und Gewässer, der Bäume und Blumen bis hinunter zum Schmuck der Gestalten und scheinbar nur dekorativer Elemente einem strengen Kanon symbolischer Ausdrucksformen unterworfen ist, von deren archetypischer Tiefgründigkeit und Subtilität sich der westliche Beobachter keine Vorstellung machen kann.

Es ist dieser archetypische Charakter solcher Bildprojektionen, der, kraft der unmittelbaren Einwirkung auf die dem Intellekt unerreichbaren Schichten des Tiefenbewußtseins, in diesem die korrespondierenden Bildkräfte und Qualitäten auslöst. Mit der Verwandlung der Psyche aber beginnt die Verwandlung der »Welt«, in der das Individuum lebt. Denn was wir als Welt erleben, ist nicht eine feststehende gegebene Größe, eine außer uns bestehende und von uns unabhängige Wirklichkeit, sondern das Produkt unserer Sinneseindrücke und des sie verarbeitenden und interpretierenden Bewußtseins. Durch die Verwandlung des Bewußtseins wird also auch die erlebte Welt verwandelt.

Der Weg zur Ganzwerdung des Menschen wird im *Vajrayāna* durch eine besondere Art mystischer Diagramme dargestellt, die als *Maṇḍalas* bekannt sind. Sie sind Darstellungen des graduellen Weges zur inneren Mitte, der durch abstrakte oder bildhafte Symbole und mantrische Urlaute (Keimsilben) gekennzeichnet ist. Um diesen Weg zu beschreiten, bedarf es der Vergegenwärtigung, Verinnerlichung und Ein-Bildung aller darin enthaltenen Symbole, die sozusagen die Sprache des inneren Raumes bilden. Es ist eine Sprache, die nur auf dem Wege des meditativen Erlebens gelernt wird. Erst wenn wir diese Sprache beherrschen, können wir die eigentliche Bedeutung des *Maṇḍala* als eines Abbildes der menschlichen Seele verstehen und seinen Weg verwirklichen. Giuseppe Tucci hat dies in beredten Worten zum Ausdruck gebracht, die ich hier in deutscher Sprache wiedergebe:

Jede Form und Gestalt, die in der Seele entsteht, jedes Glied, das uns auf geheimnisvolle Weise mit dem Universalen Leben verbindet und uns – selbst, wenn wir dessen nicht gewahr werden – mit den ältesten Erfahrungen des Menschen vereint, mit den Stimmen, die uns aus der Tiefe des Abgrundes erreichen –, sie alle werden mit fast liebevoller Besorgtheit willkommen geheißen. Der Buddhismus wünscht nicht, daß ein solches Seelenleben vergeudet wird. Selbst wenn diese Bilder, Visionen, Befürchtungen und Hoffnungen nicht recht in unsere eigenen Vorstellungen oder Anschauungen hineinpassen, so ist dies ohne Bedeutung. Sie sind ein Erbtum, das der Mensch von seiner Geburt her mit sich bringt. Sie haben eine ebenso positive, wirkliche Existenz wie die Dinge, die wir sehen und fühlen. Sie sind ein nicht zu unterdrückender Bestandteil unserer Person. Wenn wir sie unter der Vorherrschaft der Vernunft in die Tiefen unserer Seele zurückstoßen wollten, so würden sie trotzdem hervorbrechen, unvermittelt und zerstörend. Es ist daher besser anzuerkennen, daß wir sie besitzen und sie dann allmählich zu verwandeln, gerade so, wie man von der äußeren Umfriedung des *Maṇḍala* Schritt für Schritt durch die anderen fortschreitet, bis man das Zentrum erreicht und so das ursprüngliche Gleichgewicht wiedergewinnt, nachdem man durch die Erfahrungen des Lebens gegangen ist.[35]

Die Verwandlung des Menschen geht also vom inneren Zentrum aus, in dem er sich der kosmischen Ordnung bewußt wird und dem universalen Leben verbunden weiß. Dies bedeutet nicht Aufhebung oder Verneinung seiner Individualität, sondern eine Zentrumsverschiebung vom ichzentrierten Bewußtsein des Intellektes zum Tiefenbewußtsein der inneren Mitte.

Der Intellekt, die Vernunft und das logische Denken werden nicht eliminiert, sondern nur in ihre Grenzen gewiesen als notwendige Werkzeuge des raumzeitlichen Daseins, so wie das »Ich« als relatives Bezugszentrum unseres Denkens seine Existenzberechtigung hat.

In gleicher Weise werden die Erfahrungen der Sinne nicht beiseite geschoben oder entwertet, sondern im Gegenteil vertieft und verinnerlicht, bis sie in ihrer wahren Bedeutung erscheinen und durchsichtig werden im Lichte völliger Bewußtwerdung:

> Wo es um die Wiederentdeckung des Wesens und seine Entfaltung geht, wird als Ansatzpunkt und Feld der Übung alles bedeutsam, das das Ursprüngliche noch ungeschmälert enthält. Dazu gehört vor allem die Urerfahrung der Sinne: die Farbe, der Ton, der Geruch, die Tastempfindung und vor allem das Körpergespür. All dieses ist für die Arbeit am Menschen neu zu entdecken. Dabei geht es nicht nur um die Wiederentdeckung von Urerfahrung im Raum des Vorpersonalen. Die ursprünglichen Sinnesqualitäten besitzen vielmehr, werden sie meditativ erfahren, in ihrer Sinnlichkeit eine übersinnlich-sinnliche Tiefe. So erlebt und verstanden bilden sie eine Wurzel des übersinnlichen Geistes, der die Fülle des Lebens aufschließt.[36]

Der Weg zur Erlösung ist also nicht ein Weg der Weltflucht, sondern der Weg zur Ganzheit. Die Ganzheit aber umschließt Mensch und Welt und alles Überweltliche oder, wie es im I-Ging heißt: Erde, Mensch und Himmel! Der Mensch aber als Ganzes gesehen – das heißt der vollendete Mensch – ist nicht nur das Mittelglied zwischen Erde und Himmel, zwischen Natur und Geist, sondern die Vereinigung beider im erleuchteten Bewußtsein. Nach den Erkenntnissen der heutigen Forschung scheint es, daß der Mensch in der Größenordnung des Universums in der Mitte zwischen dem Atom und einem Fixstern von den Ausmaßen unserer Sonne steht.[37] Wenn dem so ist, könnte man zu dem Schluß kommen, daß die höchste Bewußtheit in der Mitte zwischen dem unendlich Kleinen und dem unendlich Großen liegt. Der Sinn des Menschseins oder der Individualisierung würde hieraus offenbar. Aber nur der Mensch, der die eigene Mitte gefunden und die innere Ganzheit verwirklicht hat, ist zur höchsten Bewußtheit berufen.

Bewußtheit ist augenscheinlich – wenn wir die Entwicklung des organischen Lebens von seinen Ursprüngen her verfolgen – an ein gewisses Maß von Differenzierung und Zentrierung gebunden, woraus hervorgeht, daß Individualisierung die Voraussetzung für die Bewußtwerdung des Universums ist oder daß das

Individuum und die Universum der beiden voneinander untrennbaren Pole derselben Wirklichkeit sind.

Die Aufhebung oder Verneinung der Individualität würde daher nicht zur Verwirklichung der Universalität führen, sondern ebenfalls zu ihrer Aufhebung, während die Verneinung der Universalität zugunsten der Individualität zur Erstarrung und zum seelischen Tod führen würde. Es gibt daher für den Menschen »keinen Zugang zur Transzendenz, es sei denn über eine Auseinandersetzung mit der im Ich zentrierten Ordnung«[38]. Mit anderen Worten: Wir müssen durch den vollen Gebrauch der Ratio, der menschlichen Vernunft, der ordnenden Fähigkeit des logischen Denkens zu dem Punkt gelangen, an dem wir die Grenzen des Denkens erreicht haben und über sie hinausschreiten können. Andernfalls widerfährt uns das Schicksal der meisten Glaubensreligionen, die – obwohl sie tiefste Wahrheiten in ihrem Mythos und in ihren Glaubenssymbolen verkörpern – durch den Mangel eines das Denken befriedigenden Zuganges ihre Wirksamkeit und Überzeugungskraft verlieren. Obwohl die tiefsten Dinge dem Denken nicht zugänglich sind und vernunftmäßig nicht erfaßt werden können, bedeutet dies nicht, daß sie der Vernunft widersprechen müssen. Ein zweidimensionales Bewußtsein kann sich zwar vom Wesen der dritten Dimension keinen Begriff machen, das besagt aber nicht, daß die Begriffe der zweiten Dimension in der dritten zunichte werden, so wenig wie der Begriff des Quadrates im Kubus aufgehoben ist. Ebenso wie der Kubus die Existenz des Quadrates einschließt, besteht die Transzendenz nicht in einer Verleugnung des menschlichen Körpers oder des individuellen Bewußtseins, sondern in der Einbeziehung, Erweiterung und Vertiefung aller menschlichen Qualitäten.

Diese Erkenntnis kommt in der Lehre der psychischen Zentren *(cakra)* des menschlichen Körpers zum Ausdruck, die in aufsteigender Folge die zunehmende Bewußtwerdung und Differenzierung kosmischer Kräfte symbolisieren und die zu gleicher Zeit den elementaren Eigenschaften oder Aggregatzuständen der »Materie« (des Festen, Flüssigen, Feurigen, Gasförmigen etc.) entsprechen. Nach tibetisch-buddhistischer Definition werden fünf solcher Zentren unterschieden, nämlich:

1. das Wurzelzentrum (Sakralplexus), dem die regenerativen Kräfte, vor allem die der Fortpflanzung unterstehen;

2. das Nabelzentrum (Solarplexus), dem das Ernährungssystem, die transformierenden Kräfte unterstehen;

3. das Herzzentrum *(Plexus Cardiacus)*, dem das Gefäßsystem untersteht;

4. das Kehlzentrum *(Plexus Cervicus)*, dem das Atemsystem untersteht;

5. das Hirnzentrum *(Cerebrum)*, dem das zerebro-spinale Nervensystem untersteht.

Ohne auf die näheren Definitionen dieser Zentren einzugehen, sei hier nur auf die allgemeinen Prinzipien hingewiesen, die dieser Anordnung und Betrachtungsweise zugrunde liegen, nämlich daß die beiden unteren Zentren die Zone erdgebundener Kräfte darstellen, der schöpferischen und transformierenden Kräfte der Natur – im Gegensatz zu den beiden oberen Zentren, in denen die kosmischen und geistigen Kräfte zur Auswirkung kommen –, während das Herzzentrum die ideale Mitte zwischen Erde und Kosmos, das eigentliche Zentrum des Menschen ist, in dem Himmel und Erde, Natur und Geist, Gefühl und Verstand ihre Einheit finden. Das Herzzentrum stellt somit die Zone der Verwirklichung aller Kräfte auf der Ebene des Menschen dar.

Dementsprechend geht die Entwicklung in der symbolischen Darstellung meditativer Vorgänge nicht einfach von »unten« nach »oben«, also in der aufsteigenden Bewußtwerdung vom tiefsten, naturhaft-schöpferischen triebhaften Zentrum zum höchsten Organ differenzierter Erkenntnisfähigkeit, sondern – und hier scheiden sich die Wege des abstrakt-intellektuellen Denkens und der konkret-psychologischen Sicht der tantrischen Weltanschauung – hier setzt der »rückläufige Weg« ein, der nach Erreichung des höchsten Zentrums der vollen Bewußtwerdung in der Erkenntnis universeller Zusammenhänge und Gesetze hinabsteigt in die Tiefe des menschlichen Herzens, in die innere Mitte, um im allumfassenden Mitgefühl mit allem Lebenden und Atmenden die gewonnene Erkenntnis auf der Ebene des raumzeitlichen Daseins zu verwirklichen.

Der Durchbruch zur Transzendenz vollzieht sich in der völligen Bewußtwerdung der polaren Einheit der unteren und oberen

Zentren, also wenn das Bewußtsein der Tiefe des Ursprungs und der kosmogonischen Gewalten in das Licht der höchsten Erkenntnis gehoben ist. Diese Transzendenz aber würde einer Weltflucht und Auflösung aller Daseinswerte gleichkommen, wenn sie nicht auf der Ebene des Menschlichen zum Brennpunkt einer neuen größeren Lebenserfassung würde, in der beide Pole der Wirklichkeit vereint sind: die lebendige, atmende Gegenwart individuellen Daseins und das überindividuelle, übergegensätzliche Zeitlose. Hier wird das Transzendente zur immanenten Wirklichkeit und die Welt zum transparenten *Maṇḍala* kosmischen Geschehens, das im Äußeren widerspiegelt, was im Inneren schon vollendet ist.

Daß der Zugang zu diesen Erkenntnissen und Erfahrungen des *Vajrayāna* nicht nur »östlichem« Menschentum offensteht, mögen die folgenden tiefempfundenen Worte Graf Dürckheims demonstrieren:

Um seiner Bestimmung genügen zu können, das divine Sein im Dasein zu bewähren und zu bezeugen, um aufzusteigen zum neuen Geist, muß der Mensch erst niedersteigen in seine volle und ursprüngliche Natur. Um ausgehen zu können zur Fülle, muß er erst eingehen in die Leere der ursprünglichen Einheit ... Die den Menschen im Verborgenen bildende Natur gewinnt erst im Prozeß der Bewußtwerdung ihres geheimnisvollen Wirkens ihre volle Bedeutung für die Höherentwicklung des Menschen. Der *Mensch* reift und vollendet sich nur in der Bewußtwerdung der großen Gesetze, die alle nicht bewußte Natur einfach darlebt.[39]

Aber nur wenn der Mensch sich dann aus der Erdmitte seiner Natur zur Himmelsmitte seines vom Ich befreiten Geistes erhebt und in der Herzmitte dann die beglückende Verpflichtung aufnimmt, die ursprüngliche Einheit und die in ihr angelegten Ordnungen in dem ihm schicksalhaft aufgegebenen Raum seines geschichtlichen Daseins zu verwirklichen, münden Einsicht und Übung in einem sinngemäß schöpferischen Tun auf Erden.[40]

# DANKSAGUNG

*Der Autor dankt allen seinen Schülern und Freunden in der Buddhistischen Religionsgemeinschaft* ĀRYA MAITREYA MAṆḌALA, deren Mitarbeit die Herausgabe dieses Buches ermöglichte, insbesondere Sumatikīrti-Suvarṇavajra, der die Hauptlast der Arbeit übernahm, und Dr. Hans und Hedwig Lauckner für die gewissenhafte Durchsicht und Hilfe beim Lesen der Fahnen.